w_orten & meer

Lama Rod Owens
Lieben und Wut. Der Weg zur Befreiung durch Zorn
Aus dem us-amerikanischen Englisch von Astrid Ogbeiwi
Im Original erschienen unter dem Titel
»Love and Rage. The Path of Liberation through Anger«,
North Atlantic Books, 2020.

1. Auflage, Hiddensee: w_orten & meer, 2022
ISBN 978-3-945644-30-0

Übersetzungslektorat & Korrektorat: Sharif Bitar, uebletexte.de
Umschlaggestaltung und Satz: Zanko Loreck, zankoloreck.de
Druck: Oktoberdruck GmbH, Berlin

Dieser Band wurde umweltfreundlich gedruckt:
– auf 100% Recyclingpapier, FSC-zertifiziert
  mit dem Blauen Engel
– mit mineralölfreien Druckfarben ohne Isopropanol
– ohne Folie kaschiertes Cover
– uneingeschweißt

FSC www.fsc.org RECYCLED Papier aus Recyclingmaterial FSC® C105965

Umfassende Nachhaltigkeit in Bezug auf natürliche Ressourcen und soziales Miteinander ist Verlagskonzept: Strom und Gas für das Büro beziehen wir über Green Planet Energy, wir reparieren, statt neu zu kaufen, unser Bürobedarf ist ökologisch, und wir versuchen alle Arbeitsprozesse möglichst fair zu gestalten. Wir setzen uns ein für ein wertschätzendes und ressourcenschonendes Sein in Welt.



w_orten & meer GmbH
Verlag für verbindendes diskriminierungskritisches Handeln
Süderende 86, 18565 Insel Hiddensee
E-Mail: kontakt@wortenundmeer.net
www.wortenundmeer.net

Bibliografische Information der Deutschen Nationalbibliothek:
Die Deutsche Nationalbibliothek verzeichnet dieses Publikation in der Deutschen Nationalbibliografie; detaillierte bibliografische Daten sind im Internet über https://portal.dnb.de abrufbar.

w_orten
& meer

Lama Rod Owens

# LIEBEN UND WUT

## Der Weg zur Befreiung durch Zorn

Aus dem us-amerikanischen Englisch
von Astrid Ogbeiwi

Dieses Buch ist meinem Freund Ruddy Ligonde
und all den schönen Menschen gewidmet,
die diese Welt der Lebenden
zu früh verlassen haben.

# INHALT

# VORWORT

Am 9. November 2016, dem Tag nach dem Ereignis, das wohl für immer unter dem Begriff »die Wahlen« in die Geschichte eingehen wird, wachte ich in einer Realität auf, die sich anfühlte, als würde sie mich erdrücken. In meiner Verzweiflung und Wut postete ich Folgendes als Teil eines längeren Beitrags in den sozialen Medien:

Ich lasse die Tränen fließen und gebe zu, dass ich im Moment nicht vielen Menschen traue. Wenn du glaubst, dass wir Freunde sind, und du Trump unterstützt hast, dann kann ich dir sagen, dass eine Trump-Regierung nicht nur nicht gut für dich oder überhaupt irgendeinen Menschen ist, sondern dass wir jetzt auch ein ernstes Problem in unserer Beziehung haben. Das solltest du wissen. Du solltest wissen, dass ich im Moment nicht in der Stimmung bin für deinen Scheiß. Außerdem kann ich sagen, dass die am stärksten benachteiligten Körper in diesem Land wieder einmal Überlebensstrategien erfinden und zugleich daran arbeiten müssen, alle Körper zu befreien. Ich muss weiterhin unter Menschen leben, die ihre egoistischen Belange über die Gesundheit und Freiheit von Menschen wie mir stellen.

Zehn Monate später, am 26. September 2017, wurden meine Kollegin und Freundin Reverend angel und ich in einem überfüllten Raum auf dem Campus der Juristischen Fakultät der Columbia University in Manhattan gebeten, der Frage nachzugehen, wie wir Rassismus und *W*eißsein durch die Praxis der Achtsamkeit entgegenwirken können. Wie immer überlegten wir gemeinsam aus unserer Perspektive des radikalen Dharma und hatten einen dynamischen und aufschlussreichen Dialog. Nach unserem Gespräch luden wir das Publikum ein, Fragen zu stellen. Ein junger Schwarzer Mann hob als Erster die Hand: »Als Schwarzer Mann bleibt mir gar nichts anderes übrig als achtsam zu sein, und das löst in mir Wut aus. Ich brauche ein bisschen Glück, sonst bin ich die ganze Zeit echt wütend.«

Ich antwortete zuerst und erklärte, wir müssten zulassen, dass Wut zu unserem Erleben dazugehört. Dann sprach ich darüber, dass es der erste Schritt zur Heilung des Schmerzes ist, der hinter der Wut steckt, wenn wir unsere Wut zulassen. Ich sprach über meine Wut und darüber, dass ich durch meine Wut von dem ganzen Schmerz in meinem Inneren erfahren habe, den die Wut überdeckt hat. Und dass wir ohne das Ringen mit unserer Wut nie an unser gebrochenes Herz herankommen. Und wenn wir nicht an unser gebrochenes Herz herankommen, kommen wir nicht an die Heilung heran.

Als nächstes sprach Reverend angel darüber, wie gefährlich es für einen Schwarzen Mann ist, auf Dauer wütend zu bleiben. Weiter sagte sie, wenn wir uns aber auf unsere Wut einließen, helfe uns das zu verstehen, warum wir wütend seien, und häufig ist unsere Wut als Schwarze Menschen ein Hinweis auf rassistische Ungerechtigkeit. Auch sie meinte, dass unsere Wut auf das Leid hinter der Wut deute.

Nach der Veranstaltung kamen wir hinaus auf die Straßen eines warmen Abends in Manhattan. Es gab noch etwas, was ich dem jungen Mann sagen musste. Es gab noch etwas, was ich für mich selbst herausfinden musste. Und bevor ich mich versah, sagte ich: »Ich glaube, ich muss ein Buch über Wut schreiben.«

# DANKSAGUNGEN

Als ich mit der Arbeit an diesem Buch begann, hatte ich keine Ahnung, wie sehr es mich verändern sollte. Wenn du mit dem Ziel schreibst, dazu beizutragen, dass andere Menschen frei werden können, musst du offenbar bereit sein, diesen Freiheitsprozess zunächst selbst zu durchlaufen. Und jetzt weiß ich – vermutlich sogar schon eine ganze Weile –, dass frei zu werden nicht leicht, lustig oder sexy ist. Es ist chaotisch, frustrierend, verwirrend und langweilig. Und doch kann es auch belebend, dynamisch, inspirierend und eine große Freude sein.

Es gäbe jedoch kein Lehren und kein Ringen, keine Befreiung und schon gar kein Buch ohne die Güte aller meiner Lehrpersonen und Übertragungslinien. Ich bringe meine Dankbarkeit in dem Bewusstsein zum Ausdruck, dass keine Linie und keine Lehrperson vollkommen ist und dass ich trotz dieser Unvollkommenheiten tiefgreifende transformierende Weisheit empfangen habe, die mir das Leben gerettet hat. Als Erstes bringe ich meinen Lamas in der Kagyü-Schule des tibetischen Buddhismus meine tiefste Dankbarkeit entgegen, auch meinem Wurzellehrer Lama Norlha Rinpoche, der mich zur Lehrperson ernannt hat, und Lama Tsering Wangdu Rinpoche, dem ersten tibetischen Lama, zu dem ich eine Herzensverbindung gespürt habe. Ich danke Lama Willa Miller für ihre Freundschaft und ihre Führung seit Beginn meines Weges. Außerdem danke ich Lama John Makransky für seine Freundlichkeit und seine frühen Lehren über die Liebe. Ich denke auch an Lama Palden, die mir geholfen hat, die weibliche Buddhagestalt Tara auf ganz einfache und unmittelbare Weise zu verstehen.

Zutiefst dankbar bin ich auch für die Kashi-Linie, gegründet von Ma Jaya Sati Bhagavati, die mir mit ihrem Tod eine nahe leitende Lehrperson geworden ist. Ewig dankbar bin ich für die Liebe von Mas spiritueller Tochter und meiner Swami, Swami Jaya Devi Bhagavati; dafür, dass sie mir stets zusichert, dass sie mich hält, sowie für ihren Einfluss, der mir hilft, sehr viel mehr ich selbst zu werden. Vor diesen beiden Linien, Kagyü und Kashi, verneige ich mich.

Wie immer wäre dieses Buch nicht möglich ohne das Beispiel meiner Mutter, Reverend Wendy Owens, die mich gelehrt hat, nicht nur Geistlicher zu sein, sondern auch einen dienenden Geist zu haben, der die Menschen einlädt, ganz authentisch sie selbst zu sein. Auch meinem Vater Dr. Hershel Holiday bin ich dankbar dafür, dass er mich als Jugendlicher schon früh in Schwarzes radikales Denken eingeführt hat, das mein erstes echtes Dharma wurde.

Dieses Buch zu schreiben, war ein Kampf, und mir blieb nichts anderes übrig, als die anzurufen, die mir persönlich heilig sind, die mich führen, die mich beschützen und die mir auf meinem Weg vorangegangen sind, damit sie mich in diesem Prozess unterstützen und halten. Ihnen erweise ich meine tiefste Dankbarkeit und meine beständige Hingabe. Insbesondere danke ich Ganesha und Chadrupa für ihren Schutz sowie Mutter Tara, deren Energie diesen Text durchdringt.

Meine Wertschätzung gilt meinen Ment*orinnen, Ältesten und spirituellen Führungspersonen. Als erstes danke ich Kathe McKenna für ihr unerschütterliches und liebevolles Beispiel dafür, wie wir sowohl engagierte Veränder*erinnen als auch hingebungsvolle spirituell Praktizierende sein können.

Ich denke auch an all die Ältesten, deren Liebe und Beispiel mich in diesem Prozess gehalten und mir zugleich zu verstehen gegeben haben, dass ich ein Ältester in Ausbildung bin. Zu diesen Ältesten gehören Colevia Carter, Karen Ziegler, Darla Martin, Jan Willis, Alice Walker, Ericka Huggins, Susan Morgan, Bill Morgan, Noliwe Alexander, Metta McGarvey, Mark Jordan, Daigan Gaither und Cheryl Giles.

Ich weiß nicht, ob dieses Buch ohne die Anleitung meiner Freundin und spirituellen Führerin Leah Tioxon vom Seed to Star Collective jemals hätte fertiggestellt werden können. Ihre Magie, ihre Erkenntnis und Reife und auch ihre Freude und Ehrlichkeit haben die Voraussetzungen dafür geschaffen, dass ich das, was sich wie flüchtige und vage Eindrücke anfühlte, in Gedanken und Worte umsetzen konnte.

Auch Anna Gallagher schulde ich Dank. Ihre Bodenständigkeit und spirituelle Intuition haben auf sehr geschickte Weise dazu beigetragen, dass ich diese Lehren in meinem Körper bewegen konnte.

Ich habe sehr viele persönliche Freun*dinnen, deren Freun*dinnenschaft mir diese Reise leichter gemacht hat. Meine Dankbarkeit gilt zuerst meiner besten und ältesten Freundin Jamie Fergerson. Sie begleitet mich seit unserer Jugend und die Großzügigkeit, mit der sie ihr Zuhause und ihre Mittel mit mir teilt, bewegt mich tief.

Außerdem danke ich dem größten kommenden Legendary Child Sister Sadada Jackson für ihre jahrelange unverbrüchliche Freundschaft und für ihre starke, liebevolle Ehrlichkeit. Ihre Erkenntnisse, wie dieses Buch für die anderen Children verkörpert werden kann, schätze ich zutiefst.

Außerdem danke ich Lama Justin von Bujdoss dafür, dass er mir auf diesem Weg ein Bruder und ein Rettungsanker ist, der mich in der Beziehung zu unserer Übertragungslinie gehalten hat.

Ich danke Lisa Jessogne für die vielen Jahre ihrer spirituellen Freundschaft und Josh Bogart für all seine liebevolle Unterstützung.

Sehr dankbar bin ich auch für die Dialoge mit meinen Freun*dinnen und Kolle*ginnen Ravi Mishra und Kate Johnson, Sarah Beasley und Leslee Goodman, die in dieses Buch eingeflossen sind.

Ein besonderes Dankeschön gilt der Gruppe Liberation Through Anger, die dazu beigetragen hat, diese Lehren für Schwarze, queere, trans und indigene sowie Aktiv*istinnen of Color zu konkretisieren.

Zutiefst dankbar bin ich für mein Team, Menschen, die nicht nur dieses Buch unterstützt, sondern es auch möglich gemacht haben, dass meine Lehren nachhaltig in der Welt wirken. Besonders dankbar bin ich Daniel Sutton-Johanson; er hat das Wachstum, das ich in den letzten Jahren erfahren habe, erst möglich gemacht. Auch Abby Allen möchte ich für ihre unglaubliche Unterstützung bei der Markenentwicklung danken, außerdem Ericka Phillips und Seth Freedman dafür, dass sie mich in ihr Netzwerk aufgenommen haben. Ich fühle mich geehrt, ihre Unterstützung zu haben und mit ihnen befreundet zu sein.

Ich bin dankbar für das radikale Dharma und für alles, was es im Leben der Menschen bewirkt hat. Ich danke meiner Ko-Autorin Dr. Jasmine Syedullah für ihre Verbundenheit, ihre tiefe Freundlichkeit und ihre messerscharfen Erkenntnisse über den Befreiungskampf, die mich sehr tief beeinflusst haben. Reverend angel Kyodo williams bin ich zu großem Dank verpflichtet, weil sie mir eine Mentorin ist und mir geholfen hat, daran zu glauben, dass ich tatsächlich ein Buch schreiben kann. Sehr vieles wäre nicht möglich gewesen, hätte sie mich nicht unter ihre Fittiche genommen. Die Beziehungen, die ich mit diesen entschlossenen Kamer*adinnen und Mitverschwör*erinnen aufgebaut habe, haben mir gezeigt, wie revolutionär Schwarze Liebe sein kann, wenn wir die Menschen nicht beherrschen wollen, sondern wollen, dass sie frei sind.

Tim McKee und Shayna Keyles sowie den Leuten bei North Atlantic Books danke ich dafür, dass sie dieses Projekt angenommen und so viel Geduld aufgebracht haben, bis ich das Manuskript fertiggestellt hatte. Ich bin zutiefst dankbar für die Mühe, die Tim dafür aufgewendet hat, diesem Manuskript seine Form zu geben.

Ich schätze die Unterstützung aller buddhistischen Zentren und Meditationszentren auf der ganzen Welt. Sehr dankbar bin ich dem Thomasville Buddhist Center, das mich bei der Vorbereitung eines großen Teils dieses Manuskripts mit einem Retreat unterstützt hat.

Zu guter Letzt danke euch allen für eure Unterstützung dieser Lehren.

# EINFÜHRUNG

# WAS IST DAS HIER?

Zwischen Reiz und Reaktion liegt ein Raum. In diesem Raum liegt unsere Macht zur Wahl unserer Reaktion. In unserer Reaktion liegen unsere Entwicklung und unsere Freiheit.

*Viktor E. Frankl zugeschrieben*

wahrscheinlich aber auf Rumi zurückgehend.[1]

Das Erste, was schreibende Menschen wissen müssen, ist, dass ihnen keine andere Person sagen kann, was sie schreiben sollen. Ich wurde nicht aufgefordert, Schriftsteller zu werden; es war meine Entscheidung. Nun ja, da ich ein Mann bin, muss ich davon ausgehen, dass es meine Entscheidung war; in Wirklichkeit habe ich es mir vielleicht doch nicht selbst ausgesucht. In jedem Fall aber musst du eines versuchen, nämlich die Wahrheit zu sagen. Und was dabei alle übersehen – wenn das Buch herauskommt, kann dir diese Wahrheit wehtun – damit ich sie aber

---

1 In der deutschen Ausgabe fehlen im Unterschied zum englischen Original einige Zitate an den Kapitelanfängen, da wir leider nicht die Rechte daran erwerben konnten.

sagen konnte, musste sie zuerst mir selbst wehtun. Ich kann dir nur so viel über dich erzählen, wie ich über mich selber aushalten kann. So ist es allen ergangen, die versucht haben zu leben. Lange gehst du durchs Leben und denkst, kein Mensch hat je so sehr gelitten wie ich, mein Gott, mein Gott. Und dann wird dir klar – du liest etwas oder du hörst etwas, und dir wird klar, dass dein Leiden dich nicht isoliert; dein Leiden ist deine Brücke. Viele haben vor dir gelitten, viele um dich herum leiden und werden immer leiden, und das Einzige, was du tun kannst, ist, hoffentlich, ein wenig Licht in dieses Leiden zu bringen. Genug Licht, damit die Person, die leidet, beginnen kann, ihr Leiden zu begreifen, damit sie beginnen kann, damit zu leben, damit sie beginnen kann, es zu ändern, die Situation zu ändern. Wir ändern gar nichts; alles, was wir tun können, ist, die Menschen mit dem Kampfgeist auszustatten, es selbst zu ändern.

*James Baldwin*

Aus: James Baldwin, Nikki Giovanni, A Dialogue, Lippincott 1973

Zuallererst: Dies ist kein Achtsamkeitsbuch, das uns berät, wie wir Wut vermeiden und uns auf Glück konzentrieren können. Es ist auch kein Buch darüber, wie wir mithilfe irgendeines anderen spirituellen Weges das Wesen der Wut in etwas Tiefgründigeres oder Transzendenteres verwandeln können. In diesem Buch geht es darum, uns unserer Wut zu stellen, sie als Lehrerin und Freundin willkommen zu heißen, damit sie uns helfen kann, uns selbst und anderen Menschen gutzutun.

In diesem Buch fasse ich die vielen Glaubenstraditionen, in denen ich ausgebildet worden bin, zusammen, um ein Praxissystem zu schaffen, das dich in eine neue Beziehung zu deiner Wut führt. Ich verbinde buddhistische Philosophie und ein breites Spektrum meditativer Traditionen, darunter Achtsamkeit, Tantra, Pranayama (Atemübungen), Ahn*innen-Übungen, Energie-Übungen und klassisches Yoga. Alle diese Übungen haben mir geholfen, an meinem grundlegenden Unbehagen im Zusammenhang mit Wut zu arbeiten.

Dieses Buch kommt aus dem, was ich bin: Schwarz, queer, cisgender und männlich identifiziert, dick, gemischter sozioökonomischer Herkunft, buddhistischer Lehrer und Geistlicher, Yogalehrer und Scheiße labernder Südstaatler – und noch ein paar Identitäten mehr. Auch wenn ich all dies bin, bin ich zugleich noch viel mehr. Doch diese Identitäten haben geprägt, was in diesem Buch zum Ausdruck kommt. Die Privilegien und Benachteiligungen, die ich erfahren habe, sowie die Unterdrückung, die mich geprägt hat, stehen in direkter Beziehung zu meiner Wut und auch zu dem Schmerz hinter meiner Wut. Die Übungen und Erkenntnisse, die ich hier anbiete, stammen aus uralten Überlieferungen und werden durch meine relativen Identitäten reflektiert wie Sonnenlicht durch ein Prisma. Wie das Prisma das Sonnenlicht in die Farben des Regenbogens bricht, so brechen auch meine verschiedenen Identitäten diese spirituellen Lehren in einzelne Weisheitsstränge.

Dieses Buch ist auch ein weiterer Beitrag zur Tradition des Radikalen Dharma, die auf dem bahnbrechenden Werk *Radikal Lieben: Buddhismus, Antirassismus und Befreiung* gründet, das ich gemeinsam mit meinen Homies, Schwestern und Mitverschwörerinnen Reverend angel Kyodo williams und Dr. Jasmine Syedullah geschrieben habe. Im Zentrum des Buches steht ein Dialog über den realen Rassismus in us-amerikanischen buddhistischen Communities. Auch außerhalb des Buddhismus oder überhaupt eines religiösen oder spirituellen Umfelds haben viele Menschen Nutzen daraus gezogen. Radikales Dharma ist schlicht ein Ausdruck dessen, was ich bin; es bedeutet, dass ich spirituelle Befreiung und soziale Befreiung als miteinander verbunden verstehe.

Dieses Buch versammelt zwar ein vielseitiges Nebeneinander von Übungen und Ideen, doch alle sind leicht zugänglich. Wenn Menschen kommen, um mich öffentlich lehren zu hören, dann baue ich ein Buffet aus den unterschiedlichsten Übungen und Denkansätzen auf und lade alle Anwesenden ein, sich aus dem, was ich zum Zweck der Verringerung von Leiden und Gewalt anbiete, ihren persönlichen Teller zusammenzustellen. Die folgenden Seiten werden dir helfen, dich zu orientieren, wie du dieses Buch benutzen kannst, und dich mit vielen seiner wichtigsten Ideen und Übungen bekanntmachen.

## Eine Einführung in die fünf Prinzipien des radikalen Dharma

Ein Leitgedanke dieses Buches sind die fünf Prinzipien einer radikalen Dharma-Praxis, die soziale und spirituelle Befreiung miteinander verflicht:

* »Kontemplative Herangehensweise« bedeutet, mit dem Material unseres Geistes in Beziehung zu sein. Um frei zu werden, müssen wir uns von unserer zwanghaften Beziehung zu Gedanken und Gefühlen, insbesondere Wut, befreien.
* »Verkörperte Herangehensweise« bedeutet, dass wir nicht nur mit dem Geist praktizieren, sondern mit allem, womit wir körperlich in Erscheinung treten. Und wenn ich Körper sage, spreche ich nicht nur vom physischen Körper, sondern auch vom Körper unserer Gefühle, vom Körper unserer Energie, vom Körper unserer Gedanken und von unserem Gemeinschaftskörper.
* »Befreiungspraxis« bedeutet, darauf hinzuarbeiten, dass wir verstehen, was es heißt, frei zu sein und selbstbestimmt Entscheidungen zu treffen, um mehr Freiraum, Weisheit und Mitgefühl zu erleben. Ich definiere »Freiheit« tatsächlich als den Raum, den ich um das Material herum schaffen kann, in dem ich mich in der Vergangenheit gefangen gefühlt habe. Dadurch, dass ich um dieses Material herum Raum bekomme, gewinne ich die Freiheit, andere Entscheidungen zu treffen, um das, was tugendhaft ist, zu vertiefen und das, was nicht tugendhaft ist, loszulassen.

* »Kollektive Praxis« bedeutet, dass ich erkenne, dass ich mit zahllosen Wesen verbunden bin, und mir bewusst werde, welche Auswirkungen ich auf diese Wesen habe. Ich habe Interesse daran, Fürsorge zu erhalten und Fürsorge zu geben. Wenn ich also praktiziere, möchte ich das Kollektiv einbeziehen, nicht nur mich selbst als Individuum. Die Fürsorge, die ich mir selbst entgegenbringe, ist allerdings ebendie Fürsorge, die ich meiner Community anbieten kann.
* »Prophetische Praxis« bedeutet, eine Praxis zu etablieren, die sowohl die Wahrheit darüber sagt, welche und was wir sind, als auch darüber, welche Situation und welchen Kontext wir durchleben. Prophetische Praxis bedeutet auch, daran zu glauben, dass wir mit den richtigen Strategien und Anstrengungen tatsächlich frei werden können.

Wenn wir alle diese Prinzipien praktizieren, können wir gar nicht anders, als eine Befreiung zu erleben, die sowohl sozial als auch spirituell begründet ist. Auf deinem weiteren Weg durch dieses Buch werden diese Prinzipien das Herzstück des Dialogs zwischen Liebe und Wut sein. Auch wenn ich mich im Buch nicht oft ausdrücklich auf diese Prinzipien beziehe, sind sie doch stets das leitende Leuchtfeuer.

## Kontemplationsbasierte Praxis

Dieses Buch gründet auf kontemplativen Übungen, die meditativer Natur sind. Meditation ist die Praxis der Entwicklung eines tieferen Bewusstseins für unseren Geist und die Welt um uns herum. Meditation ist das Herzstück meines persönlichen Transformationswegs und die Praxis, die entscheidend dazu beigetragen hat, dass ich mein früheres Ringen mit Wut und auch Depression bewältigen konnte.

Zwar sind Theorie und Philosophie des Geistes und der Meditation in buddhistischen Traditionen recht umfassend und detailliert, doch gebe ich eine kurze Einführung in den Geist, die durch meine Ausbildung im tantrischen Buddhismus geprägt ist. Zunächst einmal heißt es, dass alles auf der Welt, also die gesamte Wirklichkeit sowie wir selbst und andere Menschen, Ausdruck des Geistes ist. Wer immer ich zu sein meine, ich bin ein Ausdruck meines Geistes, und welche immer ihr zu sein meint, ihr seid ein Ausdruck eures Geistes. Du und ich haben zwar vielleicht einen individuellen Geist, letztendlich ist unser Geist aber ein Ausdruck der einen einheitlichen Natur des einen Geistes oder der höchsten Wirklichkeit.

Ich verstehe den Geist, ebenso wie die höchste Wirklichkeit, als weit und grenzenlos. Diese Weite ist auch oft an eine Beschreibung als Leere gekoppelt, aber diese Leere ist nicht nichtig oder nihilistischer Natur. Vielmehr ist diese Leere erfüllt von einem energetischen Potenzial, aus dem die Wirklichkeit der Erscheinungen hervorgeht, die wir wiederum als die Welt und unser Leben erfahren. In dieser Weite des Geistes schwebt das umher, was ich als Material bezeichne, Ausdrucksformen von Energien, die wir als Gedanken und Gefühle identifizieren. Gedanken entstehen aus dem energetischen Potenzial im Geist. Gefühle hingegen sind Gedanken, die vom Körper verspürte und im Geist stattfindende Empfindungen benennen und auf sie reagieren. Außerdem gibt es das Erleben eines Egos oder das Empfinden, dass wir ein autonomes Selbst sind, welches wir als Ich bezeichnen. Das Ego oder dieses Ichempfinden ist lediglich ein Gedanke. Das Wesen meines Geistes zu verstehen, bedeutet, das Wesen der gesamten Wirklichkeit zu verstehen. Und dies öffnet für meinen Geist das Tor, wieder mit der höchsten Wirklichkeit zu verschmelzen. In der buddhistischen Philosophie tritt Erleuchtung dann ein, wenn ich die Natur meiner Gedanken erkenne und diese Erkenntnis so lange aufrechterhalten kann, bis sie dauerhaft ist, was zugleich dazu führt, dass ich die illusionäre Natur meines Egos oder Ichs erkenne. Nirwana ist das absichtliche Wiederaufsteigen in den höchsten Geist oder die höchste Wirklichkeit.

In der Meditation schärfen wir unsere Fähigkeit, aufmerksam für die Natur des Geistes zu werden und sie zu verstehen, in unterschiedlichen Graden. Diese Aufmerksamkeitsgrade sind Konzentration, Achtsamkeit und Gewahrsein. Konzentrationspraxis ist die Fähigkeit, sich fest auf ein einziges Meditationsobjekt zu fokussieren. Dieses bezeichnen wir als Anker. Achtsamkeit ist ein Lockern der Konzentration, wodurch wir uns auf einen Anker fokussieren können und zugleich den Freiraum haben, andere Dinge wahrzunehmen, die sich vielleicht gerade abspielen. Gewahrsein heißt, nicht nur dem Anker Aufmerksamkeit zu schenken, sondern ein breites Gespür für alles zu haben, was sich in unserem Bewusstseinsfeld befindet. Jede Übung baut auf den anderen beiden Übungen auf.

## Achtsamkeit

Für dieses Buch definiere ich »Achtsamkeit« als ein Schulen des Geistes, immer wieder mit einem Gefühl urteilsloser Neugierde und Freundlichkeit zum gegenwärtigen Augenblick zurückzukehren, geleitet von der Absicht, Schaden für uns selbst und andere Menschen zu verringern.

Außerdem habe ich eine gerechtigkeitsbasierte Achtsamkeitsphilosophie entwickelt, die meine Beziehung zu Achtsamkeitspraxis, Studium und Lehre leitet und die ich Adaptive Intersektionale Achtsamkeit nenne. Adaptive Intersektionale Achtsamkeit ist das Fördern, Lehren und Praktizieren einer Achtsamkeit, die uns hilft, die Wahrheit darüber zu sagen, welche wir sind, wie wir sind, sowie was uns zu dem gemacht hat und uns auch weiterhin prägt. Sie rückt materialistisches Glück aus dem Mittelpunkt und definiert es neu als das Annehmen dessen, was ist. Dieses Annehmen bedeutet nicht, gutzuheißen oder zu feiern, was ist. Es bedeutet, die Wahrheit auszusprechen, dass es ist. Adaptive Intersektionale Achtsamkeit beachtet, dass der Körper in seinem Bedürfnis nach Wahrnehmung und Fürsorge komplex ist. Vor allem aber bietet sie uns Erkenntnisse darüber, wie wir uns das aneignen können, was der Verringerung von Leid für uns selbst und andere Menschen dient.

Die Eigenschaften Adaptiver Intersektionaler Achtsamkeit sind:

* Absichtsvolle Fokussierung, getragen von Neugierde und Freundlichkeit.
* Die Entwicklung einer individuellen Praxis, die die Praxis des Kollektivs fördert.

* Das Verständnis, dass wir alles, was zu unserer Erfahrung gehört, auch erfahren sollen.
* Die Abkehr von Erfahrungen, die uns und anderen Menschen schaden.
* Das Bemühen, dass es uns selbst gut geht, um dann anderen zu helfen, dass es ihnen gut geht.
* Selbstfürsorge als Selbsterhaltung.
* Anpassung an die Bedürfnisse der Praktizierenden.

## Tantra

Ich bin als Lama des tibetischen Buddhismus ausgebildet. *Lama* bedeutet in der tibetischen Sprache »Lehrperson«. Diesen Titel und meine Lehrbefugnis habe ich dadurch erworben, dass ich drei Jahre lang abgeschieden von der Welt (meist) schweigend in Gruppen meditiert habe. Diese Zeit hat mir geholfen, meine Beziehung zu mir selbst zu transformieren, und sie hat meine Fähigkeit gestärkt, trotz einer Menge Gewalt so offen und ehrlich wie möglich zu sein, und zugleich ein Gefühl geistigen Freiraums zu verspüren, aus dem heraus ich an Empfindungen der Dankbarkeit und des Glücks anknüpfen kann.

Der tibetische Buddhismus ist Ausdruck einer spirituellen Tradition namens Tantra, die in Südostasien entwickelt wurde. *Tantra* bedeutet »flechten« oder »System« und deutet darauf hin, dass verschiedene Praktiken miteinander verflochten werden, um ein bestimmtes Ergebnis zu erzielen. Tantra verbindet uns mit der befreienden Natur unseres Geistes und setzt dazu eine Vielzahl von

Methoden ein. Die frühen Traditionen waren esoterisch oder geheim, mit der Zeit aber verbreiteten sich die Lehren und Praktiken durch Lehrpersonen in Gemeinschaften auf der ganzen Welt. Die wichtigsten Ausdrucksformen des Tantra sind hinduistisch und buddhistisch. Uns muss bewusst sein, dass ein Großteil unseres heutigen Verständnisses dieser Traditionen durch *weiße* westliche kolonialistische Forschung beeinflusst wurde. Ich identifiziere mich als tantrischer buddhistischer Lehrer und Geistlicher, um damit meine Intersektionalität als Schwarzer queerer Mann in einer Tradition, in der ich unterrepräsentiert bin, authentischer zu verkörpern. Doch darüber hinaus bietet mir das tantrische Konzept die Freiheit, Praktiken miteinander zu verflechten, die mir helfen, meine Authentizität in diesem Körper, in den ich hineingeboren wurde, zum Ausdruck zu bringen, und zugleich daran zu arbeiten, geistige und spirituelle Freiheit zu erfahren.

Buddhistisches Tantra ist ein komplexes System von Übungen, die den Praktizierenden helfen sollen, zu ihrer ureigenen Buddhaschaft zu erwachen. Wir bezeichnen buddhistisches Tantra auch als Vajrayana-Buddhismus. Vajrayana ist eine Sammlung bewährter Praktiken, unter anderem Mantras, Visualisierungen, Meditation, Atemübungen oder Pranayama, Rituale und Philosophie, die den Praktizierenden helfen, aktiv etwas zu tun, um sich die Realität ihrer erwachten Natur zu erschließen.

## Yoga

Yoga praktiziere ich schon fast so lange wie Buddhismus und Meditation. Angefangen habe ich mit dem Yoga wegen der körperlichen Vorteile, die es bietet. Allerdings fühlte ich mich noch zu etwas anderem hingezogen, das ich in dieser ersten Zeit nicht in Worte fassen konnte. In den letzten etwa fünfzehn Jahren habe ich immer wieder Phasen formeller und informeller Praxis erlebt. 2019 beschloss ich, eine Ausbildung zum klassischen Yoga-Lehrer zu machen. Diese Entscheidung habe ich getroffen, um damit eine solidere Basis für eine ernsthafte und dauerhafte Praxis zu schaffen. Eine wichtigere Intention für die Ausbildung war allerdings, dass ich dadurch mein Embodiment vertiefen wollte. Anders ausgedrückt: Ich wollte eine Strategie, die mich dazu einlädt, wieder in meinem Körper zu sein. Ohne meinen Körper kann ich keine Befreiung erfahren.

Im Yoga geht es um Einheit oder die Rückkehr zu der Realität, dass wir nie voneinander getrennt sind, außer in dem Gedanken der Trennung, an den die meisten von uns glauben. Yoga ist ein kompletter Lebensstil, bei dem es sich darum dreht, Gewalt zu verringern und uns dem zu widmen, was unsere Befreiung fördert. Asanas, die Körperübungen im Yoga, sind in diesem Lebensstil wichtig, aber Asanas allein machen uns nicht frei. In diesem Buch widme ich mich dem Pfad des Yoga, einschließlich seiner Befreiungsphilosophie. Außerdem beziehe ich Pranayama-Übungen und ein paar Asanas ein, um andere Strategien zur Bewältigung unserer Wut zur Verfügung zu stellen. Eine Atemübung bringt Energie in Bewegung und ist dabei zugleich der Klebstoff, der unser Gewahrsein an unseren Körper und seine Bewegungen bindet.

Ganz unabhängig von deiner spirituellen Praxis könnte der Ansatz dieses Buches neu für dich sein. Ich schlage vor, dass du dir mit jedem Abschnitt Zeit lässt. Das Buch stelle ich mir wie eine richtig deftige Mahlzeit vor. Eine deftige Mahlzeit lässt sich kaum schnell hinunterschlingen. Genauso verhält es sich mit diesem Buch. Lass dir Zeit. Hab Geduld. Mein einziges Ziel ist es, dir etwas an die Hand zu geben, mit dem du ein wenig mehr Befreiung von deiner Wut oder vielleicht auch jedem anderen starken Gefühl erleben kannst. Wenn du es zulässt, kann dieses Buch dein Leben verändern.

## Die Verwendung der Begriffe »Zorn«, »Wut« und »Rage« in diesem Buch

Zorn und Wut definiere ich als die geistige und körperliche Anspannung, die wir erleben, wenn wir emotional verletzt sind und eine Selbstfürsorge-Strategie entwickeln, mit der wir uns dem Schmerz zuwenden. Aus dieser Anspannung entstehen Abneigung und Härte, die sich in Aggression äußern. Deren energetische Kraft lenkt uns von der Selbstfürsorge ab und bringt uns zum Selbstschutz, was häufig in Gewalt mündet. Wut und Rage sind Ausdruck derselben Erfahrung, verletzt worden zu sein, sowie der Anspannung, die aus dem Bedürfnis entsteht, gut für uns zu sorgen und zugleich herauszufinden, wie wir uns schützen können. Auch wenn sich behaupten lässt, dass Rage intensiver ist als Zorn und Wut, möchte ich lieber darauf hinweisen, dass Rage ein Erleben von Wut ist, bei dem wir das Gefühl für uns selbst und das Bewusstsein für alles außer der Wut verlieren. Mit anderen Worten, wenn wir uns im

Zorn verlieren, sind wir der Rage verfallen. Häufig verwende ich »Zorn« und »Wut« synonym mit »Rage«, aber alle Übungen auf dieser Erkundungsreise sprechen die Wurzel beider Erfahrungen an.

# 1

# EINE PREDIGT ÜBER LIEBE UND WUT

Eine spirituelle Lehrperson kann leicht sagen: »Gib die Wut auf.« Es gibt Grund zur Wut, wenn wir an die Not der Kinder dieser Welt denken – und damit meine ich nicht nur die Kleinen, ich meine alle Erdenkinder, die in Krieg, Hunger, Krankheit und Ungerechtigkeit gefangen sind. Manchmal scheint es, als gäbe es nirgendwo auf der Welt Gerechtigkeit.
*Ma Jaya Sati Bhagavati*

Ich bin für Wahrheit, egal welche Person sie ausspricht. Ich bin für Gerechtigkeit, egal für oder gegen welche Menschen sie sich richtet.
*Malcom X*

Seit den us-amerikanischen Präsidentschaftswahlen von 2016 haben's manche von uns scheißschwer. Wir übrigen haben's schon länger scheißschwer. Doch seit den Wahlen fragen mich die Leute privat und öffentlich, was sie mit der großen Wut machen sollen, die sie verspüren. Andere fragen mich nach der extremen Angst, die einfach

nicht weggehen will. Wieder andere machen sich Sorgen wegen der überwältigenden Verzweiflung, die sie gepackt hat.
Als die Menschen mit diesen Sorgen auf mich zukamen, habe ich nachgespürt, wie es mir selbst eigentlich geht. Ich war stinksauer. Ich hatte Angst. Ich empfand ganz klar auch selbst eine Menge Verzweiflung. Aber ich habe auch viel inneren Freiraum, Zufriedenheit und Zuversicht verspürt. Es ging mir prima. Es geht mir immer noch prima. Es ging mir nicht nur prima, sondern trotz der Apokalypse, die anscheinend um uns herum tobte, hatte ich ein tolles Leben. Ich würde meine Erfahrung mit vier Worten zusammenfassen: Freun*dinnen, Dates, Netflix und Cocktails.

Ich musste mich unbedingt kritisch mit dem auseinandersetzen, was da bei mir los war. Einerseits war die Situation beängstigend. Ich fühlte mich schon ein bisschen instabil. Andererseits hatte ich die beste Zeit meines Lebens. Wie sollte ich erklären, dass um mich herum alles in die Brüche geht und ich trotzdem jede Menge Spaß am Leben habe? Wie ist das möglich? Heute habe ich sogar noch mehr Spaß als damals. Ich musste ergründen, welche Beziehung ich zur Liebe und zum Lieben habe, und warum die Liebe meine Wut und Verzweiflung offenbar irgendwie in sich aufnahm.

Bei mir entsteht Wut aus Anspannung. Es entsteht eine Spannung zwischen der Verletzung und dem Wunsch, für mich zu sorgen, aber nicht zu wissen wie. Diese Spannung erzeugt eine Energie, die mich aufsaugt, und die ich als Wut bezeichne, und diese Wut fühlt sich so an, als müsse sie ausgelebt und auf etwas gerichtet werden. Es gibt etwas, dem ich die Schuld zuschieben muss, und wenn ich ihm die Schuld zuschiebe und es beseitige, dann bin ich vielleicht nicht mehr wütend. Tat ich das aber, war ich merkwürdigerweise trotzdem noch wütend. Ich musste lernen, meine Aufmerksamkeit wieder auf den Schmerz zu richten, auf die Verwundung hinter der Wut. Mich um diese Verwundung zu kümmern, war der Weg aus diesem Leiden.

Wenn Menschen zu mir kommen und sagen: »Mensch, ich bin so sauer. Ich bin so wütend«, dann helfe ich ihnen, ihre Aufmerksamkeit auf die Verwundung hinter der Wut zu richten, indem ich sie frage: »Wo liegt dein Schmerz? Wo tut es dir weh? Wo ist deine Verwundung? Was versucht deine Wut zu beschützen?« Manchmal ist es in Ordnung zu denken, dass unsere Wut uns beschützen will. Wahrhaftiger ist es allerdings, wenn wir denken, dass sie in Wirklichkeit etwas anderes beschützt, etwas, das ein wenig tiefer liegt. Sie beschützt unseren Schmerz. Sie beschützt unser gebrochenes Herz. Daran zu arbeiten und unsere Aufmerksamkeit wieder auf diese Verwundung zu richten, ist ein echt heftiger, tiefgreifender Weg der Transformation. Das fühlt sich nicht so gut an, wie einfach der Wut nachzugeben, denn durch die Energie der Wut fühlen wir uns stark. Manchmal, insbesondere wenn wir aus Situationen und Gemeinschaften kommen, in denen wir uns marginalisiert oder ausgelöscht fühlen, nutzen wir diese Wut, um uns ein Gefühl der Macht und der Bestätigung zu verschaffen.

Ich komme aus dem Aktivismus. Diese Arbeit mache ich schon seit meiner Jugend. Zuerst habe ich mich für Schwangerschaftsaufklärung für Jugendliche und für Drogenaufklärung engagiert. Dann habe ich von den Black Panthers erfahren und bin ein radikaler Schwarzer Mann geworden. Das war echt beängstigend. Nicht beängstigend für *mich* – beängstigend für alle um mich herum. Als Jugendlicher bin ich zur Wut erwacht, habe mich aber als junger Mensch auch sehr mit dem Schmerz verbunden.

Ich bin nördlich von Atlanta in Rome, im US-Bundestaat Georgia, aufgewachsen. Dieser Teil im Norden von Georgia war ein Schauplatz auf dem Pfad der Tränen, wo Angehörige der Cherokee Nation zusammengetrieben und gezwungen wurden, über viele Hundert Kilometer nach Norden zu ziehen und sich in Reservaten anzusiedeln. Ich stamme von geraubten Menschen ab, die verschleppt und auf geraubtem Land versklavt wurden. Ich selbst, meine Ahn*innen, indigene US-Amerikan*erinnen und auch das Land leiden noch immer unter dem Trauma dieser Gewalt.

Im Umfeld dieser Stätten der Gewalt und innerhalb der Gewaltsysteme aufzuwachsen, machte es schwer, Heilung zu erfahren. Ich musste die Wut, die mit meinem tiefen Schmerz verbunden war, in andere Bahnen lenken. Aktivismus und gemeinnützige Arbeit wurden der Weg, über den ich versuchte, meine Wut zu kanalisieren, angefangen mit dem Thema Teenager-Schwangerschaften, dann Hunger und Obdachlosigkeit, HIV- und AIDS-Bewusstseinsarbeit, Schutz vor und Aufklärung über sexuelle Gewalt sowie bald danach LGBTQ+-Organisation. Ich dachte mir, wenn ich aktiv bleiben würde, könnte ich diese Energie in Bewegung halten und etwas Produktives damit anfangen.

Tief im Inneren wusste ich, dass ich verletzt war, aber ich wusste einfach nicht, was ich damit anfangen sollte. Ich wollte mich stark fühlen, und ich wusste, dass meine Wut mir dieses Gefühl gab. Schließlich habe ich mit Gott gebrochen. Ich bin in der Kirche aufgewachsen, aber letztendlich interessierte mich ihre Botschaft nicht mehr. Die Markenentwicklung war ein bisschen daneben. Es lag nicht direkt an Gott, sondern an den Menschen, die an Gott glaubten. Ich hatte das Gefühl, die Leute benutzten die Religion, um sich selbst und anderen Menschen immer weiter Schaden zuzufügen. Ich gab auf und sagte mir: »Ich möchte meine Energie weiterhin der Befreiung, der Aufklärung, dem Dienst an meinen Nächsten und der

Fürsprache für andere Menschen widmen.« Ich wollte nicht bloß herumsitzen und darüber reden, wie gut und groß Gott ist – was Gott tatsächlich ist, aber damals habe ich das nicht begriffen. Ich wollte wirklich tun, was Jesus uns aufgetragen hat.

Dies führte mich zu einer Lebensgemeinschaft, die von der katholischen Arbeit*erinnenbewegung inspiriert war und ihre Anfänge im New York City zur Zeit der Großen Depression hatte. Damals schlossen sich radikale Kathol*ikinnen zusammen und betrieben Aktivismus: Sie gaben Leuten zu essen, dienten anderen Menschen, wurden verhaftet und führten alle möglichen Aktionen durch, um Gewaltsysteme zu kippen. Dorothy Day gehörte zu den führenden Köpfen dieser Bewegung. Ihr Leben hat mich damals tief geprägt. Sie war wütend. Auf Bildern wirkt sie sehr streng, mit energischem Kinn und entschlossener Stirn. Sie war zutiefst liebevoll, aber in ihr war auch Wut. In ihrem Aktivismus waren Liebe und Wut lebendig, und dies fand bei mir großen Anklang.

Ich hatte das große Glück, eine schwere Depression zu erleiden. Damals war das natürlich kein Segen. Es war superätzend! Heute sage ich, dass es ein Segen war, denn bei mir, in meinem Leben, waren es immer die Momente, in denen ich sehr zu kämpfen hatte und stark litt, die mir Feuer unterm Hintern gemacht haben, mich zu ändern. So fragte ich mich: »Ja gut, aber was noch? Was fehlt mir?« Dies führte dazu, dass ich mich mit Menschen in meiner Umgebung austauschte und sie über ihr Leben befragte, wie sie Glück verstanden, und wie sie es anstellten, dass sie frei wurden. Dies wiederum führte mich zu einer spirituellen Lehrerin, die bereit war, mir zu helfen. Zum ersten Mal in meinem Leben sprach eine Person eine Sprache, die ich verstehen konnte. Sie brachte mir bei, wie ich Entscheidungen treffen konnte, die mir das Leben gerettet haben.

Ich musste tatsächlich anfangen zu meditieren und meine Gedanken zu beobachten und mein ganzes Leben von Grund auf zu ändern. Natürlich waren die ganze Meditiererei und die Veränderung, die ich erlebte, nur eine Rückbesinnung auf den Schmerz. Ich musste lernen, Schmerz zuzulassen und zu trauern, wie ich es bisher noch nie vermocht hatte. Nicht dass mich das sofort von meiner Wut befreit hätte, aber es war für mich der Anfang der Arbeit daran. Dies alles basierte auf Liebe, nicht nur auf dem bisschen Liebe, das ich für mich selbst übrig hatte, sondern auf der Liebe, die ich für andere Menschen empfand, die mich so gerne anders erlebt hätten, denn ich wusste, dass ich wegen meiner Wut für mein Umfeld zu einem Quell des Leidens geworden war. Ich war nicht nur wütend, ich hatte die Wut auch völlig abgespalten. Leute kamen auf mich zu und sagten: »Mensch Rod, du bist ja echt wütend.« Und ich gab zurück: »Fick dich. Du bist wütend!«

Es hat mich viel Arbeit gekostet, mich mit der Erfahrung der Wut zu verbinden. Was das Verhältnis zu unserer Wut anbelangt, sind wir alle anders konditioniert worden. Als Schwarzer Mann war ich darauf konditioniert, meine Wut für gefährlich zu halten – wenn ich Wut in konkrete Bahnen lenkte und zum Ausdruck brächte, würde ich bestraft. Ich würde umgebracht. Ich käme ins Gefängnis. Ich würde zum Schweigen gebracht. Ich würde ausgelöscht. Um mich selbst vor meiner gefährlichen Wut zu schützen, lernte ich, sie tief in mir zu vergraben und mich von ihr zu distanzieren. Als ich sie vergrub, wurde sie zu passiver Aggression. Außerdem verstärkte sie meine Depressionserfahrung, denn durch die unterdrückte Wut wirkte die Depression noch schwerer und starrer. Manche von uns wurden darauf konditioniert, zu glauben, dass wir gute Menschen sind und deshalb nicht wütend werden, und dass es nicht ladylike ist, wütend zu werden. Das galt auch für mich, denn für mein Empfinden bin ich schon auch wie eine Frau. Einigen von uns wurde beigebracht, dass es unser Recht ist, wütend zu sein, und deshalb wird unsere Wut gefeiert.

Tatsächlich drehte sich ein sehr großer Teil meiner Arbeit in der Meditation mit dieser Heilerin darum, dass ich lernen musste, in meinem Körper zu sein, dass ich lernen musste, meine Wahrnehmung wieder auf all die Körper zu lenken, die sich für mich manifestieren. Nicht nur auf den physischen Körper, der eine zentrale Manifestation unserer Körper ist, sondern auch auf meinen Mentalkörper, meinen spirituellen Körper und meinen Energiekörper.

Ich musste wieder dahinkommen, zu lernen, wie ich die Wutenergie durch mein System leiten kann. Statt zu sagen, ich sei wütend oder verärgert, musste ich lernen zu sagen, in welcher Weise ich verletzt worden war, und dabei die Energie der Wut um meinen Schmerz herum erkennen. Ich begann zu lernen, wie ich für mich sorgen kann.

Um für mich zu sorgen, musste ich nicht losziehen und Leute verprügeln oder verfluchen oder passiv aggressiv sein. Tatsächlich muss ich an passiver Aggression am meisten arbeiten. Sie ist genauso gefährlich wie andere Formen der Wut, weil wir nicht dem nachspüren, was wir eigentlich empfinden. Passive Aggression entsteht, wenn wir Angst vor unserer Wut und/oder keine Verbindung zu ihr haben. Wenn wir uns auf den Schmerz einlassen, kann der Schmerz uns prägen und uns etwas sagen. Wenn wir tatsächlich anfangen, Schmerz zuzulassen und zu trauern, hilft uns diese Trauer, innerhalb unseres Erlebens Freiraum zu erfahren. Der Schmerz ist dann nicht mehr das Zentrale; er spielt sich in einem Freiraum ab, in dem auch andere Dinge auftauchen können. Ich trauere jeden Tag. Wenn ich der Trauer viel Raum gebe, hat auch die Wut viel Platz. Die Wut sagt: »Danke, dass du dich endlich um den Schmerz kümmerst.« Die Energie der Wut ist immer noch da. Wenn ich trauere, kann ich die Energie der Wut tatsächlich kanalisieren, nicht in den Versuch, mich selbst zu schützen, nicht in den Versuch, anderen Menschen wehzutun, sondern ich kann sie in Bahnen lenken, die dem Wohl anderer Personen dienen.

Wenn wir meinen, dass wir geschickt mit Wut fertigwerden könnten, ist das manchmal so, als würden wir glauben, wir könnten mit einem Ball in ein Ziel treffen, nachdem wir so richtig herumgewirbelt worden sind und uns echt schwindlig ist und wir dann einen Wurf versuchen. Genauso ist es mit der Wut. Manchmal treffen wir vielleicht sogar ins Ziel, meistens aber nicht.

Das Problem ist, wenn wir auf Wut reagieren, glauben wir, dass wir immer ins Ziel treffen. Wir glauben, wir könnten wütend sein und hätten es in der Hand, wie wir darauf reagieren. Wir sagen uns, wir werden nicht gewalttätig. Wenn dann kein Raum da ist, wenn wir uns nicht um unseren Schmerz kümmern, verfallen wir aber doch in Gewalt, weil dann nämlich die Wut uns in der Hand hat. Wenn du wütend sein willst, ist das prima; aber wenn es dir wirklich um Gewaltfreiheit geht, hast du auch eine ethische Verantwortung, eine Beziehung zu deinem Schmerz zu haben. Ich kann verletzt und wütend zugleich sein, und ich kann sowohl meine Wut als auch meinen Schmerz lieben.

Uns muss klar sein, dass wir irgendwann die Einstellung entwickeln müssen, dass wir alles lieben müssen, besonders das, was nicht liebenswert ist. Wenn du Interesse daran hast, frei zu werden, muss alles geliebt werden. Ich spreche von der Freiheit von Dualität. Ich spreche von der Freiheit von binärem Denken. Ich spreche von der Freiheit vom ständigen Getriggertwerden. Ich spreche von der Freiheit von meiner tiefen Anhaftung an mein Ego, Freiheit davon, immer etwas für andere Menschen leisten zu müssen, Freiheit davon, immer außerhalb meines Körpers zu leben. Diese Art von Freiheit, wieder zur Ganzheit zu gelangen, wieder dahin zu gelangen, dass ich dem Vorrang einräume, was ich brauche. Damit will ich nicht sagen, dass meine Bedürfnisse besser sind als die anderer Menschen, sondern dass meine Bedürfnisse ebenso meine Beachtung verdienen, wie ich die Bedürfnisse anderer Personen berücksichtige. Wenn wir diesen Freiraum nicht haben, wenn wir uns nicht um den Schmerz kümmern, dann sind wir in unseren Entscheidungsmöglichkeiten äußerst beschränkt.

Ich möchte ganz klar sagen, dass ich Wut für wichtig halte. Ich habe nie gesagt, wir sollten unsere Wut loswerden, denn das sollten wir nicht. Genauso wie ich auch nie sagen werde, wir sollten unser Ego loswerden, denn das sollten wir nicht. Wenn ich sage, dass alles geliebt werden muss, meine ich damit auch, dass alles seinen Platz hat. Wenn es sich außerhalb unserer bewussten Erfahrung befindet, dann wird es für uns wirklich gefährlich. Es wird unterbewusst, und dann wird es zu einem Dämon oder einem Monster. Dann sagen uns die Leute: »Siehst du nicht den Dämon, der dir überallhin folgt?« Ich übersetze das mal in eine andere Sprache: »Weißt du nicht, dass du super frauenfeindlich bist?«, »Begreifst du nicht, dass du rassistisch bist?« Und du fragst: »Was? Wovon redest du?«

Das ist der Schatten. Wir haben gelernt, alles wegzupacken, weil wir voll darauf aus sind, ein guter Mensch zu sein. Du kannst sagen: »Ich bin ein guter Mensch. Ich bin nicht frauenfeindlich. Ich bin nicht transphob. Ich bin ein guter Mensch.« Ein guter Mensch zu sein oder meine Anhaftung daran, ein guter Mensch zu sein, hindert mich manchmal daran, mich mit den Problemstellen zu beschäftigen, mit all den Schatten, mit denen ich es zu tun habe. Deshalb lasse ich mich gar nicht mehr darauf ein. Es kommt mir nicht mehr darauf an, ein guter Mensch zu sein. Es kommt mir darauf an, im Kontakt mit meinem Schatten zu sein, mit dem Schmerz, mit der Verwundung, mit der Wut und mit meiner Sucht nach und Anhaftung an Macht.

Mach dir bewusst, wie die Narrative uns daran hindern, die wirklich wichtige Befreiungsarbeit in unserem eigenen Erleben zu leisten. Das soll sich nicht gut anfühlen. Es soll schwer sein. Es soll echt unangenehm sein. Wenn es einfach wäre und Spaß machen würde, würden es ja alle machen.

Es kommen Leute zu mir und sagen: »Also, diese Praxis, die du mir gegeben hast, hat aber nicht gerade dazu beigetragen, dass ich mich gut fühle.« Das verstehe ich, denn als ich mit meiner Praxis angefangen habe, hat sich das auch nicht gut angefühlt. Für mich war es, als würde ich noch mehr leiden. Tat ich aber nicht. Ich habe nur endlich darauf geachtet, wie ich mich schon immer gefühlt habe. Das macht echt keinen Spaß, aber es wird definitiv besser. Es wird besser, weil ich gelernt habe, echte Neugier für meine Erfahrungen zu entwickeln. Ich habe gelernt, wieder in meinem Körper zu sein und zu begreifen, dass alle wirklich schwierigen Erfahrungen, die ich hatte, zusammengesetzt waren – lauter verschiedene Teile und Aspekte stießen darin zusammen.

Damit begann sich meine Beziehung zu allen Dingen zu wandeln, besonders zu meiner Wut und meinem Schmerz. Es gibt keine Befreiung, ohne dass wir uns nicht krumm machen und mit dem auseinandersetzen, wovor wir uns für gewöhnlich drücken, um die

Dinge so wahrzunehmen, wie sie wirklich sind und nicht, wie wir sie uns vorgestellt haben. Dies ist der Weg der Befreiung durch Wut.

# 2

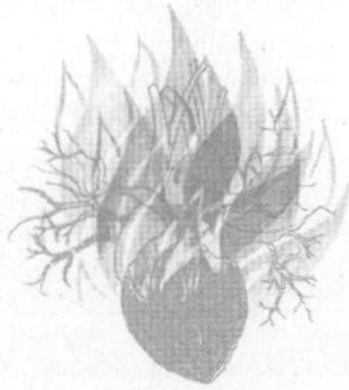

# VERWUNDUNG UND WUT

Das Verhängnisvolle an der weißen kolonialistischen Angst und Wut ist, dass ich nichts damit zu tun habe, aber mein Körper trotzdem zum Auffangbehälter für diese unverarbeitete Verwundung wird. Am Ende schleppe ich so nicht nur mein Trauma, sondern auch das Trauma des *W*eißseins mit mir herum.
*Lama Rod*

Ich sterbe doppelt so schnell
wie andere Menschen in den USA
zwischen achtzehn und fünfunddreißig.
Das beunruhigt mich,
aber ich versuche, es mir nicht anmerken zu lassen.
*Essex Hemphill*

Meine Wut ist alt, persönlich und zuverlässig. Sie ist älter als ich und doch jünger als das jüngste Kind, das ich kenne. Sie ist so alt, dass die meisten von uns nicht mehr glauben, dass sie überhaupt je geboren wurde. Sie ist die Urgottheit, die wir irgendwann anbeten, weil wir glauben, dass sie irgendwie die Revolutionsführerin sein wird, die uns befreit. Und doch ist sie zugleich eifersüchtige Herrin über uns.

Eigentlich will die Wut uns etwas sagen. Die Wut gesteht, dass sie nicht das Hauptereignis ist. Dadurch, dass ich nicht bereit bin, mich mit meinem tiefen Gefühl der Verletzung zu beschäftigen, entsteht eine Spannung. Am Anfang meiner Auseinandersetzung damit gehörte es zum Schwierigsten, was ich mir je eingestehen musste, dass ich einfach nur verletzt und nicht bloß sauer war. Ich war nicht sauer wegen Rassismus oder Homofeindlichkeit oder sonst etwas. In Wirklichkeit war ich zutiefst verletzt. Ich war zutiefst verzweifelt über die Situation. Diese Erkenntnis hat mir schlicht den Stecker gezogen.

Noch nie in meinem Leben war mir gesagt worden, dass ich mich tief auf diese Verwundung einlassen sollte, und schon gar nicht war ich darin unterstützt worden. Ich nenne sie Herzbruch. Wenn ich hinter die Wut gelangen oder durch die Wut hindurch kommen wollte, musste ich sie als das erkennen, was sie war: Ein Anzeichen dafür, dass mein Herz gebrochen war. Als ich mir erlaubte, meinen Herzbruch zu spüren, veränderte sich mein Aktivismus. Jetzt war ich nicht mehr auf der Straße und versuchte, irgendwas zu tun, weil ich wütend war. Ich war auf der Straße, weil ich verletzt war und wollte, dass dies wahrgenommen würde. Ich wollte, dass wahrgenommen würde, dass ich zum ersten Mal nicht kämpfte, um Menschen zu befreien oder Systeme zu brechen. Ich kämpfte vor allem, um zu verkörpern und zu kommunizieren, dass es mir nicht gut ging, dass ich darum kämpfte, glücklich zu sein, und dass ich mich vor allem nicht mehr durch die Wut ablenken ließ. Mit anderen Worten, mein Aktivismus bestand vermutlich zunächst darin, mir selbst die Erlaubnis zu geben, tief in mein Erleben hineinzuspüren, damit ich mich mehr als ich selbst und in tieferem Einklang mit dem Kampf anderer Menschen an die Veränderungsarbeit machen konnte.

Als ich zum Aktivismus kam, bemerkte ich seltsamerweise gar keine Wut. Ich betrieb einen sehr intensiven Aktivismus, wohnte in einer Lebensgemeinschaft und baute mir ein Leben auf, das sich um den Dienst an meinen Mitmenschen und die Störung von Systemen drehte. In meiner Welt gehörte so etwas für Zwanzigjährige einfach dazu. Meine älteren Ment*orinnen luden mich ein, Neugierde auf meine Wut zu entwickeln. Sie forderten mich sanft dazu auf, sie bewusst wahrzunehmen. Ich versuchte, regelmäßig zu meditieren. In meiner Gemeinschaft waren die meisten entweder Buddh*istinnen oder hatten zumindest eine kontemplative Meditations- oder Achtsamkeitspraxis. Die meisten waren Mitglieder derselben Sangha, einer spirituellen oder Meditationsgemeinschaft, die wöchentlich mit dieser Community saß. Manchmal hielten wir Meditationssitzungen in unserem Haus ab.

Meditation hatte ich schon ausprobiert, lange bevor ich dazu aufgefordert wurde, und dabei hatte ich gemerkt, wie sehr ich sie hasste. Ich dachte, das wäre wieder so etwas, was *W*eiße wie von Zauberhand und völlig problemlos beherrschten, weil sie nicht Schwarz sind! Meine Versuche, Meditation und insbesondere Achtsamkeit zu praktizieren, waren eine Katastrophe. Ich konnte höchstens eine Minute lang sitzen, bevor ich genervt und sauer wurde und das Zimmer fluchtartig verließ. Ich weiß das alles noch sehr gut. Ich erinnere mich an das akute mentale Leiden aus tiefer Traurigkeit, umhüllt von rasender Wut. Es war furchtbar und überwältigend. Es war unmöglich. Wie konnten Menschen diesen Scheiß stundenlang betreiben?

Ich erkannte, dass diese Energie von Wut und Schmerz nicht nur in meinem Denken und meinem Geist, sondern auch in jedem Teil meines Körpers tief verwurzelt war. Sie prägte mein gesamtes Auftreten in der Welt, vom Aktivismus bis zum Sex! Wegen meiner herausragenden schauspielerischen Leistungen als der nette Schwarze Junge war sie damals zugleich aber auch sehr schwer zu erkennen. Sie war sehr gut und sehr frustrierend versteckt. Aufgrund dieser verinnerlichten und versteckten Wut hatte ich das Gefühl, dass sich meine Erfahrungen mit psychischen Erkrankungen, insbesondere schwerer Depression, verschlimmerten. Mein Zorn und meine Wut wurden nach innen gerichtet, wo sie begannen, an meinen Bemühungen zu nagen, mich gut zu fühlen. Es fiel mir schwer, fröhlich oder auch nur ansatzweise präsent zu sein. Die Wut hatte eindeutig Auswirkungen auf meine physische und chemische Biologie.

Ich versuchte es noch einmal mit Meditation, nachdem ich begonnen hatte mit einer Heilerin zu arbeiten, die erklärte, Meditation sei die Grundlage der Selbstfürsorge. Sie würde mir helfen, mich nicht nur mit meiner Wut, sondern auch mit der kräftezehrenden Erfahrung der Depression zu beschäftigen, mit der ich ebenfalls in Kontakt kam. Also nahm ich die Praxis ernst und ging das Risiko ein, mit all dem Unbehagen sitzen zu lernen, vor dem ich mich früher gedrückt hatte.

Irgendwie wusste ich, dass ich damit ein enormes Risiko einging. Es war das Risiko, mit meinem eigenen Inneren zu arbeiten, was bedeutete, dass ich mich vor den Geheimnissen, die mein Inneres zu enthüllen hatte, nicht würde verstecken können. Ich begann, den Vorhang zurückzuziehen. Wenn du diesen Vorhang zurückziehst, kannst du ihn nicht einfach wieder vorziehen, wenn dir nicht gefällt, was da ist. Denn nun weißt du es und wirst es weiterhin wissen (auch wenn uns das nicht gefällt!). Wir können die Dinge, die wir beobachten, leider nicht ungeschehen machen, auch wenn wir versuchen, sie zu vergessen.

Und ich habe definitiv versucht zu vergessen. Immer wenn ich die Wut wahrnahm, versuchte ich, sie zu verleugnen. Ich habe immer noch versucht, mir vorzumachen, ich sei nicht wütend. Es gab vieles, worüber ich wütend war, und im Laufe meiner Meditationspraxis wurde mir klar, dass ich Aktivismusarbeit leistete, organisierte und versuchte, Veränderungen herbeizuführen, weil ich auf die ganze Welt sauer war. Ich war stinksauer, weil ich in diesen Körper hineingeboren worden war, sauer auf das System des Rassismus, das System der Homofeindlichkeit. Ich war supersauer auf mein Trauma und meine Verwundung. Ich war sauer auf alle Gewaltakte, die ständig an meinem Körper und Geist begangen wurden. Das war alles nicht fair. Ich war sauer, dass ich mich damit herumschlagen musste und andere Leute nicht. Ich glaube, letztendlich war ich sauer auf die unglaubliche Ungerechtigkeit an dieser ganzen Scheiße! Doch ich glaubte immer noch, dass ich meine Wut irgendwie dazu nutzen könnte, dieses System zu zerschlagen, und wenn das erst geschehen wäre, wäre ich auch nicht mehr wütend.

Bei uns in den aktivistischen Communities haben wir eine unreife, falsch informierte und überromantisierte Beziehung zur Wut. Wir manipulieren Wut als falsche Energie- und Inspirationsquelle. Viele von uns haben keine Ahnung, wie sich Wut wirklich dazu nutzen lässt, die Veränderungen herbeizuführen, die wir in unseren Communities erreichen müssen. Unser Verhältnis zur Wut ist ein reaktives und zwanghaftes. Wir verspüren Wut und reagieren. Wenn ich gebeten werde, diesen Punkt anschaulich zu erklären, sage ich, das sei so, als ob wir in einem brennenden Zimmer wären und auf die Gefahr mit einem Sprung aus dem Fenster reagierten, um zu entkommen. Wir haben keine Zeit zum Nachdenken, wie weit oben wir sind oder wo wir auftreffen werden. Wir reagieren einfach auf das Feuer und hauen ab. So betrachte ich unser zwanghaftes Verhältnis zur Wut: Aus einem brennenden Zimmer springen ohne Raum zum Nachdenken, wo wir wohl landen werden. Vielleicht befindet sich das Zimmer ja im Erdgeschoss und wir springen raus auf den Erdboden. Vielleicht befindet sich das Zimmer aber auch mehrere Stockwerke weiter oben und wir springen raus; vielleicht werden wir bei der Landung nicht allzu schwer verletzt. Oder wir springen raus und landen wie im Film glücklicherweise auf einem Heuhaufen oder im Wasser. Oder wir springen raus, ohne dass etwas unseren Sturz abfängt, und verletzen uns dabei. Wenn wir auf Wut einfach nur reagieren, haben wir keine Ahnung, ob diese Reaktionsfreudigkeit uns selbst oder anderen schadet oder nützt.

Genau diese Energie lenkt ab. Wir meinen, dass sie für unsere Arbeit im Aktivismus entscheidend ist, aber das ist sie nicht. Dass wir sauer sind, ist ein Anzeichen dafür, dass etwas nicht stimmt. Mich hingegen leitet und motiviert die Liebe, denn die Liebe zu mir selbst und anderen Menschen trägt dazu bei, dass die Menschlichkeit aller, die an meiner Arbeit gegen Ungerechtigkeit mitwirken, gewahrt bleibt. Wenn ich in der Liebe verwurzelt bin, zeigt sich die Wut als ein Versuch, uns auf unseren Schmerz hinzuweisen. Und wenn ich mich um meinen Schmerz kümmere und gleichzeitig liebe, wird die

Energie der Wut zu einer Energie, die mir hilft, Ablenkungen zu durchbrechen und mich auf die Arbeit zu konzentrieren, die getan werden muss.

Der starke Aktivismus, den wir heute brauchen, beinhaltet auch, unsere persönliche Trauer mit der Trauer unserer Communities zu verbinden. Unsere Wut entsteht über unserem Schmerz und verweist doch nur auf ihn zurück. Indem wir unserem Schmerz Raum geben, beginnen wir, uns um unseren Schmerz zu kümmern. Indem wir uns um unseren Schmerz kümmern, wird unser Schmerz gelindert, da wir daran arbeiten uns in uns selbst einzufühlen. Wenn wir uns in uns selbst einfühlen, fällt es uns leichter, uns in andere einzufühlen. Dieses Einfühlungsvermögen ist die Wurzel der Liebe und des Mitgefühls. Und sie beide sind der erste Schritt, die Systeme, die Schaden verursachen, zu kippen.

Wenn wir uns weigern, unseren Schmerz anzuerkennen, werden wir nie verstehen, wie wir uns so zu unserer Wut verhalten können, dass wir nicht auf sie reagieren. Wenn wir immer nur auf unsere Wut reagieren, werden wir nie vollständig in unsere Kraft und Handlungsfähigkeit kommen, um die Energie der Wut in Klarheit und Direktheit zu überführen und zugleich Schaden zu verringern. Ich wünsche mir eine Aktivismus-Kultur, in der wir unseren Zorn und unsere Wut feiern können und zugleich erkennen, dass sie nicht das eigentliche Problem sind. Unser Zorn und unsere Wut sind nicht der Grund, warum wir und die Welt um uns herum zu kämpfen haben. Wir und die Welt haben zu kämpfen, weil wir unseren Zorn durch bloßes Reagieren missbraucht haben, anstatt mit der Energie des Zorns zusammenzuarbeiten, um bei den Wurzeln unseres Schmerzes anzusetzen.

Ich musste lernen, meine Wut zu lieben, sie so zu behandeln, wie ich jede Person und jede Sache behandeln würde, die ich für wertvoll und schön halte. Meine Wut ist für mich etwas Wertvolles und Schönes, und dank dieser neuen Beziehung wurde ich nicht mehr von meiner Wut gesteuert.

Ich dachte, ich bräuchte Wut. Ich bräuchte Wut, um nicht schwach zu sein. Ich bräuchte Wut, um mich mit der Fähigkeit auszustatten, mich in bestimmten Situationen durchzuboxen, mich gegen Gewalt durchzuboxen. Ich bräuchte Wut, um mit dem Leiden von Communities, dem Leiden einzelner Personen im Kontakt zu bleiben. Ich bräuchte Wut, um mit meinem eigenen Leiden im Kontakt zu bleiben. Ich musste leiden, und Leiden war mein Verständnis von Solidarität mit anderen marginalisierten Menschen und Communities. Etwas an unserer Identität als Aktiv*istinnen hat einen ganz engen Bezug zu der Wut, die wir verspüren. Wie wäre es, wenn wir unsere aktivistischen Communities als Grundlage für unsere Veränderungsarbeit auf Freude aufbauten, nicht auf dem Leiden oder der Wut?

## Schwarzsein und Zorn

> Es ist oft schwer zu vermitteln, wie schön und furchtlos und doch zugleich auch unglaublich verwundbar Schwarzsein mich macht. Ich bin verwundbar für die willkürlichen Launen *weißer* kolonialistischer Angst und Wut.
> *Lama Rod*

Wenn ich mit anderen Schwarzen Menschen zusammenkomme, spüre ich unter der Oberfläche immer die Energie der Wut. Ich erinnere mich an hitzige Gespräche innerhalb der Familie über O. J. Simpson, Bill Cosby, das Massaker in Charleston 2015 und Trump. Ich erinnere mich auch an Zusammenkünfte mit Schwarzen Freun*dinnen, bei denen wir Dampf abließen über Themen wie Rassismus und andere Ungerechtigkeiten bis hin zu dem blöden Scheiß, den unsere Schwarzen Lieblingsstars bauten und der unsere Haltung zu ihnen in Frage stellte. Ich glaube, das muss so sein und hat eine bestimmte Funktion. Erstens bietet es uns eine Möglichkeit, unsere Wut im geschützten Rahmen von Familie und Freun*dinnen zu äußern. Zweitens schafft es in der Community ein Gefühl der Sicherheit, weil jedes Mitglied einen Eindruck davon bekommt, wie die anderen bei bestimmten Themen denken und empfinden. Drittens trägt all dies zur Erfahrung der Zugehörigkeit zur Community bei. Als Heranwachsender habe ich eines gelernt und unzählige Diskussionen darüber geführt, nämlich, dass Schwarz zu sein und zur Schwarzen Community zu gehören, zu einem großen Teil bedeutet, wütend zu sein. Was bei mir ankam, war, wenn du nicht wütend bist, gehörst du nicht dazu.

Schwarzsein und Wut sind nicht dasselbe. Ich habe Jahre gebraucht, um dies zu verstehen. Schwarzsein ist für mich eine Identität, die nicht nur meine Rassifizierung und meine afrikanischen Wurzeln zum Ausdruck bringt, sondern auch eine politische Identität darstellt. Und diese zeugt davon, wie Menschen wie ich systematische Gewalt, Marginalisierung und kulturelle Auslöschung in einem gesellschaftlichen Kontext überlebt haben, der geschaffen wurde, um meinen Körper für die Produktion zu benutzen, und der ihn nun als entbehrlich betrachtet. Ich glaube, dass das Movement for Black Lives entstanden ist, um auf diese Gewalt aufmerksam zu machen und gleichzeitig dem Leben Schwarzer Menschen wieder Wert und Zuwendung zu geben. Doch dieses politische Schwarzsein beinhaltet auch das Leben aller Menschen, die Systeme rassistischer Gewalt überleben. Meine Identität als Schwarzer Mensch bedeutet, dass ich immer auf der Seite der Personen stehe, die im Visier systematischer Gewalt sind – einschließlich, aber nicht nur rassifizierender, queer- und transfeindlicher Gewalt, Frauenfeindlichkeit, Diskriminierung aufgrund von Alter oder Be_Hinderung – was sich in einen persönlichen Slogan von mir übersetzen lässt, der lautet: Wenn du marginalisiert wirst, bist du Schwarz.

Mein Schwarzsein ist jedoch nicht anti-*weiß*; es richtet sich gegen Unterdrückung und gegen *weiße* Vorherrschaft. Mit meiner Ausdrucksform von Schwarzsein erkenne ich an, dass wir alle auf Systeme von Dominanz und Unterdrückung getrimmt worden sind. Doch es liegt an den Menschen, daran zu arbeiten, dass sie an der Aufrechterhaltung der Dominanz nicht mehr mitwirken. Mit meiner Ausdrucksform des Schwarzseins fordere ich außerdem, dass diese Arbeit tatsächlich geleistet wird. Wenn *weiße* Menschen mich oder andere Personen über *weiße* Vorherrschaft reden hören, wird diese

Kritik meiner Erfahrung nach tendenziell als persönlicher Angriff gewertet, statt als Einladung, zu begreifen, inwiefern *W*eißsein in den USA ein Ausdruck von Dominanz ist und bleibt, wenn keine Anstrengungen unternommen werden, diesen Ausdruck zu hinterfragen. *W*eiß zu sein, heißt rassistisch zu sein. Darauf wurden die USA aufgebaut. Ich bin durch dieses System zutiefst verletzt, und diese Verletzung bedeutet, dass ich mich sowohl über das System *w*eißer Vorherrschaft als auch darüber ärgere, dass *w*eiße Menschen diesem System weiterhin alles abkaufen.

Als ich mit der Meditationspraxis begann, musste ich mich mit schwierigen Gemütszuständen wie zum Beispiel Wut auseinandersetzen. Schon früh in meiner Praxis wusste ich, dass meine Wut wichtig war und dass sie mit dem Schmerz in Verbindung stand, den ich verspürte, weil ich in diesem Land als Schwarzer aufgewachsen bin. Doch als ich um meine Wut herum nach und nach Raum bekam, erlebte ich in meinem Geist um die Wut herum eine solche Weite, dass ich schon befürchtete, ich könnte weniger Schwarz werden!

Durch diesen Freiraum erlebe ich eine große Gelassenheit. Manche Menschen betrachten meine Gelassenheit vielleicht als Apathie. Ich erlebe im Moment jedoch, dass ich Raum für meine Gefühle habe und damit auch die Handlungsfähigkeit zu entscheiden, wie ich darauf reagieren will. Wenn ich sauer bin, kann ich die Energie des Ärgers spüren, aber ich bin nicht in einem zwanghaften Verhältnis zu dieser Energie gefangen. Diese Gelassenheit ist ein Ausdruck von Weisheit in Bezug auf alle meine Gefühle.

Ich bin Schwarz und vieles mehr. Aber als Schwarz identifiziert zu sein, bedeutet nicht, dass ich auch mit Wut identifiziert bin. Schwarzsein ist mit einer erheblichen Verwundung und Traumatisierung verbunden, weil ich eine *w*eiß-suprematistische Kultur überleben und das transhistorische Trauma meiner Vorfahren tragen muss, die dieselbe Traumatisierung überlebt und unbewusst an mich weitergegeben haben. Doch durch meine Meditationspraxis habe ich eine Erfahrung von Schwarzsein, die auf Resilienz, Gemeinschaft, tiefer Freude trotz Gewalt und auf profunder Dankbarkeit für meine Kultur beruht, die Marginalisierung dauerhaft in etwas verwandelt, was wir feiern können. Mein Trauma und meine Wut sind bei diesem Fest immer noch dabei, aber sie bestimmen nicht, was Schwarzsein bedeutet. Sie sind nur ein Teil der Kämpfe, die das Leben in diesem System mit sich bringt.

## Die Weisheitsmacht der Wut

Wenn ich keine Handlungsmacht über meine Wut habe, hat meine Wut Handlungsmacht über mich; das ist mir klar geworden. Oder mit anderen Worten, ich bin der Sklave meiner Wut. Weisheit bedeutet Klarheit, und diese Klarheit hat die Macht, auf den Punkt zu kommen. Wenn diese Klarheit mit Mitgefühl verbunden wird, können wir vielen Menschen, auch uns selbst, tiefgreifenden Nutzen bringen. Wut steckt voller Weisheit; und mit der richtigen Praxis kann sich Wut tatsächlich in Weisheit verwandeln, und diese Weisheit ist zutiefst befreiend. Aber wie bei allem anderen auch, müssen wir üben. Ohne Übung keine Befreiung.

Die eigenständige Handlungsfähigkeit, von der ich spreche, ist eine ethische Ausdrucksform von Macht, die mir hilft, meine Bedürfnisse so zu erfüllen und mich in der Welt so auszudrücken, dass Gewalt gegen mich und andere Menschen verringert wird. Eigenständige Handlungsfähigkeit heißt nicht immer, dass ich alles bekomme, was ich möchte oder brauche, um glücklich zu sein und Leiden zu verringern. Sie ist vielmehr die Klarheit, die ich besitze, um zu wissen, was ich brauche, damit ich glücklich sein und Leiden verringern kann. Außerdem ist eigenständige Handlungsfähigkeit meine persönliche Macht, meine Grenzen deutlich zum Ausdruck zu bringen.

Viele von uns haben eine komplizierte Beziehung zur Macht. Dies liegt wahrscheinlich daran, dass viele von uns durch Ausdrucksformen von Macht in zwischenmenschlichen Beziehungen missbraucht und durch systematische Macht und andere Formen missbräuchlicher hierarchischer Macht schikaniert worden sind. Macht wird oft als etwas Negatives beurteilt. Macht ist jedoch weder positiv noch negativ. Macht ist Macht. Macht wird ständig ausgeübt. Wir treffen ständig Entscheidungen, beeinflussen andere Menschen oder halten uns an Vorschriften von Systemen und Institutionen. Wie wir Macht ausüben, wird durch unsere Beziehung zu ihr bestimmt.

In meiner Praxis bedeuten eigenständige Handlungsfähigkeit und Handlungsmacht über meine Wut, dass ich *mit* meiner Wut an der Macht bin, wodurch ich darauf vertraue, dass meine Wut mich nicht überwältigen wird, was es mir leichter macht, mich um den Schmerz hinter der Wut zu kümmern. Ich drücke mich weder vor ihr, noch zwinge ich sie, irgendetwas anderes zu sein als sie selbst.

## Angst vor der Macht

Die Probleme, die wir mit Wut haben, wurzeln in unserer Ambivalenz gegenüber der Macht und in unserem Kampf, unsere Macht oder Handlungsfähigkeit effektiv zu verkörpern. Viele von uns fürchten sich vor unserer Handlungsfähigkeit und können keine Verantwortung dafür übernehmen, wie sie sich in der Welt manifestiert, insbesondere in zwischenmenschlichen Beziehungen. Meine Schwierigkeiten damit bestehen unter anderem darin, dass ich Angst davor habe, mich in Beziehungen durchzusetzen. Meine Persönlichkeit ist so, dass ich mich sehr wohl fühle, wenn ich mit dem Strom schwimmen und im Grunde alles ganz locker nehmen kann. Zum Teil kommt dies daher, dass ich Angst davor habe aufzufallen, denn das würde meine Unsicherheiten an den Tag bringen und mich in einem Umfeld, in dem ich gelernt habe zu überleben, indem ich versuche, nicht aufzufallen, möglicherweise zum Opfer machen. Zu alledem hat die Tatsache, dass ich seit über zwanzig Jahren daran arbeite, meine gesellschaftliche Position als Cis-Mann in einem Patriarchat zu verstehen, mir meine relative gesellschaftliche Macht überdeutlich bewusstgemacht, auch wenn sie durch meine weniger privilegierten Identitäten gestört wird.

Überdies habe ich bemerkt, dass ich mich tendenziell davor fürchte, meine Handlungsfähigkeit durchzusetzen, weil dies meine Identifikation mit der Person stören würde, die ich aus Bequemlichkeit ganz gerne bin, auch wenn diese Person nicht die ist, die ich sein muss. Es ist schwer, unsere Art, in der Welt zu sein, loszulassen, weil wir schlicht nicht wissen, welche wir werden, wenn wir unser altes Ich loslassen. Der Ausdruck unserer Handlungsfähigkeit bringt uns dazu, dynamisch zu formulieren, wie wir am authentischsten wir selbst sein können.

Wenn der Ausdruck unserer persönlichen Macht behindert wird, drückt sich diese Energie oft als Wut aus. Wenn ich über meine Probleme mit Wut nachdenke, dann habe ich in dem Moment, in dem ich Wut verspüre, das Bedürfnis nach Zuwendung. Und wenn ich nicht weiß, wie ich mir die in dem Moment verschaffen soll, lasse ich mich dazu hinreißen, auf die Wut zu reagieren. Es erfordert Zeit und Mühe zu verstehen, dass ich Handlungsmacht über meine Wut habe und dass ich Entscheidungen treffen kann, um mich in dem Moment um mich zu kümmern. Ich muss nicht in ein Narrativ verfallen, dass ich nicht die Macht habe, meiner Wut Raum zu geben und mich um meinen Schmerz zu kümmern, und dass ich nicht den Raum habe, andere Entscheidungen zu treffen, um Gewalt zu verringern.

## Passive Aggression

Meine Superheldenfähigkeit ist passive Aggressivität. Sie ist nicht so sexy wie durch die Luft zu fliegen oder durch Wände zu gehen, aber sie hat mich am Leben erhalten und mir geholfen, mit den Schwierigkeiten des Lebens in einer Kultur gesellschaftlicher Unterdrückung fertig zu werden. Von klein auf habe ich gelernt, dass meine Wut für andere Menschen und besonders für mich gefährlich ist. Als kleiner Schwarzer Junge lernte ich, dass es nicht in Ordnung ist, wenn ich wütend werde, geschweige denn, dies zeige. Meine Wut hatte Konsequenzen. Als ich älter wurde, lernte ich, dass meine Wut in extremem Maße kontrolliert wurde, denn Schwarzer Zorn und Schwarze Wut waren wie ein Spiegel, der den *W*eißen ihre Beteiligung an einem *w*eiß-suprematistischen System vorhielt, das auf Kosten von Schwarzen Menschen und People of Color besteht. Ich habe die Erfahrung gemacht, dass die meisten *w*eißen Menschen Angst vor meiner Wut hatten, weil sie sie an die Gewaltsamkeit ihres *W*eißseins erinnerte. Der unerträgliche Verdacht, dass ihr *W*eißsein brutale Auswirkungen auf Schwarze Menschen und People of Color hatte und weiterhin hat, erzeugt eine Spannung, aus der ihre eigene Wut erwächst, die sich dann häufig gegen Schwarze Menschen und People of Color richtet.

Ich stellte fest, dass meine *w*eißen männlichen Freunde Wut so oft zum Ausdruck bringen konnten, wie sie wollten, und dass dies kaum Konsequenzen hatte. Wenn ich hingegen Wut zum Ausdruck brachte, wurde ich als gefährlich und zornig abgestempelt. Bei *w*eißen Menschen etabliert dies ein Narrativ, dass unsere Wut nicht auf eine Unterdrückung zurückzuführen ist, an der sie beteiligt sind, sondern in unserer Natur liegt. Da ich dies schon von klein auf intuitiv begriffen habe, glaube ich, dass meine Wut zu passiver Aggression verkommen ist und ich dabei den direkten Kontakt zu ihr verloren habe. Wir, die wir nicht offen wütend sein durften, haben oft auf passive Aggressivität zurückgegriffen, um unseren Ärger zum Ausdruck zu bringen, ohne bestraft zu werden.

Passive Aggression ist eine entkörperlichte Ausdrucksform von Wut, die immer dann auftritt, wenn wir zu dem Schluss gekommen sind, dass eine äußere Wutreaktion irgendwie nicht förderlich ist. Wir bezeichnen sie als passiv, weil die Energie der eigentlichen Wut meist in andere Ausdrucksformen kanalisiert wird, die nicht unmittelbar als Wutreaktion zu erkennen sind. Auch wenn die Wut in andere Ausdrucksformen umgelenkt wird, ist hier doch immer noch Wut am Werk; und wenn diese Energie am Werk ist, ist sie aggressiv. Obwohl es nicht den Anschein hat, als ob Aggression stattfindet, weil kein Mensch beschimpft oder verprügelt wird, wird doch Schaden angerichtet. Passive Aggressivität kann genauso gefährlich sein wie direkte Wut, weil passive Aggression eine Form der Täuschung und Manipulation ist, die wesentlich mehr Schaden anrichten kann als eine Tracht Prügel.

Passive Aggression hat ihre Wurzeln in der Angst vor unserer Wut. Wenn ich meiner Wut nicht nachgebe, bin ich ein guter Mensch. Außerdem glauben wir, dass das Ausweichen vor unserer Wut die beste Möglichkeit ist, die Gewalt zu verringern, die durch unsere Reaktion auf die Wut entsteht. Dies bedeutet allerdings, dass ich immer noch keinen effektiven Bezug zu meiner Wut habe. Wenn ich Angst vor meiner Wut habe und mich nicht mit der Energie der Wut beschäftige, bleibt diese Energie in meiner Erfahrung stecken und wird zu einer Quelle der Frustration. Sie wird zu einer Art Trauma, da diese Energie immer weiter in meinem Erleben kreist, ohne jede Möglichkeit, zum Ausdruck gebracht oder verarbeitet zu werden.

Die Umwandlung von Wut in passive Aggressivität ist auch ein Prozess der Entkörperlichung. Um mich von der Realität abzukoppeln, dass meine Wut Ausdruck eines durch Schmerz ausgelösten Ungleichgewichts ist, muss ich meine körperlichen Empfindungen betäuben. Diese Betäubung macht es leichter, meine Wut in etwas Indirekteres und Passiveres umzuleiten. Und weil ich betäubt bin, kann ich mich nicht auf die Daten verlassen, die mein Körper mir sendet, um herauszufinden, was ich brauche. So gerate ich in eine verwirrende Uneindeutigkeit, aus der heraus sich kaum Klarheit schaffen lässt. Ich glaube zwar, dass Menschen absichtlich passiv aggressiv sein können, um Personen und Situationen zu manipulieren, aber ich glaube auch, dass diese Ausdrucksform auf echte unerfüllte Bedürfnisse zurückzuführen ist.

Mehr noch, ausgewogene eigenständige Handlungsfähigkeit ist vollständig davon abhängig, dass ich in meinem Körper bin. Wenn ich nicht in meinem Körper bin, habe ich kein Echtzeit-Gespür dafür, wie mein Körper auf das anspricht, was um mich herum und in mir vorgeht. Hier ist daher an ein reales Trauma zu denken, denn Trauma stört das Gleichgewicht des Körpers und erschwert das Verständnis für die Bedürfnisse des Körpers, weil seine Empfindungen nicht unbedingt mit dem übereinstimmen, was im jeweiligen Moment in unserer Umgebung vor sich geht. Darüber hinaus kann Trauma dazu führen, dass wir aufgrund eines Schmerzes kaum in unserem Körper sein können. Deshalb kann es schwierig sein, mir selbst zu vertrauen, und es fällt mir schwer zu wissen, was ich wirklich brauche.

Inzwischen arbeite ich seit Jahren an meiner passiven Aggression. Mittlerweile kann ich erkennen, wann ich Wut verspüre, doch manchmal habe ich immer noch Schwierigkeiten, mit meiner Wut in Kontakt zu kommen, um meine eigenständige Handlungsfähigkeit auszuüben. Aber gut – Wissen ist die halbe Miete. Auf jeden Fall bringe ich passive Aggression ganz unterschiedlich zum Ausdruck. Häufig befinde ich mich in der Interaktion mit anderen Menschen und verspüre eine Abneigung gegen das, was geschieht, oder bin einfach wütend, weiß aber nicht, wie ich mit dieser Wut in Kontakt kommen soll. Daher äußert sie sich als passive Aggressivität, die sich dann so gestaltet, dass ich in der Interaktion lächle und zustimmend nicke, mein Gegenüber aber in Gedanken beschimpfe oder verfluche. Währenddessen schwöre ich mir außerdem, dass ich sowieso tue, was ich will! Um ehrlich zu sein, ich mache das schrecklich gerne; zugleich erkenne ich aber, wie unreif das Ganze ist. Ich weiß, dass ich Mühe habe, in dieser Situation Handlungsfähigkeit zu beweisen. In diesem Fall ist meine passive Aggression eine Form der Manipulation, die ich früher damit gerechtfertigt habe, dass ich sowieso nie bekomme, was ich will, wenn ich direkt und konfrontativ bin. Es geht allerdings nicht darum, was ich will, sondern was ich brauche. Die Übung lautet, bei dem zu bleiben, was ich in Körper und Geist spüre, während ich versuche in Worte zu fassen, was ich brauche, zunächst mir selbst gegenüber und dann gegenüber der Person, mit der ich in Interaktion bin.

# 3

# EIN GESPRÄCH ÜBER LIEBE UND WUT

Mit der buddhistischen Lehrerin Kate Johnson aus der Workshop-Reihe *U Mad?* der Buddhist Peace Fellowship.

**Kate Johnson:** Ich freue mich sehr darauf, mit dir über das Thema Liebe und Wut und den Zugang zu der Weisheit zu sprechen, die im Dharma für die Bewältigung unserer eigenen Wut und der Wut zur Verfügung steht, die von außen kommt und sich manchmal gegen uns richtet. In dieser politisch turbulenten Zeit erscheint mir dies als ein sehr aktuelles Thema. Zunächst einmal weiß ich, dass du in deiner Community eine Doppelrolle als Dharmalehrer und als Aktivist ausfüllst und ein Mensch bist, der viel Zeit in politisch aktiven Communities verbringt. Daher frage ich mich, wie du die Rolle der Wut verstehst. Ist sie für dich anders, wenn du dich in diesen beiden Communities bewegst? Gibt es etwas, das du aus der einen mitbringst und an die andere weitergibst? Wie funktioniert das für dich?

**Lama Rod Owens:** Ich würde sagen, Wut war eigentlich das erste Material, mit dem ich arbeiten musste und womit meine Praxis begann. Tatsächlich gab es in meinem Umfeld fortgeschrittene Praktizierende, die anfänglich auf mich zugekommen sind, noch bevor ich eine richtige Praxis hatte. Sie kamen auf mich zu und sagten: »Rod, ich glaube, du hast ein Problem mit Wut.« Ich konnte das nicht verstehen, so normal war es für mich geworden. Leute kamen zu mir, baten mich zum Gespräch und versuchten mir zu vermitteln, so und so erlebe ich dich. Für mich war das dann so, okay, fick dich, und ich konnte diese Reaktion nicht als Ausdruck von Wut erkennen.

**KJ:** Diese Reaktion darauf, wenn dir gesagt wird, dass du wütend bist.

**LRO:** Ja, sie war mir so sehr in Fleisch und Blut übergegangen, Wut war so sehr Teil meines Lebens, und ich war stark im Aktivismus engagiert, deshalb war sie eigentlich ein Antrieb für mich. Aber als ich etwa Mitte zwanzig war, begriff ich allmählich, wovon die Leute sprachen. Durch eine schwere Depression habe ich dann zum ersten Mal verstanden, welche Auswirkungen die Wut auf mein Erleben hat.

**KJ:** Welche Beziehung bestand zwischen der Wut und der Depression?

**LRO:** Mir wurde klar, dass sich die Wut tiefgreifend umgewendet hatte, ich also zum Beispiel nicht offen wütend handelte. Ich hatte sie umgelenkt und tief verinnerlicht. Dadurch begann der Prozess, der bei mir zur Depression geführt hat. Und ich glaube, ich hatte solche Bedenken, Wut nach außen zu tragen, weil es für einen Schwarzen Mann gefährlich war, seine Wut nach außen zu tragen.

**KJ:** Ja, als du gesagt hast, dass die Lehrpersonen auf dich zugekommen sind und gemeint haben: »Ich nehme deine Wut wahr«, war das so ein sensibler Punkt, denn … Als Schwarze Frau erlebe ich es oft, dass die Leute, wenn ich ein anderes Gefühl zum Ausdruck bringe, etwa Aufregung oder Traurigkeit oder Angst, dann behaupten, oh je, du bist wütend, du bist wütend; und das kann sehr verletzend sein. Deshalb war es schwer, mit meiner eigenen Wut umzugehen, denn ich bin ja so sehr damit beschäftigt, die Leute davon zu überzeugen, dass ich wirklich nicht wütend bin, wenn ich nicht wütend bin. Und wenn ich dann tatsächlich einmal wütend bin, denke ich, oh je, das ist genau das, wovor andere Leute Angst haben.

**LRO:** Genau. Ich glaube, als Menschen mit Schwarzem Körper bewegen wir uns übersensibel durch die Welt und kennen die Konsequenzen, wenn wir äußerlich erkennbar wütend sind. Wir wissen, wie argwöhnisch wir überwacht werden können, und dass dieser Argwohn für uns lebensgefährlich werden kann. Deshalb habe ich tatsächlich nach der Benimmregel gehandelt, bloß keine Wut zu zeigen, weil ich am Leben bleiben wollte. Und nun werde ich in meiner Situation im Zusammensein mit anderen Menschen sehr leicht als netter Schwarzer Mann abgestempelt. Das entwertet mich dann vollständig als Person, die Wut aufgrund von Ungerechtigkeit empfindet und tatsächlich aus tiefstem Empfinden auf etwas anspricht, was mich in Gefahr bringt. Wenn ich aber doch Wut zum Ausdruck bringe, werde ich wegen meines Tons gemaßregelt.

**KJ:** Ja, widerlich!

**LRO:** Die Leute sagen dann: »Dein Ton gefällt mir nicht.« Aber um meinen Ton geht es überhaupt nicht.

**KJ:** Stimmt, stimmt. Nach dem Motto, ich rede erst wieder mit dir, wenn du dich beruhigt hast, klar?

**LRO:** Und das löst bei mir wiederum solche Wut aus – im Sinne von, ist mir doch egal, was du denkst, ich kommuniziere trotzdem mit dir. Es spielt also keine Rolle, ob du dichtmachst oder abhaust; ich bleibe dran.

**KJ:** Genau (lacht). Ich bleibe an dir dran und kommuniziere.

**LRO:** Stimmt. Genau das geschieht bei mir und in meiner Praxis. Ich musste es echt loslassen, dass mir solche Strategien etwas ausmachen. Wenn ich also zu hören bekomme: »Dein Ton gefällt mir nicht. Ich glaube, Du bist wütend. Das höre ich mir nicht an«, dann sage ich: »Na gut. Das ist dann dein Problem.« Das macht mir nichts aus, weil ich tatsächlich versuche, meinem Erleben Raum zu geben. Ich weiß, dass ich mich früher dieser Zensur durch andere Menschen gebeugt habe. Und das war tatsächlich ein Grund für die Art meines Leidens.

In meiner Dharma-Ausbildung und im Retreat konnte ich allmählich erkennen, dass meine Wut berechtigt war und dass sie mich etwas lehren wollte. Es gibt Dharma-Gemeinschaften, in denen uns beigebracht wird, dass wir unsere Wut unterdrücken müssen und dass Wut falsch ist, dass die Wut in unseren Dharma-Räumen keinen Platz hat. Das ist noch so eine Strategie, die diese Räume nutzen, um Körper zu kontrollieren, um Körper zu überwachen. Verstehst du? Denn unsere Wut, besonders wenn wir uns in Dharma-Räumen befinden, unsere Wut hilft uns nämlich tatsächlich, Dinge genau wahrzunehmen, die sich echt daneben anfühlen. Ich bin nicht nur einfach wütend, weil ich Bock drauf habe.

**KJ:** Stimmt, oder weil es Spaß macht, oder weil ich ein Problem habe.

**LRO:** Ja, wütend zu sein, ist nicht cool. Es ist kein Trend, dem die Kids hinterherlaufen. Wut ist eigentlich ein Hinweis auf eine echte Verletzung, auf Schmerz.

**KJ:** Ich glaube, es wäre wunderschön, wenn wir uns in unseren Dharma-Räumen oder in unseren Aktivismus-Räumen oder einfach im Freun*dinnenkreis darauf einigen könnten, Wut nicht zu problematisieren, sondern wirklich wahrnehmen zu wollen, worauf die Wut hinweist. Damit wir die Informationen zu Tage fördern können, die diese Erfahrung enthält.

**LRO:** Es ist in Ordnung, wütend zu sein. Es ist in Ordnung, wenn wir die Erfahrung machen, dass wir im Moment stocksauer sind. Ich werde mich davor nicht verstecken; ich werde diese Erfahrung nicht verdrängen; ich werde sie aushalten und mich darum kümmern. Selbst wenn sie nicht legitim ist – vielleicht kommt sie von der Fixierung auf das Ego, was bei Wut ja der Fall ist – aber ich werde ihr dennoch Raum geben, damit sie da sein kann.

**KJ:** Der Erfahrung der Wut Raum geben: Machst du das so? Du sagst einfach: »Es ist in Ordnung, dass ich gerade wütend bin.«?

**LRO:** Ja. Es ist in Ordnung, weil ich versuche zuzulassen, dass ich Raum habe, um die Wut wahrzunehmen. Denn wenn ich sie nicht wahrnehme, wenn ich sie nicht bemerke, dann beginne ich, unbewusst darauf zu reagieren, und genau da beginnen die Verletzungen – für mich, für andere Menschen und auch in Beziehungen. Davon abgesehen, ja, ich bin wütend und ich kommuniziere tatsächlich aus dieser Wut heraus. An dieser Stelle kommen Achtsamkeit und Gewahrsein ins Spiel. Dann habe ich so praktiziert, dass ich tatsächlich kommunizieren kann, während ich wütend bin. Das ist eine heikle Geschichte.

**KJ:** Es ist eine echte Fähigkeit. Denn wenn ich wütend bin, spüre ich oft, wie mir die Wut aus dem Bauch in den Hals schießt, und da ist so viel Wucht dahinter, dass ich nicht unbedingt weiß, was rauskommt. Außerdem kommt es darauf an, ob ich in einer geschützten Umgebung bin und es in Ordnung ist, das nicht zu wissen. Aber wie du schon gesagt hast, wir können uns auch in anderen Räumen befinden, wo es hochriskant ist, Wut zu zeigen, je nachdem, wie wir in der Welt unterwegs sind.

**LRO:** Ich glaube, es war Suzuki Roshi, der in *Zengeist, Anfängergeist* schrieb, du solltest deinem Schaf eine große, weite Wiese geben. Damit habe ich schon früh und viele, viele Jahre lang gearbeitet. So gehe ich auch mit meiner Wut um, wenn ich in schwierigen Situationen mit anderen Menschen interagieren muss. Ich gebe dieser Wut sehr viel Raum; ich gebe ihr sehr viel Raum, um sich zu entfalten und da zu sein. Aber ich muss trotzdem tun, was ich in der jeweiligen Situation tun muss. Das kann ich nur, weil ich die Wut in meiner Praxis zum vordringlichsten Thema machen muss.

**KJ:** Das ist ein sehr schönes Bild. Es nimmt so viel Druck raus, wenn ich mir vorstelle, dass die Wut eine große weite Wiese hat, wo sie tun kann, was sie tun muss, wo sie ihre Entwicklung durchmachen kann, wie immer die dann auch aussieht. Ich frage mich, ob du wohl irgendeinen Rat für diejenigen von uns hast, die wir uns im Moment als Zielscheibe von Wut und Hass erleben und entweder durch Mitbürg*erinnen oder, naja, die Leute oder den Staat tatsächlich Gewalt erleben oder ständig davon bedroht sind. Das ist auch etwas, was ich sehr frustrierend finde: Dass mir vorgeworfen wird, ich sei wütend, oder dass meine Wut Angst macht, wo es gleichzeitig stärkere Mächte gibt, die voller Hass sind und sich gegen meine Communities richten. Ich verstehe, was du über den Preis der Wut sagst, wenn sie keinen Raum hat, wenn sie sich nach innen richtet oder wenn sie sich verfestigt, aber wenn ich das Objekt der Wut bin, habe ich manchmal doch damit zu kämpfen, eine angemessene Antwort zu finden.

**LRO:** Ja, und an dem Punkt wird Dharma für mich wirklich wichtig, insbesondere in Bezug auf meine ethische Beziehung zu meiner Wut. Beim Thema Ethik denke ich in diesem Fall insbesondere daran, welches Handeln für mich in dem Moment in Ordnung ist. Dabei bin ich mir bewusst, dass jeder Moment völlig anders ist. Wenn ich also erlebe, dass ich das Objekt der Wut bin, wenn sich die Wut gegen mich richtet und dies nach der Wahl von Donald Trump sogar noch zugenommen hat, dann betrifft das nicht nur mich, sondern alle meine Freun*dinnen, alle meine queeren Freun*dinnen, die People of Color in meinem Freun*dinnenkreis, die tatsächlich keine Möglichkeit haben, etwas darzustellen oder sich anzupassen, die ehrlich einfach nur wahrnehmbar sind und gegen die sich echt eine

Menge Hass richtet. Selbst beim Women's March on Washington 2017 wurden wir von Leuten angeschrien.

**KJ:** Beim Women's March haben Leute euch angeschrien?

**LRO:** Ja. Ich bin aus dem Demonstrationszug ausgeschert und mit einigen Freun*dinnen in einen anderen Stadtteil gegangen, und die Leute haben uns aus dem Auto heraus angeschrien.

**KJ:** Das tut mir sehr leid.

**LRO:** Danke. Ich glaube, viele von uns erleben schon sehr lange sehr viel Gewalt, und irgendwann sind wir so weit, dass wir uns einfach nur noch fragen: Wie kann ich eigentlich eine Strategie dagegen entwickeln? Mir hat das Dharma unter anderem geholfen zu verstehen, dass ich nicht der Grund für die Wut eines anderen Menschen bin. Ich habe die Wut nicht in den Kopf der anderen Person gebracht. Dies hat mir geholfen, Verantwortung für meine Wut zu übernehmen. Ich musste begreifen, dass sie zu meinen Erfahrungen dazugehört; es gibt allerdings Menschen, die diese Erfahrung bei mir auslösen, aber sie erschaffen diese Erfahrung nicht. Ich erschaffe die Erfahrung. Ich bin der Schöpfer meiner Wut. Dadurch konnte ich anderen nicht mehr so leicht die Schuld zuschieben; und indem ich diese Schuldzuweisungen unterbrochen habe, habe ich tatsächlich die Ursachen und Bedingungen geschaffen, unter denen ich mich selbst dazu ermächtigt habe, mit meiner Wut zu arbeiten. Davor habe ich geglaubt, ich könnte nichts mit meiner Wut tun, weil diese und jene Person mich verärgert hat und es nun ihre Aufgabe ist, auf mich zuzukommen, sich zu entschuldigen und sich mit mir zu versöhnen.

Damit gebe ich alle meine Macht und meine gesamte Handlungsfähigkeit an einen anderen Menschen ab und bin am Ende ohnmächtig. Wenn ich ohnmächtig bin, kann ich nur schwer glauben, dass ich tatsächlich etwas dagegen tun kann, gegen den Zorn, gegen die Wut. Deshalb musste ich mir diese Macht zurückholen.

**KJ:** Und diese radikale Verantwortung war wirklich ein Weg zu dieser Macht?

**LRO:** Ja, und diese Perspektive hat mir geholfen, auf gesündere Weise in der Welt unterwegs zu sein. Wenn also eine Person mir wutbasierte Gewalt entgegenbringt, die ich nicht ausgelöst habe, kann ich denken, dass dies nichts mit mir zu tun hat. Es hat allerdings alles mit dem Denken dieser Person und ihrer Unwissenheit zu tun. Außerdem mache ich mir bewusst, dass diese Person keine Ahnung hat, wer ich bin. Sie bemerkt mich und nimmt mich als etwas Bestimmtes wahr, und ihre Unwissenheit lädt das, wofür sie mich hält, mit viel Bedeutung und Narrativen auf.

**KJ:** Stimmt. Sie glaubt wahrscheinlich, dass ihre Wut mit dem zu tun hat, was du bist oder wofür sie dich hält, oder?

**LRO:** Ja, und es gibt die Realität der Anti-Blackness, die ebenfalls ein Ausdruck von Wut ist. Anti-Blackness betrachtet Schwarze Menschen als das Problem, wobei Schwarze Körper in den Vereinigten Staaten gerade in diesem Zusammenhang pauschal zum Sündenbock gemacht werden. Auch dies müssen wir also immer festhalten. In diesem Punkt waren Übungen der Liebenden Güte oder mettā äußerst hilfreich für mich, denn diese Übungen haben mir geholfen, ein Selbstempfinden, ein Gefühl der Zugehörigkeit zu entwickeln. Ein Selbst-Mitgefühl, das diese zutiefst verinnerlichten Gefühle, nicht geliebt, nicht gehört, nicht wahrgenommen zu werden, abgewertet zu werden, durchbrochen hat. Deshalb liebe ich das Movement for Black Lives so sehr. Ich finde es wunderbar, dass es mit dieser Bewegung einen Raum für uns gibt, damit wir verstehen können, wie wir Liebe zu uns selbst und Liebe zu unseren Communities praktizieren können. Zumindest für mich; so interpretiere ich die Bewegung.

Ich liebe die Bewegung, weil ich über Schwarze Liebe sprechen kann. Ich glaube, wir können da alle einsteigen und sagen: »Super, das kann ich machen. Ich bin vielleicht nicht bei den Demos, ich versuche vielleicht nicht, zivilen Ungehorsam zu leisten und das alles, aber ich kann anfangen, Räume zu schaffen, wo ich Liebe zu Schwarzen Körpern entwickeln kann.« Ich finde es wunderbar, wenn ich so etwas mitbekomme. Ich finde es wunderbar, wenn alle eine Möglichkeit haben, sich zu engagieren.

**KJ:** Ja, das ist wirklich wunderbar.

**LRO:** Aber ja, kommen wir wieder darauf zurück, wenn wir das Objekt von Wut sind: Es kommt darauf an zu erkennen, dass dies nichts Persönliches ist. Und zweitens habe ich die Übungen der Liebenden Güte, die mich in diesen Momenten tatsächlich halten können, die der Angst, dem Trauma, der Verwundung, die wieder hochkommen, Raum geben können und mir zugleich ermöglichen,

Grenzen zu setzen, sodass ich mich nicht ständig in Situationen bringe, in denen ich das alles einfach akzeptiere.

**KJ:** Ja, denn wir sind doch keine Maschinen oder so.

**LRO:** Es geht wieder um Handlungsfähigkeit. Es geht darum, sagen zu können: »Weißt du was? Wenn du mich anschreist, habe ich die Handlungsmacht und das Recht, mich von dir abzuwenden. Ich muss nicht stillhalten. Ich kann dich tatsächlich auch ignorieren. Ich kann Grenzen setzen, die mir Raum geben, mich im Moment um mich selbst zu kümmern.«

Was ich jetzt sage, wird echt kontrovers, aber das ist sozusagen mein Standpunkt, denn ich komme aus dem radikalen Anarchismus. Ich bin kein hundertprozentiger Anhänger von Gewaltlosigkeit.

**KJ:** [schnappt nach Luft, lacht]

**LRO:** Ich weiß, jetzt wird mir gleich die Lehrerlaubnis entzogen!

**KJ:** Du meine Güte! Aber bist du nicht auch friedliebend?

**LRO:** Ich liebe Frieden in allen seinen Spielarten. Ich liebe Frieden, ich liebe ihn wirklich! Aber Frieden kann dazu benutzt werden, sich vor der Arbeit zu drücken. Der Kampf sieht im Grunde so aus: Manchmal muss ich erkennen, dass ich nicht in der Lage bin zuzulassen, dass mein Körper als Vehikel zur Aufnahme physischer Gewalt benutzt wird. Ich habe diese Bilder aus Filmen über die Bürg*erinnenrechts-Bewegung im Kopf, wo Schwarze Körper von Hunden gebissen, mit Wasser aus Feuerwehrschläuchen bespritzt und von

Umstehenden und Cops körperlich angegriffen werden. Diese Bilder sind mir sehr deutlich im Bewusstsein, besonders die, auf denen Menschen sich zusammenkauern und als Strategie des gewaltlosen Widerstandes, wie Dr. King ihn befürwortet hat, körperliche Gewalt über sich ergehen lassen.

**KJ:** Stimmt. Eine Strategie, die auch gezielt die Medien einbezogen hat, die nicht nur Gewalt eingesteckt, sondern sie auch im öffentlichen Raum zur Schau gestellt hat, um an den Grundanstand der Mainstream-Amerikan*erinnen zu appellieren, die zu Hause sitzen und sich das im Fernsehen anhören.

**LRO:** Und ich kann nicht sagen, dass ich heute mit dieser Positionierung Schwarzer Körper und Schwarzer Leben einverstanden bin. Wenn also mein Leben in Gefahr ist und wenn mir mit Gewalt gedroht wird, werde ich höchstwahrscheinlich so reagieren, dass ich mich selbst und andere um mich herum vor körperlicher Gewalt schütze. Und ich frage mich, ob ich dies aus einer Haltung der Liebe heraus tun kann? Ich halte das für möglich. Ich glaube, dass wir tatsächlich sagen können: »Ja, ich muss glücklich und in Sicherheit sein, und ich möchte, dass auch du glücklich und in Sicherheit bist, aber du bist außer Kontrolle, und jetzt muss ich tatsächlich Körperlichkeit einsetzen, um den Schaden zu begrenzen, den du meinem Körper zufügst.« Das ist mein Standpunkt, und ich denke, dass wir deshalb gerade zum Beispiel einen derartigen Anstieg an Selbstverteidigungskursen erleben.

**KJ:** Ja, es ist ganz erstaunlich. Es hat etwas mit der Bereitschaft zu tun, sich selbst oder eine verletzbare Person gegen Angriffe zu verteidigen. Ich war etwas perplex, als du gesagt hast: »Kann ich das mit Liebe tun?«, denn ich kann mir vorstellen, dass das in dem Moment eher ein Überlebensinstinkt wäre. Vielleicht ist ja auch das eine Form der Liebe, eine Form der Selbstliebe, einfach der Wille, mich selbst und andere Menschen zu schützen, um zu überleben. Und ich weiß, dass es letztendlich auch nicht gut für einen Menschen ist, wenn er mir oder anderen Personen schadet. Es ist nicht gut für seine Selbstachtung, es ist nicht gut für sein Karma und es ist auch nicht gut für ihn selbst. Aber ja, in dem Moment, ich weiß nicht, möchte ich bereit sein, aber ich hoffe auch, dass ich das nicht herausfinden muss. Am liebsten würde ich in einer Welt leben, in der es keine unmittelbare Bedrohung gibt – keine Gewalt gegen meinen Körper oder gegen die Körper von Menschen, mit denen ich unterwegs bin.

**LRO:** Ja, und genau darum geht es beim Samsara. Samsara ist nicht schwarz-weiß; es ist extrem komplex und differenziert. Ich glaube, wenn wir in Dharma-Communities sind, dann heißt es immer: »Ach ja, Wut: Die hat hier absolut nichts zu suchen; und Gewalt, dafür ist hier kein Platz.« Das berücksichtigt einfach nicht die sehr realen und sehr unterschiedlichen Realitäten, die von verschiedenen Körpern gelebt werden. Bei mir drückt das einen Wut-Knopf und ich denke: »Wie können die Leute es wagen, mir vorzuschreiben, wie ich überleben soll, wenn sie keine Ahnung haben, was es auf einer relativen Ebene bedeutet, in genau diesem Körper zu leben!« Und ich habe kein Problem damit, das zu sagen, das sehr deutlich zu machen; dafür bin ich bekannt.

Das ist auch so etwas, das ich nicht aus dem Kopf kriege, deshalb denke ich über die Black Panthers nach. Als ich sechzehn war, war ich bei den Black Panthers. Das waren meine Hel*dinnen. Auch wenn ich nicht so recht weiß, was mich zu ihnen hingezogen hat, aber es hatte irgendwas mit Selbstvertrauen zu tun. Und sie hatten einen scharfen Kleidungsstil!

**KJ:** [lacht] Diese Baretts und diese Lederjacken!

**LRO:** Das war alles Absicht. Das musst du bei diesen Bewegungen aus den 1950ern und 1960ern wissen: Alles, was in den Medien gezeigt wurde, war volle Absicht. Es war eine Performance. Sie trugen Leder und Schwarz und Baretts und zogen sich aus einem ganz bestimmten Grund so an, weil sie verändern wollten, wie Schwarze Menschen wahrgenommen wurden; sie wollten, dass wir Selbstbewusstsein verkörperten, und dazu gehörte auch, was wir trugen.

Und dann waren plötzlich Schwarze Menschen, insbesondere Frauen, mit Schusswaffen unterwegs. Mich hat das richtig elektrisiert, weil ich dabei keine Gewalt erlebt habe: Ich habe mit diesen Schusswaffen Liebe erlebt. Bei meinen ersten Recherchen als Jugendlicher habe ich begriffen, dass es sich bei diesen Schusswaffen um Schutz und Selbstverteidigung drehte; sie wurden nicht für Gewalttaten benutzt. Die Black Panther wollten vermitteln, dass sie das Recht haben, Waffen zu tragen, so wie auch *weiße* Menschen das Recht dazu haben. Außerdem bin ich im Süden aufgewachsen, wo alle eine Waffe haben. Für mich war es also nicht unheimlich, dass Menschen Schusswaffen mit sich herumtragen; denn die Leute hatten Gewehrständer auf ihren Pick-up Trucks, das war ganz normal, und die Leute gingen auf die Jagd, und alle hatten Schusswaffen im Haus; in dem Alter habe ich selbst geschossen.

Ich weiß, dass die Leute das kompliziert finden. Ich weiß, dass das eine heikle Geschichte ist, aber auch hier muss ich die Komplexität von Samsara anerkennen. Was ich bei den Panthers erlebt habe, drehte sich nicht um Wut; es gab zwar Wut, aber eigentlich ging es um Liebe. Und wenn du heute einige der ursprünglichen Führungspersönlichkeiten von damals triffst, geht es um nichts als Liebe. Es geht um nichts als Liebe, und genau das habe ich bei den frühen Dingen gespürt, die mir als Jugendlichem aufgefallen sind.

**KJ:** Ich möchte dir dafür danken, dass du diesen Raum aufgemacht und diese Einladung an Menschen ausgesprochen hast, die vielleicht noch gar nicht daran gedacht haben, dass es vieles bedeuten kann, wenn Menschen eine Schusswaffe tragen. Können wir hier die Liebe erkennen? Und auch dafür, dass du einfach in der Lage bist, als Dharmalehrer so viel Raum zu geben und dich sozusagen zu outen und zu sagen: »Weißt du was? Ich bin mir nicht sicher, ob ich hundertprozentig zum System der Gewaltlosigkeit stehe.« Dass es Situationen geben kann, in denen es notwendig wird, uns zu schützen, die Menschen zu schützen, die wir lieben, noch größeren Schaden zu verhindern; und dass wir dies aus einer Haltung der Liebe und auf eine Art und Weise tun können, bei der uns unsere Dharma-Pluspunkte nicht wieder aberkannt werden.

**LRO:** Dazu müssen wir uns nur mit den Geschichten aus dem früheren Leben des Buddha, den Jataka, beschäftigen. Es gibt Geschichten über ihn, in denen er Gewalt ausübt, anderen das Leben nimmt, weil er unterscheiden konnte: »Wenn ich das nicht tue, werden die Auswirkungen, die diese Person haben könnte, wesentlich schwerwiegender sein.« Mitgefühl entsteht, wenn er sagt: »Ich nehme das

Karma auf mich, diesem Menschen das Leben zu nehmen, um das Leben der zahllosen anderen Menschen zu retten.« Aber auch dies ist eine heikle Lage, weil wir uns leicht selbst etwas vormachen und behaupten können, unsere Gewalt sei gerechtfertigt, weil wir glauben, dass diese oder jene Person dieses oder jenes begeht.

**KJ:** Unbedingt! Genau das habe ich gerade gedacht. Woher sollen wir das wissen?

**LRO:** Genau.

**KJ:** Das frage ich dich! [lacht]

**LRO:** [lacht] Ich dachte, das sei eine rhetorische Frage, deshalb habe ich das gesagt.

**KJ:** Woher können wir es wissen?

**LRO:** Du musst dir darüber ganz deutlich im Klaren sein, und ich glaube, für diese Klarheit muss es einen Prozess in der Community geben. Es ist also nichts Individuelles, sondern du musst mit anderen, die über eine gewisse Klarheit verfügen, darüber im Dialog sein.

**KJ:** Genau, also praktisch mit deinen Leuten darüber reden.

**LRO:** Deshalb haben wir Bezugsgruppen, damit du eine Gemeinschaft hast, in der du Dinge verarbeiten und Fragen stellen kannst wie: »Sollten wir das tun oder nicht?« und »Ist es richtig, wenn wir das tun?« Problematisch ist es aber, wenn wir Leute haben, die alleine losziehen und sagen: »Okay, ich hab's begriffen, ich brauche keinen anderen Menschen, der mir hilft, hier zu unterscheiden.«

**KJ:** Wenn du alles mit dir selbst ausmachst, kannst du dich gedanklich echt schnell vergaloppieren.

**LRO:** Ich glaube, als Praktizierende haben wir besonders damit zu kämpfen, wie komplex alles ist. Für uns soll alles hübsch ordentlich sein, und ich habe das Dharma nie als hübsch, ordentlich und schwarz-weiß empfunden – so habe ich es nie erlebt. Vielmehr hat es mir Komplexität offenbart, es hat mir ein Gewahrsein vermittelt und mir geholfen, mich in Gewahrsein zu üben, und es hat mir die Instrumente gegeben, mit denen ich herausfinden kann, was ich tun soll und wie ich es tun soll.

Letztendlich lautet mein grundlegendes Ethos: Nicht schaden. Mir selbst nicht schaden, anderen Wesen nicht schaden. Dann aber kommen die Komplexität und folgende Fragen ins Spiel: Wie neutralisierst du den Schaden, den eine andere Person anrichtet? Wie begegnest du einer Gewalt, die zu ihrer Aufhebung eigentlich Gewalt erfordert? Für solche Fragen kann ich mich echt begeistern, denn ich glaube, sie vertiefen meine Praxis und helfen mir, wirklich kritisch über die Rolle der Wut nachzudenken.

**KJ:** Ich glaube, damit weist du auf eine wesentlich subtilere und reifere Art hin, mit den Fragen im Prozess zu sein, und regst an, die Fragen in der Community zu behandeln. Vielleicht finde ich nie eine endgültige Antwort, aber mir wird klar, dass dies ein zuverlässiger Weg zu spirituellem Wachstum ist. Letzten Endes glaube ich, dass mich dies mehr interessiert als richtig oder falsch, gut oder böse.

**LRO:** Das ist das Schöne an der Koan-Praxis. Bevor ich damit angefangen habe, dachte ich: »Mensch, was für ein Blödsinn. Ich kann Rätsel nicht ausstehen!«

**KJ:** Du hast mit einer Koan-Praxis angefangen?

**LRO:** Nun ja, nicht unbedingt. Aber ich schätze sie mehr, weil sie ein Prozess sind. Wenn du praktiziert und das Dharma studiert hast, kannst du ein Koan in ein paar Sekunden lösen. Aber darauf kommt es gar nicht an. In Wirklichkeit kommt es darauf an zuzulassen, dass diese Koans dich verändern. Koans sind eigentlich dazu gedacht, dass sie erlebt werden, und genau darüber haben wir hier ja gesprochen. Ich glaube, die wichtigste Lehre, die meine Lehrpersonen mir vermittelt haben, ist die Ermutigung, aus meinem Leben selbst schlau zu werden. Die wichtigsten Antworten, die ich erhalten habe, lauteten: »Nein, das musst du selbst herausfinden. Nutze deine Praxis, um diese Frage zu klären.« Damit liegt der Ball wieder bei mir und erinnert mich an meine eigene Handlungsfähigkeit und meine eigene Weisheit. Das zwingt dich zur Arbeit. Genauso war es auch bei der Wut. Meine Arbeit mit der Wut ist nur deshalb zustande gekommen, weil ich gezwungen war, mit ihr zu arbeiten. Ich wurde in Kisten gesteckt, wo ich nichts anderes zu tun hatte, als mich mit meiner Wut zu beschäftigen.

**KJ:** Im wahrsten Sinne des Wortes, stimmt's?

**LRO:** Ja, im wahrsten Sinne des Wortes. Ich musste mich mit ihr beschäftigen und zu dem Schluss kommen, okay, ich kann mich ihr nicht entziehen, also sollte ich mich vielleicht mir ihr anfreunden und von ihr lernen. Sie sagt mir immer: »Rod, du bist gerade verletzt und hast einfach nicht den Mut, dich damit zu befassen, deshalb beschütze ich dich. Ich werde dich so lange beschützen, wie du dabei bleibst, dich nicht damit zu beschäftigen, was meine Funktion ist.« Genau das sagt mir die Wut immer: »Nein, grabe tiefer, grabe tiefer, lass dich nicht ablenken.«

**KJ:** Das gefällt mir sehr. Vorhin haben wir darüber gesprochen, worauf die Wut hinweist, aber auch, was die Wut beschützt. So verstanden, wirkt sie wie etwas, das du gar nicht so schnell loswerden willst.

**LRO:** Ja, sie ist wichtig. Und ja, sie fühlt sich kraftvoll an. Manchmal sage ich, Wut und Zorn gehören zu unseren übermenschlichen Fähigkeiten – wodurch wir in der Lage sind, verärgert zu sein und dann in unserem Umhang zur Tür hinauszufliegen … Aber allmählich ist das ein alter Hut. Ich höre die Leute sagen, Wut ist wichtig; wir brauchen sie, um effektiv zu sein. Ich glaube, Wut ist wie ein kontrolliertes Feuer. Im Wald legen wir kontrolliert Feuer, um Platz und Raum für neues Wachstum zu schaffen und den Boden zu düngen. Aber wenn keine fähigen Leute da sind, die den Brand kontrollieren, kann dieses Feuer außer Kontrolle geraten. Wenn wir nicht über Weisheit verfügen, gerät unsere Wut außer Kontrolle und fängt an, alles zu verbrennen. Ich erlebe sehr viele Menschen, die alles verbrennen.

Damit kommen wir zu deiner Frage, wie wir mit wutentbrannten Menschen eigentlich Gemeinschaft aufbauen können; denn ihre Wut ist echt ungezügelt. Für mich heißt das, dass ich meiner Wut wirklich Raum geben muss und nicht noch Öl in das Feuer ihrer Wut gießen darf. Wenn ich mit anderen Menschen eine Gemeinschaft eingehe, habe ich das Gefühl, dass ich ihrer Wut Raum gebe und sie wütend sein dürfen. Ich werde ihr Feuer nicht schüren und keine Scheite nachlegen, indem ich etwa sage: »Ja, du hast recht.« So etwas würde ich nie sagen. Ich würde sagen: »Ja, so erlebst du es gerade, und du solltest das anerkennen und dich darauf einlassen, und ja, diese Wut weist auf etwas hin.« Aber ich werde nicht sagen: »Du hast recht, wenn du wütend bist, weil du Bock drauf hast.«

Sobald wir ein wenig Weisheit erlangt haben, beginnen wir uns zu fragen, worum es bei dieser Wut geht, worauf diese Wut hinweist. Wir können anfangen, diese Wut ein bisschen zu kanalisieren. Ich für mein Teil kann ihr Raum geben und kann sie sogar nutzen, damit ich ein bisschen mehr Mut aufbringe, für mich einzustehen. Hinter dieser Wut steckt oft der Schmerz, nicht wahrgenommen zu werden. Also vergegenwärtige ich mir, dass ich diese Wut empfinde, weil ich mich in dieser Situation verletzt fühle. Ich muss mir also bewusstmachen, dass diese Wut mich daran erinnert, Grenzen zu setzen oder im jeweiligen Moment etwas zu sagen, sonst werde ich immer wieder verletzt. Aber ich habe noch viel Arbeit vor mir, auch wenn ich schon weit gekommen bin.

Ich kann nicht sagen, dass ich weniger wütend bin, aber ich kann sagen, dass ich Wut als etwas betrachte, das für mich in meiner Praxis wichtig ist, und nicht als Unannehmlichkeit, die ich am liebsten wegwünschen würde. Es schafft sehr viel Raum, wenn wir nicht mehr anders sein oder empfinden wollen und einfach bei unseren Gefühlen sind. Dann hört die Wut auf, mich zu kontrollieren und mir vorzuschreiben, wie ich in der Welt zu sein habe. Sie wird einfach zu einem Narrativ, das Teil meiner Erfahrung ist, und ich kann beschließen, diesem Narrativ nicht zu glauben.

KJ: Was ist eine Übung, die uns hilft, die Fähigkeiten zu entwickeln, bei dieser Wut zu sein?

LRO: Ja, ich glaube, dass Übungen wie Tonglen bei Wut wirklich hilfreich sind, eine wirklich gute Einstiegsübung, um Erfahrung damit zu bekommen, wie Wut sich anfühlt.

KJ: Das ist ein toller Vorschlag. Obwohl – jedes Mal, wenn ich Tonglen unterrichte oder der Vorschlag dazu kommt, folgt immer dieses Stöhnen … Ich mag es, dass Tonglen dir ein Gefühl dafür vermittelt, wie sich Wut anfühlt. Für diejenigen unter uns, die eine ambivalente Beziehung zur Wut oder sogar Angst vor ihr haben, ist es eine Möglichkeit, auf eine sichere Art und Weise mit ihr in Berührung zu kommen.

LRO: Du kannst Stück für Stück damit in Berührung kommen. Sehr viele von uns wissen nicht einmal, wie sich Wut anfühlt. Bei meinem Prozess der Befreiung von Wut ging es darum, tatsächlich die Fähigkeit zu entwickeln, Wut in meinem Körper zu spüren. Wenn ich sie dann spüre, ist sie immer in meinem Bauch. Natürlich steigt sie hoch – ich kann sie locker in meinen Hals kriegen.

Die Erfahrung, bei unserer Wut zu sein und unsere Antwort auf sie zu transformieren, läuft mit zunehmender Praxis schneller ab. Also ja, es kann tatsächlich sein, dass du dich in einer entsprechenden Situation befindest und getriggert wirst, und im selben Moment schaltet sich diese Übung ein. Dann denkst du: »Okay, ich nehme Wut wahr, ich verspüre Wut, aber ich muss jetzt eigentlich nicht darauf reagieren.« Dies gibt der Weisheit Raum sich zu entfalten, sodass du dir sagen kannst: »Okay, was muss ich jetzt eigentlich tun?

Gut, ein Mensch beschimpft mich. Okay, ich kann zurückschimpfen oder ich kann ruhig bleiben und ihm Raum geben und versuchen zuzuhören, woher seine Wut kommt, denn auch seine Wut kommt von einem tiefen Schmerz. Ich kann mich darauf einstimmen und sagen, dass dieser Mensch verletzt ist und sein Bestes tut, um mit diesem Schmerz zurechtzukommen.«

KJ: Ganz herzlichen Dank für dieses Gespräch, Lama Rod.

LRO: Danke dir.

KJ: Mir kommt gerade der Satz in den Sinn: Ich wünsche dir alles.

LRO: Und ich nehme alles an! Ich denke an den Film *Paris Is Burning*, die Szene, in der es um OPULENZ geht: »Du besitzt alles, alles gehört dir.« So musst du dich in der Welt bewegen. Natürlich gehört dir nicht alles. Aber wie bewegst du dich mit Selbstvertrauen in der Welt und beanspruchst deinen Raum?

KJ: Ja, und wie radikal ist es, denjenigen von uns ein Gefühl für ihre Handlungsfähigkeit wiederzugeben, denen sie genommen wurde! Ich denke das ist möglich – ich habe erlebt, wie Menschen es mit Eleganz und Demut fertigbringen zu sagen: »Diese Welt und dieses Leben gehören mir.«

LRO: Das gehört mir. Ich besitze alles. Opulenz. Sei kreativ mit deiner Wut; verschwende sie nicht. Gestalte.

# 4

# DIE ÜBUNGEN

Wo würde ich genügend Häute finden,
um die ganze Welt mit Leder abzudecken?
Aber mit Ledersohlen unter meinen Füßen
Ist es, als wäre die ganze Welt bedeckt.
*Shantideva*
Bodhicharyavatara, 5,13. Dt. Übersetzung orientiert sich an Pema Chödrön, Es ist nie zu spät: Ein aktueller Reiseführer für den Weg des Bodhisattva, übersetzt von Michael Schaefer, Arbor 2005, S. 121.

Ich glaube wirklich nicht, dass es im Leben um das Ich-hätte-sein-können geht. Im Leben geht es nur um das Ich-habe-versucht. Es macht mir nichts aus, wenn ich scheitere, aber ich kann mir nicht vorstellen, dass ich es mir verzeihen würde, wenn ich es nicht versuchte.
*Nikki Giovanni*

Fühle dich nicht zu irgendetwas berechtigt, für das du nicht geschwitzt und gekämpft hast.
*Marian Wright Edelman*

Es ist schwer, in Situationen zu sein, in denen viel Wut da ist, besonders wenn sie von anderen kommt. Als Person mit einem feinen Gespür für die emotionale Energie anderer Menschen ist dies für mich eine Herausforderung. Anfangs bestand meine wichtigste Strategie zur Bewältigung dieser Empfindsamkeit darin, Situationen und Menschen, die schwierig werden könnten, möglichst zu meiden. Wie du dir vielleicht vorstellen kannst, war das fast unmöglich. Vor einigen Jahren konnte ich mithilfe einer spirituellen Beratung erkennen, dass ich viel toxische psychische Energie aus meinem Umfeld absorbiere. Toxische psychische Energie ist unverarbeitete Energie, das heißt, dass wir den Gefühlen, die wir empfinden, keinen Raum geben und unwillkürlich in einer Art und Weise auf diese Gefühle reagieren, die unklug oder schädlich ist. Ein anderes Mal bringen wir irgendwo sehr angespannte emotionale Energie zum Ausdruck, ohne es zu wissen. So oder so wird die unverarbeitete Energie an den Raum abgegeben, wo andere Personen sie dann spüren und entweder negativ darauf reagieren oder versuchen, sie für die übrigen Menschen zu absorbieren. Das verdeutlicht einen Punkt, den ich oft angesprochen habe: Wenn wir unsere Arbeit nicht machen, machen wir anderen Menschen Arbeit.

Dieses Absorbieren fällt mir oft auf, wenn ich in der Nähe einer Person bin, die mit einer anderen eine Auseinandersetzung hat, entweder persönlich oder am Telefon. Ich merke, wie diese Energie in meinen Körper einsickert. Ich spüre die Enge in Brust und Kehle. Ich verspüre eine allgemeine Anspannung in meinem ganzen Körper. Als nächstes empfinde ich eine ungeheure Erschöpfung. Das liegt wahrscheinlich an der emotionalen Arbeit, die ich leiste, um diese Energie zu verarbeiten. Häufig fange ich an, mich für mich selbst und die andere Person oder die anderen Personen zu schämen. Ich habe ein paar wichtige Übungen erlernt, die mir helfen, mit solchen Situationen umzugehen. Um es sinngemäß mit dem großen indischen buddhistischen Meister Shantideva zu sagen: Es ist besser und leichter, Schuhe anzuziehen, als zu versuchen, die Welt mit Teppichboden auszulegen.

In der heutigen Welt gibt es ein hohes Maß an Wut und Feindseligkeit. Trotzdem besteht meine Haupttätigkeit darin, einfach ich selbst zu sein. Ich kann mich in einem Umfeld aufhalten, das hoch aggressiv, gewalttätig und spannungsgeladen ist, und muss mich nicht darauf einlassen. Ich kann meine Gewahrseinspraxis dazu nutzen, Barrieren zu errichten, innerhalb derer ich einfach ich selbst sein kann – glücklich und entspannt. Das trägt mir sehr viel Aufmerksamkeit ein. Die Leute merken, dass ich in einem toxischen Umfeld meine Präsenz wahre, und fragen: »Wie machst du das? Wie kannst du vor einem komplett *w*eißen Publikum sitzen und mit ihnen über Rassismus sprechen?« Darauf antworte ich, das liege daran, dass ich ihnen ihre Arbeit nicht abnehme. Ich tauche einfach auf und bringe zum Ausdruck, wie ich die Dinge wahrnehme. Ich versuche nicht, irgendeinen anderen Menschen zu überzeugen. Ich gebe die Arbeit an sie zurück. So werde ich nicht ausgelaugt und erschöpft. Ich weise nur auf Wahrheiten hin; es liegt an ihnen zu entscheiden, was sie tun wollen. Anschließend mache ich irgendetwas, was mir Spaß macht, und denke nicht weiter darüber nach.

Ich trage auch bestimmte Erfahrungen nicht in meinem Körper, meinen Gedanken und meinem Geist mit mir herum, wie es manche Menschen tun. Ich weiß, wie ich Dinge loslassen kann. Und ich verstehe, dass Veränderung sehr viel Arbeit erfordert, deshalb erwarte ich nicht, dass Menschen sich verändern, bloß weil ich in einen Raum komme und ihnen meine Wahrheit mitteile. Es hat mich unglaubliche Mühen gekostet, so weit zu kommen, wie ich jetzt bin. Und wie viele Menschen haben sich dem in Vollzeit gewidmet? Ich verpflichte mich, die gleichen Lehren weiterzugeben, die mir geholfen haben, damit sie auch allen anderen Menschen helfen, aber ich weiß, dass die Menschen die Arbeit selbst tun müssen. Ich mache meine Arbeit; ich erhalte meine Praxis aufrecht und spreche über meine Erfahrungen. Ich weiß, dass ich unter Menschen sein werde, die mir feindlich gesinnt sein könnten, auch wenn ich mich nicht mit ihnen streite oder mich wehre. Meine Haupttätigkeit besteht eigentlich nur darin, ehrlich zu sein.

## Die Grundlagen der Praxis

Im Laufe meiner jahrelangen Praxis hatte ich das Privileg, von unglaublich verwirklichten und erleuchteten Wesen unterrichtet zu werden, darunter tibetische Lamas, Swamis, vollendete Yogis, Reiki-Meist*erinnen, Achtsamkeits-Lehrpersonen, Scha*maninnen, Medien, Menschen mit übersinnlicher Wahrnehmung, Astro*loginnen und andere spirituelle Berat*erinnen. Jedes dieser Wesen hat mich wertvolle Dinge darüber gelehrt, wie ich praktizieren soll. Für dieses Buch habe ich eine kompakte Anleitung entwickelt, die dir helfen kann, die Übungen, die ich vorstelle, in eine ausgewogene Form zu bringen. Stelle dir diese Vorlage als einen Behälter vor, der die dynamische Energie, die du während der Übungen erzeugst, auffängt und dir damit hilft, diese Energie für deine Transformation zu nutzen.

Wenn wir praktizieren, setzen wir häufig die drei Hauptbestandteile unserer Verkörperung ein, die im Zentrum unserer Transformation stehen: Geist, Sprache und Körper. Meine tibetischen Lehrpersonen würden sagen, dass die Anwendung dieser drei Möglichkeiten uns auszudrücken sowohl große Tugend als auch große Gewalt hervorbringen kann. Ob wir Tugend oder Gewalt hervorbringen, hängt davon ab, wie wir diese Ausdrucksformen einsetzen.

Der Geist wird durch Meditation und Visualisierung angesprochen, und diese Praxis macht deutlich, wie formbar unser Geist ist und wie sehr er durch die Entwicklung von Klarheit und Weisheit so gestaltet werden kann, dass er tugendhaftere Eigenschaften zum Ausdruck bringt. Diese Weisheit hilft uns zu erkennen, was wir annehmen und was wir loslassen sollten, um zu erreichen, was uns selbst und anderen nützt.

Sprache kann durch Mantras und freundliche Rede einbezogen werden. Sowie der Geist klarer und weiser wird, wird es auch unsere Sprache. Je gröber und gewaltvoller unsere Sprache, desto rauer ist tendenziell unser Geist, und diese Rauheit von Sprache und Körper deutet darauf hin, dass in der Erfahrung der betreffenden Person sehr viel Leiden vorhanden ist.

Der Körper bringt sich durch Bewegung und Atemübungen ein. Wieder hat der Geist tiefgreifenden Einfluss darauf, wie wir unseren Körper gebrauchen. Ein untugendhafter Geist wird uns zu untugendhaftem und gewalttätigem Handeln verleiten. Übungen wie Pranayama helfen, Energie durch den Körper zu bewegen, wodurch es für den Körper leichter wird, sich auf tugendhaftes Handeln einzulassen. Bewegungsübungen wie Yoga helfen unserem Körper sich auszudrücken. Wir können lernen, in unserem Körper zu sein, und erfahren, wie wir ihn dazu nutzen können, Gutes zu tun.

Diese Ausdrucksformen einzubeziehen, erzeugt eine ineinandergreifende Dynamik. Transformation geschieht wesentlich schneller und anhaltender, wenn wir diese drei Teile von uns einbringen.

## Drei Bestandteile einer Übung: Anfang, Mitte und Schluss

Wenn ich mit einer neuen Gruppe Praktizierender arbeite, stelle ich eine Fangfrage: Wie heißen die drei Teile einer formellen Übung? Die Antwort lautet einfach: Anfang, Mitte und Schluss. Ich weiß, das ist sehr kompliziert!

Ich bin kein Fan von Vorschriften, wie viel Zeit für eine Übung aufgewendet werden sollte. Wir sind alle verschieden und brauchen unterschiedlich viel Zeit. Ich rate den Menschen lediglich, so lange zu praktizieren, wie sie können, damit sie sich genährt und erholt fühlen.

## Abfolge zu Beginn einer Übung

### Den Raum reinigen

Wenn wir mit einer Übung beginnen, ist es wichtig, dass wir sowohl den physischen als auch den mentalen Raum reinigen. Diese Reinigung vermittelt, dass es uns mit der Übung ernst ist. Wenn du einen Raum reinigst, kommt es darauf an, dass du Folgendes tust:

* Suche dir einen Raum aus, der so wenige Ablenkungen wie möglich bietet. Außerdem hilft es, für deine Praxis einen ruhigen Raum zu wählen. Was ich gerne mache: Ich verwende Salbei oder Palo Santo, um den Raum zu reinigen. Zur Klärung der Energie kannst du auch gesalzenes oder normales Wasser im Raum versprühen.
* Ich räume den Raum von Dingen frei, die mich ablenken könnten. Zum Beispiel lege ich mein Telefon weg und stelle es auf lautlos, damit es mich nicht ablenkt.

### Absichten und Grenzen festgelegen

Wenn der Raum gereinigt ist, sage dir, dass dies der Raum für deine Praxis ist, und formuliere die Erwartung, dass alle Hindernisse aus dem Weg geräumt werden, damit du den Raum hast, den du zum Praktizieren brauchst. Sage dir dies im Stillen und sprich es dann auch laut aus. Wenn du eine Vorstellung davon hast, wie lange du praktizieren möchtest, auch wenn es nur fünf Minuten sind, dann sage dir dies zunächst im Stillen und wiederhole anschließend laut, dass du nun fünf Minuten lang jede Minute nutzen möchtest, um so konzentriert bei der Sache zu bleiben wie möglich.

### Dankbarkeit erzeugen

Dankbarkeit zu erzeugen, ist an dieser Stelle der entscheidende Punkt. Dankbarkeit hilft uns zu verstehen, wie selten und kostbar diese Gelegenheit zum Praktizieren ist. Sie hilft uns zu verstehen, dass dieser Raum zum Praktizieren davon abhängt, dass viele andere Faktoren zusammenkommen. In meiner Praxis denke ich an alle meine Lehrpersonen, die mir diese Übungen aus Herzensgüte beigebracht haben, und daran, wie diese Lehren mein Leben verändert haben. Ich spüre die Energie dieser Dankbarkeit in meinem Herzzentrum und lasse zu, dass sie meinen Körper erfüllt und aus meinem Körper in den Raum um mich herum ausstrahlt, wodurch ich den Raum, in dem ich mich befinde, segne und daher heilige.

### Den Körper umsorgen und einladen

Unsere Körper haben völlig verschiedene Geschichten. Sehr viele von uns haben schweres körperliches oder emotionales Trauma erlebt, das sich im Körper abgelagert hat. Daher kann unser Körper sich recht unwohl fühlen und es kann gefährlich für uns sein, sich ihm zu öffnen. Wenn wir über ein körperbasiertes Gewahrsein in die Praxis gehen, ist es wichtig, dass wir sehr genau hinspüren, wo wir stehen und was unsere grundlegende Erfahrung ist. Wenn wir mit unserem Körper und Trauma arbeiten, sollten wir uns sehr viel Raum geben, um Entscheidungen zu treffen, die für uns in Ordnung sind. Die Zuwendung zu unserem Körper und die Einladung in die Praxis bedeutet, dass wir daran arbeiten, unsere Aufmerksamkeit auf die Realität des Körpers zu lenken und zu erkennen, wie wir in unserer Praxis Raum für unseren physischen Körper schaffen können. Das Folgende ist eine Übung, die ich dafür mache. Bitte beachte:

Wenn du nicht in der Lage bist, dich auf die von mir beschriebene Art und Weise in deinen Körper hineinzubegeben, dann tu es bitte nicht. Bitte richte deine Aufmerksamkeit auf eine Empfindung, die in diesem Moment für dich erholsam und bewältigbar ist. Wenn diese Art von Übung neu für dich ist, dann nimm sie bitte locker und mach langsam.

## ÜBUNGSBEISPIEL

Meditation ist zwar die Wurzelpraxis dieses Textes, aber es gibt viele Möglichkeiten, Meditation zu praktizieren. Meditation bedeutet nicht unbedingt, mit verschränkten Beinen auf einem Kissen zu sitzen. Du kannst auf dem Boden oder einem Stuhl sitzen, dich hinlegen oder gehen.

Beginne damit, dass du deinen Körper fragst, was er jetzt gerade braucht. Nimm dir ein paar Augenblicke Zeit zum Zuhören. Lass ihn antworten. Und gib ihm nach. Auch hier gilt: Gib dir immer viel Raum, um zu entscheiden, wie du dich zu deinem Körper verhalten willst. Die Arbeit und der Prozess des Embodiment können sehr befreiend, aber auch sehr schmerzhaft sein. Ich möchte dich ermutigen, freundlich und gütig zu deinem Körper zu sein.

Erlaube deinem Körper, eine Haltung einzunehmen, in der du mit gutem Gefühl so lange praktizieren kannst, wie du dir vorgenommen hast. Ziel dieses Prozesses ist es, ablenkenden Schmerz so weit wie möglich zu reduzieren. Für manche von uns, mich manchmal eingeschlossen, sind schmerzhafte Empfindungen häufig störend. Hier lautet die Praxis, diesem Schmerzempfinden Raum zu geben und gleichzeitig den Schmerz durch Anpassungen weiter zu minimieren und zu bewältigen.

Denke daran, dass dein Körper einzigartig ist und andere Schmerz- und Trauma-Narrative mit sich trägt als andere Körper. Wenn du dich in deinen Körper begibst, sei vorsichtig. Wenn du mit bestimmten Erfahrungen nicht sitzen kannst, mache bitte eine Pause. Fühle dich nur so tief ein, wie du dich bereit fühlst.

Richte jetzt deine Aufmerksamkeit auf das Gewicht deines Körpers und, falls du sitzt, fühle dich von deinem Sitz getragen, falls du liegst, spüre den Boden unter deinem Körper, oder falls du stehst, spüre den Boden unter deinen Füßen.

## Anleitung zum formellen Sitzen

In Meditationstraditionen gibt es klare Vorschriften, in welche Haltung wir unseren Körper für eine formelle Meditationspraxis zu bringen haben. Informell wird sie als »Sitzen« mithilfe eines Kissens oder Stuhls bezeichnet. Als Meditationslehrer werde ich oft nach der besten Art des formellen Sitzens gefragt. Die folgenden Richtlinien für die Körperhaltung beim Sitzen erkennen an, dass wir alle unterschiedliche Körper und Fähigkeiten haben. Es sind körpergerechte Richtlinien, die für dich hilfreich sein können. Sie bauen sowohl auf meiner eigenen Praxis als auch auf den Traditionen auf, in denen ich ausgebildet wurde. Und sie sollen deinen Körper bestmöglich stärken. Wir sollten nicht darum kämpfen müssen, dass unser Körper die Anforderungen einer Meditationshaltung erfüllt. Eine körpergerechte Haltung schließt Folgendes ein:

* Auf einem Kissen sitzen, auf einem Stuhl sitzen, stehen oder liegen
* Eine Handhaltung, die sich für dich gut anfühlt
* Den Rücken gerade halten, aber nicht versteifen
* Die Schultern entspannen und den Brustraum öffnen
* Eine Kopfhaltung, die dir angenehm ist
* Den Unterkiefer lockerlassen und leicht öffnen
* Die Augen geschlossen halten oder offen lassen

Denke immer daran, dass du in jeder Haltung praktizieren kannst, die du einnehmen möchtest und die sich für dich gut anfühlt.

## Erdungsübungen mit Erdberührung und Atemübungen

Im weiteren Verlauf dieses Kapitels werde ich Erdberührungs- und Atemübungen vorstellen. Diese Übungen sollen uns erden und die Energie zur Ruhe bringen.

## Mittel- oder Hauptübung

Die Hauptübung ist der Schwerpunkt der gesamten Übungsfolge. Allerdings kann jede Übung aus der Abfolge am Beginn einer Übung auch zur Hauptübung werden. In diesem Buch ist die Hauptübung der Abschnitt, in dem der größte Teil des transformativen Erlebnisses stattfindet. Manchmal besteht die Hauptübung aus Atemarbeit, Erdberührung oder komplexeren Übungen.

## Abfolge zum Abschluss der Übung

Mit dem Beenden oder Vollenden der Übung beginnen wir, die Übung abzuschließen. Vielleicht wurde sehr viel Energie freigesetzt, und es ist wichtig, diese Energie zu kanalisieren und zu erden, damit es keine nachteiligen Auswirkungen gibt, und auch, damit die Energie in die Vertiefung unserer Weisheit fließen kann. Das Folgende ist die Abfolge zum Abschluss einer Übung.

### Rückkehr zu Erdberührung und Atemübung

Es ist wichtig, dass du aus einem Zustand, in dem du dich nach einer Meditation befinden kannst, wieder herauskommst. Erdberührung und Atemübungen können dafür ein wirksames Mittel sein. Das solltest du zum Abschluss der Praxis als Erstes machen.

### Dankbarkeit erzeugen

Sobald ich geerdet bin, rufe ich gerne ein Gefühl der Dankbarkeit dafür wach, dass ich die Gelegenheit hatte zu praktizieren. Ich danke den Kräften, die mich beschützt und meinen Raum freigehalten haben, den Personen, die mich meine Übung gelehrt und darin angeleitet haben, der Erde, die mich während meiner Übung getragen hat, und schließlich mir selbst dafür, dass ich die Übung gemacht habe.

### Abschütteln

Die Übung abzuschütteln, bedeutet, den Körper zu bewegen, eventuell festsitzende Energie herauszuschütteln und den Körper zu wecken. Bewegung kann vieles umfassen: dehnen, den Körper ausstreichen, eine Asana oder Yogahaltung einnehmen, umhergehen und so weiter. Abschütteln kann alles sein, was uns hilft, wieder bei uns anzukommen, und was uns darauf vorbereitet, die Sitzung zu verlassen.

### Ruhen

Bevor ich meine Sitzung verlasse, nehme ich mir gern ein paar Sekunden bis eine Minute Zeit, um die Erfahrung zu integrieren oder still zu verweilen. So kann ich noch besser bei mir ankommen, und es hilft mir, daran zu denken, die Energie meiner Übung aus dem Raum mit in mein Leben zu nehmen.

## Zentrale Meditationsübungen

Wut war das erste Material, bei dem ich bewusst kontemplative Übungen eingesetzt habe, um mit ihr zu arbeiten. Wenn ich *Material* sage, meine ich meinen rohen und elementaren emotionalen Zustand in diesem Moment. Dieses Material kann wahrgenommen oder unbemerkt sein, gefühlt oder ungefühlt. Bearbeitbar ist es allerdings nur, wenn es zuerst wahrgenommen und dann gefühlt wird.

Zorn und Wut waren die ersten echten Dinge, die ich in meinen Weg einbringen musste. Auf einem spirituellen Weg arbeiten wir daran, Schwieriges oder Belastendes in Weisheit oder Klarheit umzuwandeln, was uns wiederum zum Erleben der Freiheit einlädt. Jeder Transformationsweg erfordert zwei Arten von Opfergaben. Die erste Opfergabe ist das Material, mit dem gearbeitet werden soll, um es zu transformieren. Die zweite Opfergabe ist die Methode oder Praxis, um dieses Material in Weisheit umzuwandeln. Dies wird als der Weg bezeichnet. Der Antrieb zu dieser Arbeit ist unser Bestreben, uns in etwas Sinnvolleres, weniger Gewalttätiges und Liebevolleres zu verwandeln.

Die folgenden Übungen sind Methoden, die wir anwenden können, um frei zu werden, um unsere Wut und unsere Verwundung in Klarheit umzuwandeln.

### EBAELA

Es ist sehr wichtig, dass wir eine Übungsstrategie haben, wenn wir beginnen, mit schwierigen Gefühlen zu arbeiten. Im Laufe der Jahre, in denen ich meine Meditationspraxis entwickelt habe, hat mich vor allem ein Prozess interessiert, bei dem unmittelbar resoniert, wie ich als ein Mensch in der Welt stehe, der in erheblichem Maß gesellschaftliche Unterdrückung erlebt, welche wiederum prägt, wie sauer ich werden kann. Die folgende Übungsstrategie ist ein Instrument, das uns hilft zu erkennen, wie wir uns fühlen, und herauszufinden, wie wir diese Gefühle bewältigen können.

EBAELA ist nicht nur ein sehr schräges Akronym, sondern vor allem eine achtsamkeitsbasierte Wahrnehmungsstrategie, die uns hilft, dem Material in unserem Inneren Raum zu geben. Ich habe sie entwickelt, um insbesondere Emotionen zu erforschen. Besonders vorteilhaft ist es, wenn wir diese Strategie zusammen mit den Sieben Aspekten des Heimkehrens einsetzen, die weiter hinten in diesem Kapitel erklärt werden.

Im Grunde steht EBAELA für:

* Erkennen
* Benennen
* Aneignen
* Erleben
* Loslassen
* Ausschwingen lassen

## Erkennen

Wenn wir versuchen, mit Emotionen oder auch jedem anderen Material in unserem Inneren zu arbeiten, brauchen wir einen Prozess, um sie erkennen zu können. Sobald wir in der Lage sind, das Material zu erkennen, können wir es benennen. Der Prozess der

Identifizierung von Emotionen beginnt mit dem Wahrnehmen der Empfindungen im Körper. Diese Empfindungen sind die Wurzel unserer Gefühle. Wenn wir beginnen, die Körperempfindungen wahrzunehmen, können wir erkennen, wie wir sie als Emotionen bezeichnen. Wenn wir sagen: »Mir ist bange«, dann ist das, was wir tatsächlich wahrnehmen, vielleicht eine Anspannung oder Schwere irgendwo in unserem Körper. Bei anderen Menschen sind ein Engegefühl im Oberkörper und Kurzatmigkeit vielleicht die Empfindungen der Wut. Es ist sehr wichtig, dass wir erkennen lernen, wie die Empfindungen aufsteigen, und dann merken, wie wir sie benennen.

### Benennen

Sobald wir in der Lage sind, die Empfindung wahrzunehmen, können zwei Dinge geschehen. Erstens, wir können beobachten, wie wir diese Empfindung benennen, und zweitens, wir können die Empfindung bewusst benennen. Die Benennung der Empfindung ist der Beginn einer ganzen Reihe von Narrativen, die wir erschaffen, um über diese Empfindung nachzudenken. Der Moment des Benennens einer Empfindung ist in vielerlei Beziehung der Zeitpunkt, zu dem für uns die Realität von Vergnügen und Schmerz einsetzt. Eine Empfindung ist nur eine Empfindung. Sie ist weder gut noch schlecht. Sie ist etwas, was wir spüren. Sie ist die Sprache des Körpers. Die Einstufung in gut oder schlecht erfolgt, wenn wir die Körperregung durch Gedanken interpretieren. Dies wird oft als *Labeln* bezeichnet. Nun können wir eine Körperempfindung durchaus als unangenehm interpretieren. Wir könnten dann behaupten, dass der Körper uns vielleicht sagen will, dass etwas nicht stimmt. Zum Beispiel verspüren wir womöglich einen starken Druck in der Brust. Diesen Druck bezeichnen wir möglicherweise als schmerzhaft. Wahrscheinlich sagt uns unser Körper damit, dass etwas ganz und gar nicht stimmt und wir uns darum kümmern müssen.

### Aneignen

Das Aneignen der Benennung einer Empfindung kann ein wenig tückisch sein. Wenn wir etwas erkennen und benennen, müssen wir es uns zu eigen machen. Zu eigen machen oder aneignen bedeutet, dass ich akzeptiere, dass dieses Gefühl oder Material in diesem Augenblick in meinem Erleben stattfindet. Diese Perspektive stammt aus meiner Erfahrung mit Unterdrückung und aus meiner Arbeit mit Aktiv*istinnen. Gesellschaftliche Unterdrückung wird zu großen Teilen dadurch aufrechterhalten, dass unterdrückte Menschen daran gehindert werden, selbst über ihre eigenen Erfahrungen zu bestimmen. Zorn ist eine Erfahrung, bei der wir darauf konditioniert wurden, sie abzuspalten. Zorn und Wut sind wichtige Ausdrucksformen, die, wenn sie geschickt kanalisiert werden, Gewaltsysteme ins Wanken bringen können. Wenn uns beigebracht wurde, unsere Emotionen zu fürchten, kann es keine geschickte Nutzung dieser Energie geben. Ich habe gemerkt, dass meine Furcht vor Gefühlen als Schwarzer Amerikaner von Geburt an mit der fehlenden Selbstbestimmung über meinen Körper verbunden ist. In Wirklichkeit ist diese Angst ein historisches Trauma, das seine Wurzeln in der Besitzsklaverei hat und von Generation zu Generation weitergegeben wird. Ohne Selbstbestimmung über den Körper können wir nicht selbst über unsere Gefühle bestimmen und verlieren damit nicht nur ein entscheidendes Werkzeug zur Zerschlagung unterdrückerischer Systeme, sondern auch eine Strategie, die unsere psychische Gesundheit stärken kann. Wenn wir uns also die Benennung zu eigen machen, nehmen wir unseren Körper und seine Rolle bei der Herstellung des Materials, das wir uns zu eigen machen, eher wahr. Um dies zu üben, sage ich mir manchmal: »Ich erlebe das. Das gehört mir. Es geschieht in meiner Erfahrung und in meinem Körper.«

## Erleben

Wenn ich schließlich in der Lage bin, mir etwas zu eigen zu machen, kann ich mich dem Erleben des Materials zuwenden. Erleben ist eine nicht-reaktive Tätigkeit. Ich beobachte, wie sich eine Emotion in meinem Körper und Geist anfühlt. Meine Nicht-Reaktivität bietet dem Material Raum, bei mir zu sein, ohne dass ich mich eingeschränkt oder bedrängt fühle. Meine erste Erfahrung damit habe ich während meines langen Retreats gemacht. Etwas hatte in mir Wut ausgelöst, und diese Auslösung war so schnell geschehen, dass ich keine Zeit hatte, in der Form auf die Wut zu reagieren, dass ich mich in den Gedanken um diese Wut verliere, was für mich oft bedeutete, dass ich der auslösenden Person oder Sache die Schuld zuschob. Da ich keine Zeit hatte zu reagieren, spürte ich zum ersten Mal, wie sich die Wutenergie als Empfindung durch meinen Körper bewegte. Sie fühlte sich an wie ein Blitz, der durch meinen Körper zuckte. Gegen Ende dieser Bewegung merkte ich, dass mein Geist diese Empfindung als Wut bezeichnete. Das haute mich um. Während der Erfahrung war mir, als verlangsamte sich die Zeit. Das ganze Erlebnis dauerte vielleicht drei Sekunden, und als ich wieder zu mir kam, verspürte ich in Bezug auf die Wut eine Freiheit, wie ich sie noch nie empfunden hatte. Die Wut war nicht verschwunden, sondern schwang noch immer in meinem Erleben mit. Ich war so fasziniert, weil ich bis zu diesem Moment gar nicht gewusst hatte, wie Wut sich anfühlt. Aus diesem Erlebnis habe ich gelernt, wie ich dabei sein kann, wenn sich Material in meinem Erleben entwickelt, und ich habe den Unterschied zwischen Erleben und Reagieren gelernt sowie dass es durch Reagieren sehr schwierig wird, meine Gefühle zu erleben.

## Loslassen

Etwas loszulassen, ist eine tiefgreifende Übung. Viele von uns neigen dazu, an Dingen festzuhalten, die wir nicht brauchen. Beim Loslassen geht es nicht darum, etwas zu vermeiden oder zu vertuschen. Die Praxis des Loslassens bedeutet, dass ich feststelle, was meiner Gesundheit und meinem Glück förderlich ist und was nicht. Auf der Ebene mentaler Erfahrungen wie Gedanken und Gefühle können wir erkennen, benennen, uns aneignen und dann loslassen. Wir lassen es los, indem wir uns von dem mentalen Material lösen oder unsere Fixierung darauf lockern. In unserer Meditationspraxis machen wir oft eine der drei folgenden Erfahrungen: Wir hängen sehr an etwas (oder haben Freude daran), wir versuchen, von etwas wegzukommen (wir finden es unangenehm) oder es ist uns eigentlich egal (es ist neutral). Diese sehr grundlegende gedankliche Ebene schafft eine Orientierung, die sich auf alles andere in unserem Leben ausdehnt. Wir klammern uns unbewusst an etwas, weichen vor etwas aus oder lassen etwas einfach in Ruhe, weil wir uns nicht vorstellen können, was es mit uns zu tun haben sollte, oder weil es uns egal ist. Auch zu Dingen, denen wir neutral gegenüberstehen, haben wir immer noch eine Beziehung, weil wir noch nicht bewusst entschieden haben, sie loszulassen. Um etwas loszulassen, lenken wir unsere Aufmerksamkeit auf die Sache, zu der wir in Beziehung stehen, und nehmen die Energie wahr, mit der wir diese Beziehung aufrechterhalten.

## Ausschwingen lassen

Etwas ausschwingen zu lassen, ist eine Fortsetzung des Loslassens von Material. Wenn ich in meiner Praxis etwas loslasse, dann bedeutet Ausschwingen lassen, dass ich daran arbeite, das losgelassene Material zu beobachten und meine Reaktivität darauf immer weiter abklingen zu lassen. In gewisser Weise ist es ein Ausdruck von Resilienz, Dinge einfach durch mein Erleben schwingen zu lassen und zu merken, wie ich versuche, darauf zu reagieren. Mir gibt diese Übung den Freiraum, der mir erlaubt, mich mit so viel Raum in der Welt zu bewegen, dass ich mir aussuchen kann, wie ich reagieren will, statt mich in zwanghaften Reaktionen zu verlieren. Zugleich ermöglicht mir dieser Freiraum, Glück zu erleben. Ich verstehe Glück als Bestandteil von Freiraum. So wie also mein Freiraum allem Material in meinem Geist Raum gibt, tut das Glück das auch. Dinge ausschwingen zu lassen, hilft mir zu verstehen, dass ich glücklich sein kann, während ich gleichzeitig andere Dinge wie Wut oder Trauer erlebe. Mein Glück ist nicht ausschließend, sondern umfassend. Dies hilft mir, mich in der Welt zu bewegen und Glück erleben zu können, während ich mich der Realität des Lebenskampfes stelle. Dieses Glück und dieser Freiraum machen diese Arbeit leistbar.

*Ein Hinweis zu EBAELA und Trauma*

Genau wie bei der Arbeit mit dem Körper müssen wir auch sensibel dafür sein, wie sich Trauma in unserer Psyche zeigt. Jeder Gedanke und jedes Gefühl können die Erfahrung eines traumatischen Erlebnisses wachrufen. Wenn du also eine Person mit einer traumatischen Vorgeschichte bist, dann bewege dich behutsam durch die Übung und gib dir immer den Freiraum, selbst zu entscheiden, wie du EBAELA oder eine andere Meditationspraxis anwenden willst. Hier ein paar Vorschläge, falls du dich getriggert fühlst:

1. Brich die Praxis sofort ab.
2. Lenke deine Aufmerksamkeit auf den Boden unter dir.
3. Lasse deine Aufmerksamkeit auf einem Anker ruhen, der sich neutral anfühlt.
4. Denke an etwas, das sich positiv anfühlt.
5. Mache ein paar einfache Bewegungen wie leichtes Dehnen oder Gehen.

## PRAXISPAUSE

Machen wir eine Pause und praktizieren wir mit EBAELA. Du kannst die Übung allein oder in der Gruppe machen.

1. Beginne mit der Abfolge zu Beginn einer Übung.

2. Dann lenke deine Aufmerksamkeit auf deinen Geist. Deinen Geist bemerkst du am besten, indem du zunächst auf deine Gedanken und Gefühle achtest. Lasse einfach zu, dass du beobachtest und spürst, was in deinem Geist passiert. Dies ist der erste Schritt in EBAELA: Erkennen.

3. Konzentriere dich nun darauf, deine Gefühle wahrzunehmen. Dazu kannst du dich zunächst fragen, wie du dich fühlst. Vielleicht verspürst du mehrere Gefühle auf einmal. Du kannst dich jedem dieser Gefühle zuwenden und es benennen. Greife ein Gefühl heraus, das dir angenehm ist, etwa Glück, Freude, Dankbarkeit, Zufriedenheit usw. Benenne dieses Gefühl in Gedanken, indem du sagst: »Das ist __________.« Dieses Gefühl ist bei dieser Übung dein Anker-Material. Dies ist der zweite Schritt in EBAELA: Benennen.

4. Sobald du deinen Anker benannt hast, lasse deine Aufmerksamkeit einige Augenblicke lang darauf ruhen. Danach sage dir: »Dieses Gefühl geschieht gerade in meinem Erleben. Das ist mein Gefühl.« Dies ist der dritte Schritt in EBAELA: Aneignen.

5. Entspanne dich mit diesem Gefühl und sage dir: »Ich erlebe diese/s/n ________.« Spüre, wie sich dieses Gefühl in deinem Körper und deinem Geist anfühlt. Nimm auch einige andere Gedanken wahr, die zu diesem Gefühl auftauchen. Dies ist der vierte Schritt in EBAELA: Erleben.

6. Jetzt, da du dir dieses Material angeeignet und es erlebt hast, kannst du es loslassen. Nimm das Gefühl wahr, versuche, dich dabei zu entspannen und sage dir noch einmal: »Ich erlebe dieses Gefühl.« Versuche, das Gefühl loszulassen. Das Gefühl loszulassen, fühlt sich so an, wie wenn du zu den Wolken hinaufschaust, die über den Himmel ziehen. Du kannst sie nicht berühren, aber sie sind da. Stelle dir vor, dass dieses Gefühl eine Wolke ist, die über den Himmel deines Geistes zieht, und dass du zu ihr hochschaust und nichts tun kannst, außer sie zu beobachten. Dies ist der fünfte Schritt in EBAELA: Loslassen.

7. Nun sitze einfach und lasse das Gefühl durch deinen Geist ziehen. Nimm wahr, auf wie vielerlei Art und Weise du versuchst, es zu berühren oder festzuhalten. Sobald du das merkst, kehre einfach wieder zum Entspannen und Beobachten zurück. Dies ist der letzte Schritt in EBAELA: Ausschwingen lassen.

8. Absolviere die Abfolge zum Abschluss der Übung.

Und ob ich schon wanderte im finstern Tal,
fürchte ich kein Unglück;
denn du bist bei mir,
dein Stecken und Stab trösten mich.
Du bereitest vor mir einen Tisch
im Angesicht meiner Feinde.
Du salbest mein Haupt mit Öl
und schenkest mir voll ein.
*Psalm 23*

Du musst das, was du befreien willst, aus deinem Inneren rufen.
*Sister Sadada Jackson*

Als ich mit meiner Meditationspraxis nach buddhistischer Tradition begann, wurde ich ins Zufluchtnehmen eingeführt. Dies bedeutet, ich erkenne an, dass ich Unterstützung brauche, die über das hinausreicht, was ich mir bewusst selbst geben kann, wenn ich weniger leiden, Glück erfahren und letztendlich frei sein möchte. In den buddhistischen Traditionen nehmen wir Zuflucht zu den sogenannten Drei Juwelen oder Drei Kostbarkeiten, nämlich zu Buddha, zum Dharma und zur Sangha. Traditionell denken wir zu Beginn unserer formellen Praxis oder sogar zu Beginn unseres Tages über diese Quellen der Zuflucht nach, um uns Inspiration zu holen und uns bewusst zu machen, dass es Ressourcen gibt, auf die wir uns verlassen können, um die Herausforderungen des Lebens zu bewältigen.

Wenn wir über Buddha nachdenken, denken wir über ein Beispiel für ein Wesen nach, das einen bestimmten Erleuchtungsweg vorgelebt hat. Dieser beruht auf der Prämisse, dass wir den Geist darin schulen können, Verblendung loszulassen und Klarheit zu erlangen. Wenn wir über das Dharma nachdenken, denken wir über die Lehren des Buddha und über die Wahrheit oder das Gesetz nach, wie die Dinge wirklich sind. Denn Lehren und Wahrheit beziehen sich darauf, die Verblendung loszulassen und Klarheit zu erlangen. Wenn wir über die Sangha oder spirituelle Gemeinschaft nachdenken, denken wir über die Gemeinschaft aller Praktizierenden nach, die zusammenarbeiten und einander darin unterstützen, Verblendung loszulassen und Klarheit zu erlangen. Dies sind die traditionellen drei Stützen, auf die wir uns in unserer Praxis verlassen, um Befreiung zu erlangen.

Ich stelle mir die Drei Juwelen wie die Beine eines Hockers vor. Es ist schwer, auf einem Hocker mit nur einem oder zwei Beinen zu sitzen. Für guten Halt braucht es mindestens drei Beine. So ist es nicht nur in unserer Dharma-Praxis, sondern auch in unserem Leben. Wir brauchen Unterstützung, die uns durch beschissene Zeiten trägt. Aber mehr noch muss uns unser besseres Selbst bewusstgemacht werden, denn die Menschen um uns herum sind häufig nur allzu gut darin, uns unsere Hässlichkeit zu spiegeln. Wenn dies alles ist, was wir wahrnehmen, wird es schwierig, ein Gespür dafür zu entwickeln, wer wir wirklich sind. Ohne Unterstützung verirren wir uns in der Verblendung und verlieren unsere Beziehung zur Klarheit.

Ich praktiziere das Zufluchtnehmen jeden Tag. Im Laufe der Jahre, die ich mit anderen Menschen verschiedener Glaubensrichtungen und Überzeugungen über meine spirituelle Praxis gesprochen habe, habe ich bemerkt, dass sich meine Beziehung zu diesen klassischen

Quellen der Zuflucht allmählich erweitert hat. Ich fing an, damit zu experimentieren, den Buddha als Arzt zu begreifen, der der Gemeinschaft der Praktizierenden, die sich in Entzug und Reha von der Gewalt der Verblendung befinden, die Medizin des Dharma anbietet. Ich wurde in meiner Zufluchtspraxis kreativ.

Diese Erweiterung wurde durch eine einzige Frage ausgelöst: Worauf verlasse ich mich noch, um Verblendung zu verringern und Klarheit zu mehren? Außerdem nahm ich bewusst Verbindung zu der Herausforderung auf, gerade jetzt auf der Welt zu sein. In den letzten Jahren war es kein Spaß, hier draußen auf der Straße zu sein! Es ist schwer, eine Beziehung zu unseren schwierigen Gefühlen zu entwickeln. Noch schwerer ist es, wenn wir uns der Aufgabe verschrieben haben, dazu beizutragen, dass die Last des Lebens auf dieser Welt für andere Menschen leichter wird. Wenn du diese unglaublich wichtige und zugleich kräftezehrende Arbeit machst, brauchst du Unterstützung.

Diese Überlegungen haben mich verwandelt. Ich begriff, dass die Drei Juwelen wunderbar und tiefgründig sind und dass sie mich in meinen gegenwärtigen Zustand emotionalen Wohlbefindens geführt haben; aber im Austausch mit Communities außerhalb buddhistischer Räume ertappte ich mich dabei, dass ich über andere Quellen der Zuflucht nachdachte. Ich wollte mein ganzes Leben in diese Praxis einbringen, und zwar so, dass meine kulturelle, ethnische, sexuelle und radikale Identität einbezogen wären.

In meiner persönlichen Praxis begann ich, nach und nach über andere wichtige Quellen der Zuflucht nachzudenken, auf die ich mich verließ, etwa meine Ahn*innen, die Erde, Stille und, genauso wichtig, mich selbst. Ich verband sie mit den drei klassischen Quellen der Zuflucht und nannte sie schließlich die Sieben Aspekte des

Heimkehrens. Die Sieben Aspekte des Heimkehrens sind nun Reflektionen und Anrufungen der Führungsperson, des Weisheitstexts, der Gemeinschaft, der Ahn*innen, der Erde, der Stille und unserer selbst. Ich betrachte die Sieben Aspekte des Heimkehrens als einen Ausdruck der Liebe, der ein Gefäß bildet, das die Heftigkeit meines Zorns und meiner Wut aufnimmt. Auch meine Verzweiflung hinter dem Zorn und der Wut nimmt es auf. Als ich über die Überschneidung von Liebe und Wut sprach, kam ich unwillkürlich immer wieder auf diese Übung als wichtigstes Beispiel dafür zurück, wie Liebe die Gewalt und die Traurigkeit der Wut in sich aufnehmen kann.

In meiner Praxis der Sieben Aspekte des Heimkehrens rufe ich jede Quelle der Zuflucht an und bezeichne sie als Aspekt des Heimkehrens. Wenn alle Aspekte meines Heimkehrens in meiner formellen Praxis um mich versammelt sind, bezeichne ich das auch als meinen Kreis des Heimkehrens oder der Fürsorge. Doch bevor wir uns der formellen Praxis zuwenden, wollen wir uns mit jedem einzelnen Aspekt des Heimkehrens beschäftigen.

## Die Führungsperson

Bei der klassischen Zuflucht steht Buddha für die Lehr- und Führungsperson, für die Guru-Gestalt. Wir brauchen eine Führungsperson, die uns zeigt, wie wir den Weg bewältigen können. Die Führungsperson muss nicht super verwirklicht oder erleuchtet sein. Aber sie muss eine gewisse fortgeschrittene Weisheit besitzen oder zumindest weiser sein als wir. Selbst wenn die Führungsperson uns nur wenig voraus ist, reicht dies aus, dass sie uns zeigen kann, wie wir am besten durch das hindurchkommen, was sie bereits hinter sich hat und uns noch bevorsteht. Die Führungsperson kann jeder Mensch sein, den wir um Rat und Führung bitten, oder jedes Wesen, das für unser Verständnis ein*e Meist*erin auf dem von uns gewählten Weg ist. Je nach unserer Tradition bezeichnen wir diese Person als Scha*manin, Heil*erin, Medizinperson, Geistlich*er, Guru, Rabbin*erin, Priest*erin, Imam, Ältest*er, Berat*erin, Seelsorg*erin, Swami, Sensei oder sogar Lama. Letztendlich ist die Führungsperson jedes Wesen, das uns lehrt, weiser und gütiger zu sein.

Ich denke über meine eigene Beziehung zu meinen Lehr- und Führungspersonen nach. Ich hatte das Glück, Lehrpersonen zu haben, die ich als authentisch bezeichne, denen viel an meinem Wohlbefinden und meinem Erfolg lag und die Außerordentliches geleistet haben, um mich zu unterstützen. Die früheste Erinnerung an eine Führungsperson betrifft meine Großmutter Betty, die mich gelehrt hat, wie Liebe zum Ausdruck gebracht werden kann. Ich denke an meine Mutter Wendy und ihre Führung, die mir geholfen hat, mich als Schwarzer Mann im Leben zurechtzufinden, und die zugleich meine Träume und alles, was mich glücklich machte, gefördert hat. Auch mein Vater war mein Lehrer; er hat mir ein Bild davon vermittelt, was ich im Leben erreichen kann. Dieses Bild leitet und trägt mich bis heute.

Zu meinen Lehrpersonen zählten auch die Lehrkräfte in der Schule und meine Profess*orinnen. Zum Beispiel denke ich an meinen In-School-Suspension-Lehrer[2] in der Mittelschule, Mr. Monroe. Nach-

---

2 Eine *in-school suspension* ist ein Ausschluss vom regulären Unterricht wegen Verhaltensauffälligkeiten. Die Kinder oder Jugendlichen besuchen weiter die Schule. Bei den rein strafenden Modellen müssen sie den ganzen Tag alleine Aufgaben lösen, bei den nicht strafenden Modellen arbeiten sie zusammen mit besonders geschulten Lehrkräften an ihren schulischen Defiziten sowie im besten Fall zusätzlich an den Ursachen der Verhaltensauffälligkeiten. (Anm. d. Ü.)

dem ich in eine Schlägerei verwickelt war (die ich gewonnen hatte!), musste ich eine Woche lang den alternativen Unterricht besuchen. Ich kam ins Klassenzimmer und schämte mich fürchterlich. Aber anstatt mich oder einen anderen der meist Schwarzen Jungen dort unfreundlich zu behandeln und uns ein schlechtes Gewissen zu machen, zeigte Mr. Monroe Freundlichkeit. Er wollte uns kennenlernen und wissen, was uns Freude macht. In meiner gesamten Studienzeit hatte ich wunderbare akademische Lehrpersonen, die ich geliebt habe und immer noch liebe, aber Mr. Monroe ist für mich der erste Lehrer, der mich wirklich angenommen und meine Wut und die daraus resultierende Gewalt nicht zur Grundlage genommen hat, um mich als Mensch zu beurteilen. Ich glaube, dass eine der wichtigsten Rollen einer Lehr- oder Führungsperson darin besteht, uns unsere grundlegende Weisheit und Freude zu spiegeln, damit wir selbst spüren können, dass diese schönen Eigenschaften ein Teil von uns sind. Dies selbst zu spüren, hilft uns, an sie zu glauben – vielleicht zum ersten Mal in unserem Leben.

Außerdem denke ich an meine spirituellen Lehrpersonen, denen ich es verdanke, dass sie nicht nur mein Leben verändert, sondern mir das Leben gerettet haben. Ich habe nicht nur bei buddhistischen Lehrpersonen studiert, sondern auch bei anderen Lehrpersonen unterschiedlicher Traditionen, bei spirituellen Führungspersonen und spirituellen Ment*orinnen. Jede dieser Lehr- und Führungspersonen spielte in meinem Leben eine andere Rolle. Ich erinnere mich jedoch an meinen buddhistischen Wurzel- oder Hauptlehrer Lama Norlha Rinpoche. Mit vierundzwanzig fing ich an zu meditieren und mit fünfundzwanzig begann ich, Buddhismus ernsthaft zu praktizieren. Schon früh in meiner Praxis wusste ich, dass ich mich in ein mehrjähriges Retreat begeben und Lehrer werden wollte. Eine meiner ersten Lehrerinnen ermutigte mich dazu, ihren Lehrer aufzusuchen, Lama Norlha Rinpoche.

Ich mache in meiner Praxis keine mystischen Erfahrungen, und wenn ich auf Menschen oder Situationen treffe, die außergewöhnlich sind, erlebe ich normalerweise nur ein Gefühl der Öffnung. Es ist die Erfahrung tiefen Entspannens und Anspannens in meinem Geist sowie einer vertieften Zärtlichkeit in meinem Herzen. Es ist die Erfahrung von Vertrauen und Verwundbarkeit, wenn wir uns so sicher fühlen, dass wir unsere Schutzschilde fallen lassen. Viele von uns erleben dies bei Menschen, die wir lieben und bei denen wir uns sicher fühlen. Als ich Rinpoche begegnete, machte ich diese Erfahrung, und ich vertraute ihr, denn genau diese Offenheit hatte ich in meiner Praxis gesucht. Jede Lehrperson, bei der ich diese Öffnung erlebe, wird automatisch meine Lehrperson, ganz gleich, welche sie sind und was ihr spiritueller Weg ist. Seit diesem Zeitpunkt vertraute ich Rinpoche meine Praxis an, und er begann, mich zur Lehrperson auszubilden. Ich weiß, dass ich ihn völlig anders erlebt habe als andere Menschen. Mein Lehrer war nicht vollkommen. Keine Lehrperson ist das. Es gab Situationen, in denen er unklug war und anderen geschadet hat. Bei mir war das nicht der Fall. Er hat mein Leben zum Besten verändert und zugleich anderen Schmerz zugefügt. Heute kann ich ihn auch nach seinem Tod noch lieben und dennoch seine Gewalttätigkeit gegenüber anderen klar erkennen. Diese Komplexität aushalten zu lernen, war eine der wichtigsten Lehren von Rinpoche.

Lehre geschieht auf vielerlei Art und Weise, und ich erlaube mir, immer offen fürs Dazulernen zu sein. Ich betrachte jedes Wesen, das mir hilft, gütiger und weiser zu werden, als meine Lehrperson. Die Führungsperson muss nicht unbedingt ein Mensch sein. Die

Führungsperson kann Gott, Buddha, Jesus, eine Gottheit, ein*e Heilig*er, ein Engelwesen, ein Geistwesen oder jede andere Wesenheit sein. Manche Menschen betrachten die Natur als die Quelle ihrer Führung oder ihre Haustiere als Führungspersonen. Die Führungsperson kann sogar ein Star oder ein*e Künst*lerin sein, die dazu beigetragen haben, dass wir weniger verblendet sind. Ich habe oft Menschen geholfen, Beyoncé oder Michelle Obama als Führungsperson anzunehmen. Auch wenn sie bereits verstorben sind, zählen James Baldwin, Audre Lorde und Essex Hemphill zu meinen Führungspersonen, neben Sweet Honey in the Rock und anderen Künst*lerinnen und Gruppen, deren Werk mir hilft, gütiger und weiser zu werden.

Wenn ich diesen ersten Aspekt des Heimkehrens praktiziere, denke ich an alle Formen, in denen sich die Führungsperson mir zeigt, und lade alle ihre Manifestationen in den Raum um mich herum ein und entwickle das Gefühl, sanft, warmherzig und liebevoll von ihnen gehalten zu werden. Dies gibt mir das Gefühl, zu Hause zu sein. Wie bei den anderen Aspekten des Heimkehrens auch, kann ich mir vorstellen, dass ich Freundlichkeit von ihnen erfahre, und dass ich ihnen zugleich Dinge vorlegen kann, mit denen ich zu kämpfen habe, damit sie sie mit mir tragen. Ich bete auch zu ihnen um Dinge, die ich brauche, um gesund und frei von Leiden zu sein. Ich ermutige die Menschen immer dazu, kreativ zu werden, wenn es darum geht, wie sie diese Praktiken für sich nutzen können.

### Der Weisheitstext

Der zweite Aspekt des Heimkehrens ist der Weisheitstext. In der klassischen Zufluchtspraxis wäre dies das Zufluchtnehmen zum Dharma. *Dharma* heißt »Wahrheit« oder »Gesetz«. Normalerweise definiere ich es als das wahre Wesen der Wirklichkeit der Erscheinungen. Dharma ist der Ausdruck von Weisheit oder Klarheit, Offenheit und Ehrlichkeit. Es bedeutet, die Dinge so wahrzunehmen, wie sie wirklich sind. Dharma hilft uns, weniger zu leiden. Häufig wird Dharma als die Lehren des historischen Buddha beschrieben. In diesem Zusammenhang übersetze ich *Dharma* gerne als *Evangelium*, was in der Theologie das griechische Wort für »gute Nachricht« ist. Das Dharma, wie es vom Buddha gelehrt wurde, ist also die gute Nachricht, dass die Natur aller Erscheinungen frei ist von Verblendung, was bedeutet, dass sie frei ist von Leiden.

Das Dharma ist jede Manifestation der Weisheit an sich. Wenn wir den zweiten Aspekt des Heimkehrens kontemplieren, versuchen wir, alle Texte und Lehren wachzurufen, die uns helfen, unsere Weisheit zu entwickeln und zu vertiefen. Dies sind unsere Weisheitstexte. Diese Texte können tatsächliche Texte wie heilige Schriften oder Lehren sein. Es können die Worte unserer Lehrpersonen sein. Es können Filme, ein Kunstwerk oder eine Fernsehsendung sein. Es kann ein Meme aus den sozialen Medien sein, ein Zitat oder ein Lieblingsbuch. Unsere Weisheitstexte sind alles, was uns Weisheit und Wahrheit vermittelt und uns lehrt, gütig zu sein. All dies ist Dharma.

Beim Nachdenken über unsere Weisheitstexte hilft uns die Frage: Was hilft mir, die Dinge so wahrzunehmen, wie sie wirklich sind? Auf welche Materialien verlasse ich mich, damit ich Klarheit entwickeln kann? Was schaue, höre oder lese ich immer, damit ich mich besser fühle? Meine Weisheitstexte sind buddhistische Schriften sowie die Schriften anderer spiritueller Wege und Überlieferungen: James Baldwins *Nach der Flut das Feuer*, Alice Walkers *Die Farbe Lila*, Essex Hemphills *Ceremonies*, bell hooks *We Real Cool* und Audre Lordes *Sister Outsider* sind Weisheitstexte. Alvin Aileys Tanzstück *Cry*, Tony Kushners Theaterstück *Angels in America*, der Film *Moonlight*, Marlon Riggs Dokumentarfilm *Tongues Untied* und der britische Spielfilm *Lügen und Geheimnisse* aus den 1990ern sowie viele Songs von Sweet Honey in the Rock sind ebenfalls Weisheitstexte. Alle diese Bücher, Stücke und Filme haben mir geholfen, meine Weisheit zu vertiefen, und indem sie mir versteckte Anteile meiner selbst offenbart und mir geholfen haben, mich weniger allein zu fühlen, haben sie mir gezeigt, wie ich weniger gewaltvoll in der Welt sein kann.

Wenn ich diesen Aspekt des Heimkehrens praktiziere, denke ich an alle diese Texte und rufe ihre Energie wach, damit sie zusammen mit meinen Führungspersonen zu mir in meinen Raum kommt. Diese Energie hat die Funktion, mich zu inspirieren und mich an meine eigene Weisheit als etwas zu erinnern, zu dem ich heimkehren und von dem ich getragen werden kann.

### Die Gemeinschaft

Die letzte Zuflucht der klassischen Drei Juwelen ist die Sangha oder spirituelle Gemeinschaft. Sie ist die Gemeinde aus Menschen, die miteinander praktizieren und es sich zur Aufgabe gemacht haben, einander zu helfen und die Juwelen des Buddha und des Dharma zu bewahren. *Sangha* bedeutet im Wesentlichen »Gemeinschaft«. Es kann auch »Versammlung und Zusammenkommen zu einem bestimmten Zweck« bedeuten. Wenn ich über Sangha spreche, erinnere ich die Menschen daran, dass wir, wenn wir als Gemeinschaft spirituell Praktizierender zusammenkommen, eine besondere Aufgabe übernehmen. Wir sind dann keine normale Gemeinschaft mehr. Wir sind mehr als bloß Blutsverwandte oder eine aktivistische Bezugsgruppe. Wir sind Menschen, die sich zusammentun, um einander zu helfen, spirituelle Verwirklichung zu erlangen. Keine Person muss eine andere mögen. Ich war in spirituellen Gemeinschaften, in denen es Leute gab, die ich nicht gerade als Freun*dinnen bezeichnen würde. Das Wichtige an Sangha ist jedoch, dass ich mir eingestehen kann, dass ich eine Person nicht mag und vielleicht sogar Grenzen setze, um unsere Beziehung vor Gewalt zu schützen, und mich doch gleichzeitig auf meine Liebe zu dieser Person konzentrieren kann. Noch einmal, wenn ich liebe, akzeptiere ich einen Menschen und möchte, dass er glücklich ist. Wir müssen einen Menschen nicht mögen, um ihn zu lieben. Ich denke, darin liegt ein großer Teil dessen, was die spirituelle Gemeinschaft so wichtig macht.

Ich glaube, dass der Konflikt, den wir in Gemeinschaft erleben, ein heiliger Konflikt ist. Damit meine ich nicht den Konflikt durch Machtmissbrauch, sondern den Konflikt, der bei unseren Versuchen entsteht, mit anderen Menschen auszukommen und uns mit verschiedenen Persönlichkeiten zurechtzufinden. In einer gesunden Gemeinschaft wird es immer Menschen geben, die sich aneinander reiben, wenn sie versuchen, sich miteinander zu arrangieren. Durch diese Reibung lernen wir, unsere Praxis in die Interaktionen einzubringen und uns zu motivieren, anderen mit Freundlichkeit, aber auch mit einer Direktheit zu begegnen, die unseren Bedürfnissen, Grenzen und Werten Ausdruck verleiht. Beziehungen in der spirituellen Gemeinschaft sollten ein Verhandeln darüber sein, dass unsere zentralen Bedürfnisse erfüllt werden, und kein Kompromiss, der uns das Gefühl vermittelt, dass unsere zentralen Bedürfnisse nicht zu befriedigen sind. Genau diese Aufgabe hilft mir, die spirituelle Gemeinschaft als etwas Heiliges und Außergewöhnliches zu verstehen. Mich zur Sangha zu verhalten inspiriert mich, sie zu respektieren und ernst zu nehmen.

Wenn ich über diesen Aspekt des Heimkehrens nachdenke, denke ich an die Orte, Gruppen und Gemeinschaften, in denen ich mich geliebt fühle. Es gibt spirituelle Gemeinschaften, zu denen ich sehr gerne komme, weil die Liebe stark ist. Es gibt Restaurants und Läden, die ich immer wieder besuche, weil dort ein so starkes Ethos der Liebe im Raum ist. Auch meine Familie ist eine Gemeinschaft, in der ich Liebe erfahre und ermutigt werde, diese Liebe zu erwidern. Wenn ich diesen Aspekt des Heimkehrens praktiziere, lade ich die Mitglieder aller Gemeinschaften ein, zu denen ich gehöre, und in denen ich Liebe erfahre, und stelle mir vor, dass sie sich den Führungspersonen und Weisheitstexten um mich herum anschließen.

## Die Ahn*innen

Jetzt verlassen wir die klassischen Quellen der Zuflucht und wenden uns Unterstützungsformen zu, die unmittelbar aus meiner persönlichen Praxis stammen. Der vierte Aspekt des Heimkehrens sind die Ahn*innen. Ahn*innen-Praxis ist für mich eine noch relativ neue Praxis. Dazu inspiriert und bewegt wurde ich von Freun*dinnen aus anderen spirituellen Traditionen, bei denen Ahn*innen-Praxis im Mittelpunkt steht. Eine Auswirkung einer tantrischen buddhistischen Praxis ist eine sich vertiefende Beziehung zur unsichtbaren Welt formloser Wesen wie Geister, Gottheiten und anderer Wesenheiten.

Ich habe schon immer an diese Welt geglaubt, die ich nicht sehen, aber manchmal spüren kann, aber ich hatte keine Möglichkeit, diesen Glauben zum Ausdruck zu bringen. Der tantrische Buddhismus hat meinen Glauben an und meine Verbindung zu der persönlich empfundenen Wahrheit wiederhergestellt, dass ich von zahllosen Wesen mit den unterschiedlichsten Absichten und Zielen umgeben bin.

Ich bin nicht so aufgewachsen, dass mir eine Verbindung zu meinen Ahn*innen vermittelt wurde. Durch die *w*eiße Vorherrschaft und *w*eiß-suprematistische Ausdrucksformen des Christentums wurde dieser Glaube in den Gemeinschaften afrikanischer Abstammung und bei den Nach*fahrinnen versklavter Menschen weitgehend getilgt. In der Kirche wurde mir beigebracht, dass wir nach dem Tod in den Himmel oder in die Hölle kommen. Diese Lehre kam mir immer viel zu stark vereinfacht vor. Meine Einführung in den Buddhismus hat mir ein differenzierteres und komplexeres Verständnis der unsichtbaren Welt eröffnet. Darin sind Himmel und Hölle Geisteszustände, in denen sich jedes Wesen befinden kann. Außerdem gibt es zahllose weitere Zustände, in die Wesen sich begeben und die sie durchleben. Das faszinierte mich, und nachdem ich diese Lehren erhalten hatte, hatte ich zum ersten Mal das Gefühl, dass mir die Wahrheit gesagt worden war.

In den letzten Jahren hat die Realität der Ahn*innen immer mehr an Bedeutung gewonnen. Ich glaube, dass Ahn*innen Wesen sind, die aus dieser physischen Welt in eine Welt hinübergegangen sind, die parallel zu dieser existiert, und dass sie die Aufgabe übernommen haben, uns zu unterstützen. Diese Unterstützung drückt sich in Form von Schutz und Führung aus. Es gibt auf der Welt viele Kulturen, in denen das gemeinschaftliche, familiäre und individuelle Gedenken und die Verehrung der Ahn*innen eine zentrale Rolle spielen. Ich glaube, dass Ahn*innen-Praxis uns hilft, ein Gefühl von Verbundenheit und Zugehörigkeit zu unseren Gemeinschaften und Familien zu entwickeln, und dass sie uns zugleich lehrt, uns einer Dankbarkeit für das zu öffnen, was andere Menschen vor uns getan haben, um unser Wohlergehen zu gewährleisten. Ahn*innen-Praxis hilft uns außerdem zu verstehen, dass wir selbst angehende Ahn*innen sind, und diese Überlegung hilft mir darüber nachzudenken, was ich tue, um das Wohlergehen anderer Menschen zu gewährleisten, die nach mir kommen.

Ahn*innen können Wesen sein, die zu unserer familiären Linie gehören und vor uns gelebt haben, oder es können Wesen sein, die sich um uns kümmern wollen, weil wir ein ähnliches Leben oder ähnliche Leidenschaften haben wie sie. Ich weiß zum Beispiel, dass es Mitglieder meiner Familie gibt, die immer noch auf mich aufpassen, genauso wie es Wesen gibt, die in ihrem Leben queer oder Schwarz waren und sich entschlossen haben, mich zu unterstützen, weil ich in dieser Welt einen wichtigen Teil von ihnen widerspiegele. Dadurch, dass ich Erfahrungen damit gesammelt habe, eine Beziehung zu meinen Ahn*innen aufzubauen, verstehe ich, dass mit dem Wechsel von einem physischen Körper wieder zurück in einen Bewusstseins- oder Energiezustand unsere Verbindung zu einem Ichempfinden nicht vollständig abbricht, weshalb diese Wesen noch sehr an ihrer früheren Identität und Persönlichkeit hängen können. Meiner Erfahrung nach sind die Ahn*innen nicht unbedingt erleuchtet oder verwirklicht, aber ihr metaphysischer Zustand ermöglicht ihnen eine viel umfassendere Wahrnehmung der Kräfte, die um uns herum wirken, und das macht ihre Führung wertvoll.

Unsere Beziehung zu den Ahn*innen besteht jedoch nicht nur aus ihrer Hilfe für uns; auch wir helfen ihnen. Manchmal brauchen unsere Ahn*innen uns, damit wir das Werk fortsetzen, das ihnen wichtig war, oder sie müssen in einen anderen Zustand überwechseln und sind dazu auf unsere Unterstützung angewiesen.

Leider haben nicht alle Wesen unser Wohlergehen im Sinn. Es gibt unsichtbare Wesen, die uns schaden wollen, darunter auch manche Ahn*innen. Noch einmal, Ahn*innen sind nicht erleuchtet; auch sie haben noch mit dem Ego zu kämpfen, das Bedürfnisse und Wünsche diktiert. Manche Ahn*innen sind aus ihrem Leben im Körper immer noch verletzt und verwundet, und es können immer noch große Wut und Schuldzuweisungen vorhanden sein. Wenn Wesen, die sich in diesem Schmerz und dieser Wut verirrt haben, durch ihr Leiden unser Leben und die Welt zu berühren beginnen und dadurch Gewalt auslösen, bezeichnen wir sie als unsere Dämonen. Dass wir durch unsere Dämonen geschädigt werden, kommt wesentlich häufiger vor als manche von uns zugeben möchten. Doch wo es Wesen gibt, die uns schaden wollen, gibt es noch viel mehr Wesen, die versuchen, uns zu beschützen. Ich betrachte meine Beziehung zu meinen Ahn*innen nicht nur unter dem Aspekt, dass sie mich leiten, sondern dass auch ich emotionale Arbeit für sie leiste, um einige von ihnen von dem Unbehagen und dem Schmerz zu befreien, die während ihres Lebens im Körper nicht befreit oder geheilt werden konnten. Unter diesem Aspekt der Arbeit ist meine Ahn*innen-Praxis nicht leicht. Ich bin allerdings dankbar für die Möglichkeit, die zu unterstützen, die vor mir da waren und direkt für die Früchte verantwortlich sind, die ich heute genieße.

Wenn ich mit Gruppen arbeite, ist es mir immer wichtig zu erklären, dass wir eine klare Vorstellung davon haben müssen, wie wir uns unsere Ahn*innen ins Bewusstsein rufen wollen. Ich rate den Menschen, nur die Ahn*innen zu sich einzuladen, denen an ihrem Wohlergehen liegt, die anderen jedoch zu bitten sich fernzuhalten. Ich bitte diese Ahn*innen und andere Wesen, die mich unterstützen, mich vor den Wesen zu beschützen, die mir etwas antun wollen. Das ist sehr wichtig. Unsere Anrufung von Wesen und Energie ist sehr wirkungsvoll und wir müssen eine klare Vorstellung davon haben, was wir herbeirufen und wie wir das bewältigen wollen, was wir herbeigerufen haben. Jedes Wesen, dem es nicht um die Verringerung von Leiden und Gewalt geht, ist in meiner Nähe nicht willkommen. (Das gilt übrigens auch für Menschen!) Diese klare Absicht deutlich zu machen, ist zentraler Bestandteil dessen, wie wir uns schützen können, wenn wir in die unsichtbare Welt hineinrufen.

Wenn ich über Ahn*innen lehre, finde ich es auch wichtig, dass wir an unsere Herkunft denken. In meiner Praxis ist Herkunft etwas anderes als Abstammung. Ich definiere »Herkunft« als jene Wesen, die vor uns da waren oder noch hier in diesem Leben sind und mit denen wir ähnliche Leidenschaften und Interessen teilen. Diese Wesen machen es möglich, dass ich mich für die Dinge engagieren kann, die mir wichtig sind. Meine wichtigste Herkunft ist meine spirituelle Übertragungslinie, und diese Übertragungslinie besteht aus allen meinen Lehrpersonen, quer durch die verschiedenen spirituellen Wege, die ich praktiziere und lehre, einschließlich der Lehrpersonen meiner Lehrpersonen, deren Lehrpersonen und so weiter. Meine spirituelle Übertragungslinie ist eine Kanalisierung von Lehren, die sich auf die Transformation des verblendeten Geistes in Weisheit und Mitgefühl richten. Durch die Unterstützung der Übertragungslinie kann ich diese Lehren an andere weitergeben. Eine weitere wichtige Herkunft ist für mich eine Reihe großer Aktiv*istinnen und Veränder*erinnen, einschließlich aller, die vor mir da waren und aller, die heute zusammen mit mir diese Arbeit tun. Es gibt noch viel mehr Herkünfte, denen ich angehöre, und ich ermutige die Menschen, über ihre Leidenschaften nachzudenken und sich zu fragen, welche Personen es ihnen ermöglicht haben, ihre Leidenschaften zu leben.

Wenn ich den Ahn*innen-Aspekt des Heimkehrens praktiziere, lade ich meine Ahn*innen ein, zu mir in den Raum zu kommen und ihren Platz unter meinen Führungspersonen, Weisheitstexten und Gemeinschaften einzunehmen. Das Gleiche tue ich mit meinen Herkünften. Ich bitte sie, mich zu unterstützen und zu leiten. Ich lerne meine Ahn*innen und meine Herkünfte kennen und kann mir bewusstmachen, dass ich nicht allein bin. Zugleich verstehe ich durch diese Anrufung, dass ich im Begriff bin, selbst ein Ahne zu werden und dass ich Träger einer Herkunft bin.

### Die Erde

Der fünfte Aspekt des Heimkehrens ist die Erde. Erdpraxis ist zu einem viel wichtigeren Bestandteil meiner Praxis geworden, da ich jetzt erkenne, welche Rolle ich bei der Bekämpfung des Klimawandels spiele. Dies ist ein echtes Problem, mit dem sehr komplex umgegangen werden muss, vor allem wenn wir als globale Gemeinschaft daran arbeiten müssen, den Schaden, den wir dem Planeten zufügen, zu beheben. Auf mich wirkt das entmutigend. Nachdem ich mich ausgiebig mit diesem Gefühl der Überforderung und der Ohnmacht beschäftigt hatte, fragte ich mich schließlich, was jetzt, in diesem Moment, meine Beziehung zur Erde ist. Als eine der ersten Erkenntnisse wurde ich neugierig auf meinen Körper.

Ich glaube, dass unser Körper eine Erweiterung aller Elemente ist, einschließlich der Erde. Es ist interessant, die Begräbniszeremonien der verschiedenen Gemeinschaften auf der Welt zu studieren. Bei den meisten wird unser Körper in irgendeiner Form an ein Element zurückgegeben, darunter Varianten der Feuerbestattung, See-/Wasser-Bestattungen, Himmelsbestattungen, wie sie in Tibet zu beobachten sind, und vor allem Erdbestattungen. Bei christlichen Bestattungsriten ist die Wendung »Erde zu Erde, Asche zu Asche« verbreitet. Der Ritus soll an die Schöpfungsgeschichte erinnern, in der Gott den ersten Menschen, Adam, aus Lehm formt, und damit betonen, dass wir in erster Linie aus Erde bestehen. Auch wenn die moderne Wissenschaft zeigt, dass unser Körper tatsächlich zu mehr als der Hälfte aus Wasser besteht, machen diese Erzählung, Erdbestattungsriten und mein Verständnis der Erde doch deutlich, dass Erde für die Bildung eines Behältnisses, das unseren Körper und die anderen Elemente aufnimmt, von entscheidender Bedeutung ist.

Wenn wir in unserem Körper sind, können wir uns unmittelbar mit der Erde verbinden. Sind wir nicht im Körper, können wir die Energie der Erde nicht wahrnehmen und erleben. Unsere Entkörperlichung ist auf eine Vielzahl von Gründen zurückzuführen, zu denen auch Traumata gehören und die sich in einem Misstrauen gegenüber unserem Körper niederschlagen. Unser Körper wird zu einem unsicheren Ort, und wir wollen ihn nicht mehr wahrnehmen. Weil sehr viele von uns keine Verbindung zu ihrem Körper haben, haben wir auch kaum ein Gespür für die Erde, was bedeutet, dass wir den Schaden, den wir der Erde zufügen, nicht wirklich spüren können.

Doch für die Menschen, die tatsächlich in ihrem Körper sind, ist es sehr unangenehm, das Trauma der Erde zu erleben.

Als ich all dies langsam zu verstehen begann, entwickelte ich durch eine praktizierte Ehrfurcht vor meinem Körper auch eine Ehrfurcht vor der Erde. Ich ließ mich auf den Kampf ein, wieder zu meinem Körper zurückzukehren und mit den Traumata zu arbeiten, die es mir schwermachen, in meinem Körper zu sein und mich dabei wohlzufühlen. Das braucht Zeit, insbesondere wenn du erhebliche gesellschaftliche Unterdrückung erlebt hast. Gesellschaftliche Unterdrückung lagert sich häufig nicht nur als emotionales, sondern auch als körperliches Trauma ab. In meiner Praxis habe ich festgestellt, dass die verinnerlichte Unterdrückung so lange anhielt, wie ich nicht in meinem Körper war. Die Arbeit des Embodiment bestand darin, mir meinen Körper zurückzuholen, mein Trauma zu heilen und zu bewältigen und mir meine Selbstbestimmung über meinen Körper wieder zu eigen zu machen. Mit Beginn des sogenannten transatlantischen Dreieckshandels wurde meinen versklavten Ahn*innen diese Selbstbestimmung genommen, und dadurch, dass wir systematischem Rassismus ausgesetzt waren, wurde dieser Verlust noch verstärkt. Durch diese systematische Unterdrückung konnte das Trauma in Form des Verlusts der Verfügungsgewalt über unseren Körper über meine gesamte Ahn*innenlinie hinweg als geschichtsübergreifendes Trauma weitergegeben werden. Ein zentraler Teil meines persönlichen Aktivismus ist Embodiment-Arbeit, um meine Ahn*innen von diesem Trauma zu befreien, und das Trauma, das ich an die nächste Generation weitergebe, zu verringern.

Meine derzeitige Praxis der Erde als fünfter Aspekt des Heimkehrens besteht darin, die Erdenergie anzurufen und in meinen Körper einzuladen, um meinen Körper daran zu erinnern, dass er ein Spiegelbild der Erde ist. Mit dem Anrufen der Erde lasse ich zugleich zu, dass ich von der Erde gehalten werde. Und in diesem Gehaltenwerden fühle ich mich von der Erde geliebt. Ich glaube, das ist für mich der tiefgreifendste Punkt dieses Aspekts des Heimkehrens: Die Erkenntnis und Erfahrung, dass die Erde mich immer liebt. Und wenn ich von der Erde geliebt werde, wird sie meine Lehrerin, mein Fundament und meine Geliebte. Diese Erfahrung gibt mir ein tiefes Gefühl der Sicherheit. Dadurch werde ich innerlich noch ein bisschen freier und kann meinen Geist nicht nur für meine persönliche Erfahrung mit der Erde öffnen, sondern auch für die Erfahrung anderer Menschen, die in dynamischen und intimen Beziehungen zu den verschiedenen Aspekten der Erde stehen, und ich kann auch für ihre Beziehung dankbar sein.

Wenn wir diesen Aspekt des Heimkehrens praktizieren, laden wir die heilige Erde, das heilige Fundament und die Energie der Stabilisierung in den Raum mit den anderen Aspekten des Heimkehrens ein. Wir erlauben uns, in der Liebe der Erde zu ruhen, die uns hält.

## Stille

Der sechste Aspekt des Heimkehrens ist Stille. Stille bietet mir Raum, um ohne viele Ablenkungen von außen bei mir zu sein. Stille ist auch ein Spiegel, der mir vorhält, welche Arbeit ich noch tun muss. Ich beginne jeden Tag in Stille und wahre sie so lange wie möglich. Wenn ich auf Reisen bin und lehre, richte ich meine Termine so ein, dass ich früh genug aufstehen kann, um ein paar Stunden Stille zu haben. Diese Zeit ist wichtig für mich. In dieser Stille absolviere ich meine spirituelle Praxis. Außerdem nutze ich diesen Raum zum

Nachdenken, zum Schreiben und um meine Intentionen für den Tag festzulegen. Stille ist ein natürlicher Aspekt des Heimkehrens für mich, denn in ihr fühle ich mich ganz zu Hause. Ich würde sagen, die Stille ist mein natürlicher Lebensraum.

Wenn ich über Stille nachdenke, dann denke ich an Audre Lorde und ihren Essay »Die Verwandlung von Schweigen in Sprache und Handeln«. Wenn sie über die Notwendigkeit spricht, trotz der damit verbundenen Risiken aus dem Schweigen ins Sprechen zu kommen, denke ich daran, wie mich das Schweigen meine Beziehung zur Sprache gelehrt hat. Meine Jahre des Schweigens haben mich die Macht der Sprache gelehrt und auch, dass ich dafür zur Verantwortung gezogen werde, wie ich Sprache gebrauche und in welcher Form ich sie aus meiner Verwundbarkeit heraus entstehen lasse. Wenn meine Sprache aus einer Haltung der Offenheit und Wahrheit kommt, ist sie wahrhaftig und daher notwendig. Die Verwandlung von Schweigen in Sprache ist der Auszug aus der Gefangenschaft in die Freiheit oder sogar aus der Nichtwahrnehmbarkeit in die Wahrnehmbarkeit. Freiheit und Wahrnehmbarkeit bringen jedoch die Bürde der Auseinandersetzung mit all jenen Menschen mit sich, die nicht möchten, dass du frei bist und wahrgenommen wirst.

Ich bin als Einzelkind aufgewachsen und war häufig allein. Ich glaube, dies hat dazu beigetragen, dass ich in Gesellschaft manchmal schüchtern war und es mir leichtfiel, ganz allein irgendwo zu sitzen und still zu sein. Nachdem ich mit meiner Meditationspraxis begonnen hatte, entwickelte ich eine gesündere Beziehung zur Stille – nun benutzte ich sie nicht mehr dazu, etwas zu vermeiden oder es mir leicht zu machen. Mir wurde wirklich klar, dass Stille eine Strategie ist, die Raum für alles bietet, was in diesem Moment geschieht. Ich setze Stille nicht mit Raum gleich, aber Stille kann uns dabei unterstützen, den Raum in uns und um uns wahrzunehmen.

Ich verstehe, dass Stille für manche Menschen schwierig sein kann. Auch wenn ich selbst diese Erfahrung nicht gemacht habe, weiß ich, dass manche Menschen Stille mit Gefahr verbinden. Menschen haben mir von den Vierteln erzählt, in denen sie aufgewachsen sind, und wo Stille, vor allem plötzliche Stille, ein Anzeichen dafür war, dass gleich eine Gewalttat geschehen würde. Die Stille als Möglichkeit, dass gleich etwas Schlimmes passiert, löst dann eine Reaktion aus, die von einer posttraumatischen Belastungsstörung herrührt. Ich erinnere mich an Zeiten in der Highschool, wenn wir alle in der Mensa saßen und plötzlich alle mucksmäuschenstill wurden. Darauf folgten dann sehr bald die Geräusche einer Schlägerei. Dieser Moment der Stille versetzte alle in Alarmbereitschaft und unsere übliche Reaktion war es, den Kopf hochzureißen und schnell zu schauen, wo die Kacke gleich am Dampfen wäre.

Während meiner Ausbildung zur Lehrperson habe ich über drei Jahre in einem Kleingruppen-Retreat verbracht, die meiste Zeit davon allein und in Stille, unterbrochen von täglichen kurzen Phasen der Gruppenpraxis und den Mahlzeiten mit der Handvoll Menschen, die ebenfalls in diesem Retreat waren. Zu Beginn dieser Erfahrung hatte ich meiner Erinnerung nach zum allerersten Mal Angst vor der Stille. Ihr Schrecken rührte daher, dass sie Jahre dauern würde. Ich war wie gelähmt von der Verheißung, dass die Stille brutal ehrlich mit mir wäre, und ich hatte das Gefühl, dass ich auf diese Ehrlichkeit nicht vorbereitet war. Wenn wir Stille bewusst dazu nutzen, uns selbst zu verstehen, offenbart sie uns viele Geheimnisse. Ich betrachte Stille unter diesem Aspekt als mitfühlend, weil sie mir die Wahrheit sagt und mich auffordert, daran zu arbeiten, dieser Wahrheit Raum zu geben. Und genau das ist Arbeit an der spirituellen Transformation.

Manchmal ist die Stille gar nicht so still. Es gibt die Stille, die viele von uns als Ruhe in unserem Umfeld definieren und damit die Abwesenheit von Lärm meinen. Doch worauf wir ansprechen, ist weniger die Abwesenheit von Lärm als vielmehr die Unabgelenktheit, die wir inmitten von Lärm bewahren können. Ich kann oft in den chaotischsten Situationen Stille finden, weil das Chaos als solches mich nicht ablenkt. Ich bin der Dinge immer noch gewahr und erlebe sie auch, aber ich denke nicht über das Geschehen nach. Dasselbe gilt für meinen Geist. Stille bedeutet nicht, dass die Dinge verschwinden. Sie bedeutet, dass ich mich nicht im Material meines Geistes verliere. Stille ist also nicht bloß die Abwesenheit von Lärm oder anderen ablenkenden Dingen; sie ist der Zustand, in dem ich der Phänomene gewahr bin und mich in keinem von ihnen verliere.

Andererseits ist Stille auch nicht still, weil Stille immer noch etwas mitteilt. Stille ist selbst ein Medium, durch das andere Erfahrungen offenbar werden, seien es Gedanken, Gefühle oder sogar andere Arten von Energie. So kann Stille laut sein. Es kann sehr viel geschehen, auch ganz ohne Geräusche. Selbst dann, wenn Stille uns umhüllt, sind wir nicht sicher vor den Dingen, die wir zu vermeiden suchen. Dies ist ein weiterer Grund, warum Stille so vielen Menschen schwerfällt.

In Schweigemeditations-Retreats ermutige ich die Teilnehmenden, die Stille ganz anzunehmen. Ich lehre, dass die Stille dazu da ist, uns den Raum zu geben, für uns zu sorgen. In der Stille können wir die Unterstützung finden, in uns die Stellen wahrzunehmen, die Gehör, Halt und Heilung brauchen.

In meiner Praxis der Stille als Aspekt des Heimkehrens lade ich die Stille zusammen mit dem Schweigen in den Raum ein. Ich denke über Stille als Wegweiser und als Mittel nach, das meine Transformation unterstützt. Ich bitte die Stille, mich zu halten, und ich bitte alle anderen Energien, die ich in den Raum eingeladen habe, mich zu halten. In dieser Stille sitzend, bin ich zu Hause; und, wie bei den anderen Aspekten meines Heimkehrens auch, werde ich geliebt.

## Wir selbst

Der siebte Aspekt des Heimkehrens ist vielleicht der wichtigste, es ist das Heimkehren zu uns selbst. Zu Beginn meines Weges war mein größter Wunsch, mich selbst lieben zu können. Heimzukehren zu mir selbst, bedeutet im Wesentlichen, eine tiefe Akzeptanz für mich zu entwickeln und alle Aspekte meiner selbst da sein zu lassen, ganz gleich, wie schmerzhaft es ist. Dieses Zulassen gewährt mir den Raum, meine Beziehung zu dem, was unangenehm ist, zu transformieren. Das ist der Ausdruck der Liebe zu mir selbst.

Zu mir selbst heimzukehren, bedeutet, an der Entwicklung von Selbstvertrauen zu arbeiten. Ich weiß, dass mir dieses Selbstvertrauen die meiste Zeit meines Lebens gefehlt hat. Systematische Unterdrückung hat zu einem Zustand der Entkörperlichung geführt; und wenn ich nicht in meinem Körper bin, fällt es mir schwer, Selbstvertrauen zu erleben. Mit Selbstvertrauen meine ich die Entwicklung eines Grundvertrauens zu meiner Fähigkeit, mich wohlzufühlen, liebevoll und mitfühlend zu sein, und insgesamt darauf zu vertrauen, dass ich widerstandsfähig bin. Wenn ich nicht in meinem Körper bin, ist es für mich fast unmöglich, mir zu vertrauen; ich kann meinem Körper nicht vertrauen, weil ich nicht in Beziehung mit ihm bin. Das psychische Trauma der Unterdrückung setzt sich im Körper fest und macht es schwer, mit diesem Unbehagen in Beziehung zu kommen. Auch auf diese Weise erhält sich systematische Unterdrückung in unserer Erfahrung aufrecht: indem sie es für uns gefährlich macht, unseren Körper zu spüren.

Andererseits bedeutet Selbstvertrauen auch, meiner Verwundung zu vertrauen, auch dem Trauma, das von der systematischen Unterdrückung herrührt. Dieses Vertrauen zu meiner Verwundung heißt, dass ich das Unbehagen in meiner Erfahrung zulasse und mich dafür entscheide, von ihm zu lernen und es als etwas zu betrachten, das mich leitet. Manchmal rufe ich sogar mein Unbehagen in den Raum, als eine meiner Führungspersonen im ersten Aspekt des Heimkehrens. Die Entwicklung von Akzeptanz und Wertschätzung für meinen Schmerz war zutiefst radikal. Keine Angst vor dem Schmerz zu haben und in der Lage zu sein, ihm Raum zu geben, ist Ausdruck von Liebe und Mitgefühl für uns selbst und der erste Anstoß im Prozess des Embodiments.

Ein weiterer Aspekt meiner selbst, zu dem ich mich in Vertrauen übe, ist meine Freude. Freude ist viel mehr als bloß fröhlich zu sein; sie ist die Erfahrung der Energie dessen, was ich oft Glückseligkeit nenne. Diese Glückseligkeit ist die Erfahrung, dass alle Ablenkungen von mir abfallen und nur das tiefe Gefühl der Freiheit bleibt. Sie ist die Verwirklichung äußerster Klarheit und Offenheit. Viele von uns erleben dies beim sexuellen Orgasmus oder in einem Rausch durch Drogengebrauch. Die authentischsten Erfahrungen von Glückseligkeit sind die, die aus tiefer Tugend oder Güte entstehen. Denn diese Eigenschaften bringen uns mit einem Ausdruck unseres gewaltlosesten und liebevollsten Selbst in Verbindung. Wie beim Glück dreht es sich auch bei der Glückseligkeit um Verbindung und Gleichgewicht, noch mehr aber um die Erfahrung der Einheit, die Erfahrung, dass es keine Trennung mehr gibt. Einige von uns werden eine erste Ahnung, einen Vorgeschmack darauf erhalten; aber mehr brauchen wir nicht, um verwandelt zu werden, denn diese eine kurze Erfahrung wird uns offenbaren, was jenseits unseres Leidens möglich ist. Sie wird Potenzial offenbaren und dieses Potenzial kann unsere Motivation befeuern, daran zu arbeiten, dass wir weniger leiden und frei werden. Ich praktiziere Vertrauen zu meiner angeborenen Fähigkeit, Glückseligkeit zu erfahren, die, wie ich letztendlich glaube, ein Ausdruck meiner wahren Natur ist.

Außerdem kehre ich auch dadurch heim zu mir selbst, dass ich darauf vertraue, dass meine Praxis mich auffängt, wenn eine Krise mich vielleicht mal kalt erwischt. Menschen, die schon lange praktizieren und ernste Probleme zu bewältigen haben, sage ich oft, wage dich hinaus in deine Praxis und lasse dich von deiner Praxis auffangen. Die kraftvollste Praxis erlebe ich häufig dann, wenn ich gar nicht absichtlich praktizieren kann. Manchmal passiert einfach irgendeine Scheiße, und plötzlich tauchst du auf und gibst dir und anderen Menschen und auch der Situation Raum.

Wenn ich das Heimkehren zu mir selbst praktiziere, lade ich mich selbst in den Raum ein, mit allem, was zu mir gehört, das Positive wie das Negative. Im Moment dieser Anrufung nehme ich meine Grunderfahrung ganz an. Wenn mir dies schwerfällt, rufe ich meine anderen Aspekte des Heimkehrens um Unterstützung an. Indem ich all dies tue, kehre ich heim zu mir selbst.

## Die Sieben Aspekte des Heimkehrens praktizieren

Die Sieben Aspekte des Heimkehrens können formell oder informell, allein oder in der Gruppe praktiziert werden. Oft rufe ich meine Aspekte des Heimkehrens an, während ich in der Welt unterwegs bin. Manchmal brauche ich eine bestimmte Art von Unterstützung und merke, dass ich eher die einen als die anderen Aspekte des Heimkehrens anrufe. Zuweilen brauche ich die Verbindung zu meinen Ahn*innen mehr als die zu meinen Führungspersonen, oder ich muss die Erde mehr spüren als meine Weisheitstexte. Ein anderes Mal brauche ich wieder alle Aspekte des Heimkehrens. Wie dem auch sei, die folgende Übung ist die grundlegende formelle Praxis, mit der wir unseren Kreis des Heimkehrens anrufen. Manchmal nenne ich ihn in meiner Lehre auch den Kreis der Fürsorge. In jedem Fall ist diese Übung die Wurzelübung für umfangreichere Übungen, die ich im Laufe dieses Buches vorstelle.

## DIE ÜBUNG

Die Meditation ist eine Kontemplationsübung. Sie kann allein oder in einer Gruppe gemacht werden. Am besten liest du zu Beginn der Übung die Anleitung vollständig durch und rufst dabei jeden Aspekt des Heimkehrens informell an. Tue dies ein paar Mal hintereinander. Lasse zu, dass sich Sprache und Ablauf der Übung an deine Bedürfnisse anpassen. So kannst du dir die Übung leichter einprägen und sie so verinnerlichen, dass sie für dich Sinn ergibt. Die Anleitung ist nur ein Muster. Es ist wichtig, dass du dir erlaubst, kreativ mit der Übung umzugehen, damit du sie beibehältst.

1. Beginne mit der Abfolge zu Beginn einer Übung.

2. Besinne dich dann auf den ersten Aspekt des Heimkehrens, die Führungspersonen. Denke an jedes Wesen, das dich geleitet oder gelehrt hat, das Ment*orin, Berat*erin oder Ältest*er für dich war. Denke an die Wesen in deinem Leben, die du um Rat und Hilfe gebeten hast. Denke an die Wesen, die Liebe und Mitgefühl für dich zum Ausdruck bringen. Stelle dir vor, dass du alle diese Wesen in den Raum zu dir einlädst. Lade sie ein, sich in einem Kreis um dich herum zu versammeln und begrüße sie. Entspanne dich. Atme ein. Atme aus und kehre heim, um von deinen Führungspersonen gehalten zu werden.

3. Kurze Pause

4. Der zweite Aspekt des Heimkehrens sind deine Weisheitstexte. Denke an jeden Text, der dir geholfen hat, deine Weisheit zu

vertiefen. Diese Texte können jedes schriftliche Werk, Bücher, Lehren, heilige Schriften, Zitate, Memes aus den sozialen Medien, oder jegliche Form von künstlerischem Ausdruck sein wie Musik, Tanz, bildende Kunst usw. Alle Texte, die dir geholfen haben, Klarheit, Offenheit, Liebe und Mitgefühl zu erfahren, sind deine heiligen Texte. Lade die Essenz dieser Texte in den Raum ein. Du kannst dir vorstellen, dass diese Texte tatsächlich anwesend sind, oder du kannst das Gefühl haben, dass ihre Essenz dich zusammen mit deinen Führungspersonen in einem Kreis umgibt. Begrüße deine Texte. Entspanne dich. Atme ein. Atme aus und kehre heim, um von deinen Weisheitstexten gehalten zu werden.

5. Kurze Pause

6. Der dritte Aspekt des Heimkehrens ist Gemeinschaft. Beginne, indem du über die Communities, Gruppen und Räume nachdenkst, bei denen du Liebe erfährst oder das Gefühl hast, akzeptiert und in deinem Glück unterstützt zu werden. Welche Communities und Gruppen gibt es außerdem, in denen du dich nicht nur geliebt fühlst, sondern auch das Gefühl hast, dass du lieben und die Liebe anderer Menschen erwidern kannst? Wo fühlst du dich sicher, um zu lieben? Wo wirst du geliebt? Lade diese Communities und Gruppen in den Raum um dich ein zu deinen Führungspersonen und Weisheitstexten. Und wenn du meinst, dass es einen solchen Raum für dich nicht gibt, dann kannst du die Sehnsucht, Teil eines liebevollen Raums zu sein, ebenfalls in diesen Raum einladen. Begrüße deine Communities.

Entspanne dich. Atme ein. Atme aus und kehre heim, um von deinen Communities gehalten zu werden.

7. Kurze Pause

8. Der vierte Aspekt des Heimkehrens sind deine Ahn*innen. Beginne, indem du über die Ahn*innen nachdenkst, die das Beste für dich wollten, auch dass du glücklich und wohlbehalten bist. Du musst diese Ahn*innen nicht kennen. Du brauchst nur darüber nachzusinnen, dass es in deiner familiären Linie Menschen gab und gibt, die möchten, dass du glücklich bist. Lade auch diese Wesen in den Kreis ein. Denke auch an die Herkünfte, mit denen du dich verbunden fühlst, etwa die Herkunft deiner spirituellen oder künstlerischen Tradition oder deines Aktivismus. Lade auch deine Herkunft in den Kreis ein. Wenn du deine Ahn*innen einlädst, dann denke daran, dass auch du im Prozess bist, Ahn*in zu werden. Wenn du deine Herkunft einlädst, dann denke daran, dass du in diesem Moment Träg*erin einer Herkunft bist. Begrüße deine Ahn*innen und Herkünfte. Entspanne dich. Atme ein. Atme aus und kehre heim, um von deinen Ahn*innen und Herkünften gehalten zu werden.

9. Kurze Pause

10. Der fünfte Aspekt des Heimkehrens ist die Erde. Beginne, indem du über die Bedeutung der Erde unter dir nachdenkst und darüber, wie sie dich und unzählige Wesen am Leben erhält. Denke über die Energie der Erde nach; es ist die Energie von Nachhaltigkeit, Stabilität und Fundament. Außerdem bildet die Erde

den Boden deiner Erfahrung. Heimzukehren zur Erde bedeutet also die Erde zu berühren, die Erde anzuerkennen, dich der Erde hinzugeben und zuzulassen, dass sie dich hält und, während sie dich hält, zu verstehen, dass sie dich auch liebt. Lade die Energie der Erde in den Kreis ein. Begrüße die Erde. Entspanne dich. Atme ein. Atme aus und kehre heim, um von der Erde gehalten zu werden.

11. Kurze Pause

12. Der sechste Aspekt des Heimkehrens ist Stille. Beginne, indem du über die Großzügigkeit der Stille nachdenkst als etwas, das dir ermöglicht, den Raum zu haben, ganz bei dir zu sein. Denke darüber nach, wie wichtig es ist, die Stille anzunehmen, zuzulassen, dass sie dich hält. Denke auch darüber nach, wie du die Stille einbeziehen kannst als Freundin und/oder Geliebte, der sehr an deiner Gesundheit und deinem Wohlergehen liegt. Stille hilft dir zu verstehen, wie du Sprache zu deinem Wohl und zu dem anderer Menschen einsetzen kannst. Lasse zu, dass die Stille da ist und akzeptiere sie. Lade die Stille in den Kreis ein. Begrüße die Stille. Entspanne dich. Atme ein. Atme aus und kehre heim, um von der Stille gehalten zu werden.

13. Kurze Pause

14. Der siebte Aspekt des Heimkehrens bist schließlich du selbst. Beginne, indem du über deine Erfahrungen mit deinem Geist und deinem Körper nachdenkst. Denke daran, wie wertvoll, wichtig und bedeutend deine Erfahrungen sind. Lade alle Teile

von dir in dein Gewahrsein ein, auch die, die dir zu hässlich oder überwältigend erscheinen. Indem du dich selbst als Aspekt des Heimkehrens annimmst, gewährleistest du, dass du auch tatsächlich aufkreuzt, damit du von den anderen Aspekten des Heimkehrens gehalten werden kannst. Lasse zu, dass du da bist. Akzeptiere, dass du da bist. Begrüße dich. Entspanne dich. Atme ein. Atme aus und kehre heim zu dir.

15. Kurze Pause

16. Nimm alle Aspekte deines Heimkehrens an. Du kannst deine Führungspersonen, Communities, Ahn*innen und Herkünfte als die Wesen betrachten, die dir wohltun. Aus deinen Weisheitstexten beziehst du die Inspiration, dich zu öffnen und verwundbarer zu sein. Du vergegenwärtigst dir, dass die Erde unter deinen Füßen ist und dass die Stille da ist und dir den Raum gibt, ganz bei dir zu sein. Und dann bist da auch noch du selbst und wirst von diesem Fürsorgekreis gehalten.

17. Sitze einfach in diesem Kreis und stelle dir vor, dass die Wesen, die dir wohltun, Fürsorge und Güte in den Kreis senden. Versuche, diese Fürsorge in einer Art und Weise zu spüren, die sich für dich stimmig anfühlt. Wie fühlt sich diese Fürsorge an? Sitze einfach und verbinde dich mit der Fürsorge der Wesen, die dir wohltun.

18. Kurze Pause

19. Stelle dir nun vor, dass der Kreis der Wesen, die dir wohltun, sich allmählich in weißes Licht auflöst, und sammle dieses Licht in deinem Herzzentrum. Lasse deinen Geist ruhig werden und entspanne dich.

20. Zum Schluss absolviere die Abfolge zum Abschluss einer Übung.

## Atemübungen

Atme Honig.
*Lama Rod*

Gefühle kommen und gehen wie Wolken an einem windigen Himmel. Bewusstes Atmen ist mein Anker.
*Thich Nhat Hanh*
Aus: Stepping into Freedom: An Introduction to Buddhist Monastic Training, Parallax Press 1997.

Nur die zu atmen verstehen, werden überleben.
*Shriram Sharma*

Pranayama ist eine Atemtradition, die hilft, unsere Lebenskraft-Energie zu steuern, und die direkte Auswirkung auf unsere geistige und körperliche Gesundheit hat. Oft nenne ich sie Lebenskraft-Atmung. Diese Lebenskraft-Energie heißt Prana, und Prana, so heißt es, reitet auf dem Atem sowie auf allem im Körper, was fließt oder flüssig ist. Pranayama leitet das Prana über Kanäle, die als Nadis bezeichnet werden, durch unseren Energiekörper.

Der Atem ist für uns ein wichtiges Instrument, genau wie in jeder Yoga- und Tantratradition. Ich verstehe Prana als Energie, die sowohl subtil als auch deutlich spürbar sein kann. In meiner Praxis habe ich festgestellt, dass mein Körper wie eine Antenne wirkt und auf Energie anspricht, die in mir und um mich ist und die mein Geist dann benennt. Nachdem ich eine Ausbildung zum Reiki-Praktizierenden abgeschlossen hatte, wurde mein Gespür für Energie noch feiner.

Pranayama bereitet uns auf die Meditation vor, denn ein stabiler Atem kann den Geist stabilisieren und darauf vorbereiten, Gewahrseins-, Konzentrations- und Achtsamkeitsarbeit zu leisten. Wenn der Atem nicht stabil ist, lenken wir Energie in die Stabilisierung von allem und weg von der Gewahrseinspraxis.

Die meisten Menschen atmen eigentlich gar nicht. Wenn wir nicht atmen, werden wir nicht frei. Atem ist Leben. Atmen hilft uns, starke emotionale Energie wie Wut und Traurigkeit zu bewegen. Von dieser Stelle an bezeichne ich Pranayama in diesem Buch als Atempraxis.

Ein wichtiger Hinweis, wenn ich Atemübungen vorstelle: Wenn es in deiner Vorgeschichte Traumata gibt, können sich Atemübungen ungeerdet anfühlen. Häufig lehre ich Atemübungen in Verbindung mit Erdberührungsübungen, um etwas anzubieten, was dich erden kann. Die Erd- und Atemübungen werden im Abschnitt zu Bhumisparsha, oder Erdberührungsübungen, vorgestellt. Es folgen einige grundlegende Atemübungen für den Anfang.

*Der Einfache Atem*

1. Beginne mit der Abfolge zu Beginn einer Übung.

2. Dann lenke deine Aufmerksamkeit auf deinen Atem. Beginne, indem du durch die Nase ein- und ausatmest. Lasse sowohl das Einatmen als auch das Ausatmen allmählich immer länger werden, bis beides sehr lang und tief ist. Versuche dich zu entspannen. Bleibe mit deiner Aufmerksamkeit beim Atem. Wenn andere Gedanken auftauchen, bleibe mit deiner Aufmerksamkeit beim Atem und nutze ihn, um deine Aufmerksamkeit zu erden.

3. Nun verändere deine Atmung: Atme durch die Nase ein und durch den Mund aus. Erde deine Aufmerksamkeit auch jetzt wieder im Atem und entspanne dich. Mache tiefe und lange Atemzüge. Tue dies so lange, wie du möchtest.

4. Absolviere die Abfolge zum Abschluss einer Übung.

*Beruhigender Atem*

Beginne, indem du durch die Nase ein- und durch den Mund ausatmest. Wenn du durch den Mund ausgeatmet hast, dann atme durch den Mund wieder ein und durch die Nase aus. Wenn du durch die Nase ausgeatmet hast, atme durch die Nase wieder ein und durch den Mund aus und dann erneut durch den Mund ein. Mache in diesem Atemmuster weiter und versuche dabei, dich zu entspannen und auf den Atem zu konzentrieren. Dehne auch jetzt die Atemzüge wieder aus und lasse sie lang werden. Diese Atmung soll dich beruhigen, denn sie hilft, in deinem Geist Raum zu schaffen.

### *Reinigender Atem*

Diese Atmung mache ich gerne zu Beginn einer längeren Übung. Sie hilft, alten Atem und negative Emotionen aus dem Körper zu entfernen. Diese Atemübung beinhaltet eine einfache Visualisierung. Beginne damit, dass du deinen Atem wahrnimmst. Atme zunächst durch die Nase ein und aus. Mache lange und tiefe Atemzüge. Dann achte auf alles Unbehagen in deinem Geist und deinem Körper. Stelle dir vor, dass der Atem beim Einatmen Empfindungen von Unbehagen in deiner Erfahrung auflöst, und dass du dann dieses aufgelöste Unbehagen durch den Mund ausatmest. Wiederhole diesen Prozess so lange, bis du dich ruhig fühlst.

Wenn du so weit bist, dass du die Übung beenden möchtest, dann atme so tief ein, wie du nur kannst, und anschließend kräftig aus. Stelle dir dabei vor, dass du alles Unbehagen in deiner Erfahrung durch jede Körperöffnung herauslässt, auch durch die Poren, durch Mund, Nase, Ohren, Augen, alles. Tue dies drei Mal und dann entspanne dich.

## Tonglen

*Tonglen* kommt aus der Tradition des tibetischen Buddhismus und bedeutet »Aufnehmen und Aussenden«. Es lässt sich auch so beschreiben, dass wir den Platz einer anderen Person einnehmen. Es ist eine der ersten Übungen, die ich erlernt habe, und ich gebe sie sehr gerne und oft an andere Personen weiter.

Anfänglich kann die Übung sehr magisch oder mystisch wirken. Das ist sie nicht. Ich empfinde sie vielmehr als praktisch. Ich glaube, dass Tonglen eine Übung ist, bei der wir uns gedanklich mit unserem Leiden verbinden und zulassen, dass wir in unserer Erfahrung sind und darin behütet werden. Zugleich arbeiten wir daran, anderen Menschen und ihrem Leiden Raum zu geben. Tonglen reitet auf dem Atem; es ist der Atem, der uns bis auf den Grund unseres Unbehagens führt, und es ist der Atem, der uns an die Erfahrung heranführt, für andere zu leiden.

Unser Atem ist vielleicht der magischste Aspekt der Übung. Der Atem kann uns einen gemeinsamen Moment mit unserem Körper und allem anderen schenken, was auftaucht. Ich muss keinen Teil dieses Moments mögen und werde auch nicht dazu aufgefordert. Tonglen ist ein Ausdruck des Daseins für uns selbst und für andere Menschen, die auf uns angewiesen sind.

Traditionell wird Tonglen gelehrt als das Aufnehmen des Leidens einer anderen Person in Form von dunklem Rauch und das Aussenden von Frieden, Freude und tiefem Wohlbefinden in Form von weißem, kühlendem Licht. In meiner Überarbeitung der Übung stelle ich mir das Leiden der anderen Person gerne als weißen Dunst vor, weil es mir ein wenig heftig erscheint, dunklen Rauch einzuatmen. Außerdem bezeichne ich den Menschen, den ich unterstütze, als empfangende Person.

Ich betrachte Tonglen gerne als Schutz. Es erlaubt mir, mich in Situationen heftigen Leidens zu begeben und darin zu verweilen, und es gibt mir eine Möglichkeit, dieses Leiden bewältigbar und weniger belastend zu machen. Es nimmt ihm etwas von seiner Schwere. Es entschärft und beruhigt. Tonglen kann zu einer unserer wichtigsten Übungen werden, um uns und anderen Raum zu geben.

Darüber hinaus schützen wir uns davor, dass negative Energie unnötigerweise in unserem Körper und Geist verweilt. Ich sage oft, dass Mitgefühl eines der stärksten Dinge ist, die wir überhaupt haben können, weil es ein angeborener Daseinszustand ist, der den Fokus vom Empfinden eines Ichs wegnimmt, das Erschöpfung oder negative Auswirkungen unaufgelöster negativer Energie erleben kann. Wenn ich in der Lage bin, dieses Ichempfinden aus dem Mittelpunkt zu nehmen, dann beginne ich damit auch, das Empfinden aufzulösen, dass es ein inhärentes Ich gibt, das Unbehagen verspüren kann.

## Annäherung an die Übung

Es gibt zwei Wege, über die wir uns dieser Übung nähern sollten. Ich glaube, dass die meisten Übungen mit Arbeit »auf dem Kissen« oder einer formellen Praxis beginnen sollten, bei der wir uns die Zeit nehmen, uns ausschließlich einer Übung zu widmen. Diese Methode stärkt unsere Praxis »ohne Kissen« oder unsere informelle Praxis, die wir auch unsere »Hier-und-Jetzt-Praxis« nennen könnten und die einfach dadurch entsteht, dass wir unser Leben leben und mit den Dingen arbeiten, wie sie sich ergeben.

## DIE ÜBUNG

1. Beginne mit der Abfolge zu Beginn einer Praxis.

2. Konzentriere dich auf den Atem oder einen anderen Gegenstand oder lasse deinen Geist einfach in der Leere selbst ruhen.

3. Absolviere eine kurze Übung der Sieben Aspekte des Heimkehrens und rufe deinen Kreis des Heimkehrens in den Raum. Wenn du den Kreis herbeigerufen hast, stelle dir vor, dass du ihn in dein Herzzentrum hinein auflöst, und stelle dir weiter vor, dass die Energie der Fürsorge in deinem Herzzentrum verweilt.

4. Rufe dir eine Person ins Bewusstsein, die gerade eine schwere Zeit durchmacht. Stelle dir vor, dass diese Person vor dir sitzt. Sie ist die empfangende Person. Stelle dir außerdem vor, dass sich um sie herum ein feiner weißer Dunst bildet wie Nebel oder Dampf. Dieser Dunst ist der Ausdruck des Unbehagens der Person.

5. Richte deinen Geist auf deinen Atem und nimm sowohl das Einatmen als auch das Ausatmen wahr.

6. Wecke in dir das Bestreben oder den Instinkt, das Leiden der anderen Person zu lindern. Ist dieses Bestreben schon vorhanden, dann verbinde dich damit. Stelle dir vor, dass dieser Wunsch die Energie der Fürsorge in deinem Herzzentrum stärkt.

7. Bleibe mit deinem Geist bei deinem Herzzentrum und stelle dir vor, dass du ins Herzzentrum einatmest und aus dem Herzzentrum ausatmest.

8. Stelle dir vor, dass du beginnst, den weißen Dunst um deine empfangende Person herum in dein Herzzentrum einzuatmen, und dass der Dunst des Leidens durch die Energie der Fürsorge in deinem Herzzentrum vollständig gereinigt wird.

9. Atme diese gereinigte Energie als weißes Licht des Friedens und der Zufriedenheit aus. Setze diesen Prozess fort, indem du weiter den Dunst des Unbehagens einatmest und die weiße Energie des Friedens und der Zufriedenheit ausatmest, und stelle dir vor, dass der weiße Dunst um die empfangende Person allmählich abnimmt und durch das weiße Licht deiner gereinigten Energie ersetzt wird.

10. Mache so lange weiter, bis du das Gefühl hast, dass du die Übung für diese Sitzung lange genug gemacht hast. Stelle dir vor, dass deine empfangende Person Frieden und Zufriedenheit erfährt. Nun stelle dir vor, dass sie sich in der weißen Energie auflöst, die du an sie weitergegeben hast. Löse dann diese Energie in dein Herzzentrum hinein auf. Bringe deinen Geist zur Ruhe.

### Informelle Praxis

Wenn du außerhalb formeller Meditationssitzungen mit anderen Menschen in eine schwierige Situation gerätst, dann vergegenwärtige dir die Fürsorge deines Kreises des Heimkehrens und spüre die Energie dieser Fürsorge in deinem Herzen. Stelle dir vor, dass du alles, was du als das Leiden deines Gegenübers erfährst, in Form von weißem Dunst einatmest, es ins Licht der Fürsorge in deinem Herzzentrum bringst und die positiven guten Wünsche als weißes Licht aussendest.

## Bhumisparsha: Erste Übungen zur Erdberührung

Bei seiner Erleuchtung streckte der Buddha die Hand nach unten aus und berührte die Erde, womit er die Erde im Wesentlichen bat, seine Erleuchtung zu bestätigen und Zeugin seiner Vollendung zu sein. Der Buddha wurde von Mara, der Personifizierung von Zweifel und Ablenkung, bedrängt, die ihn vom Weg abbringen wollte. Der Buddha fasste nach unten, um die Erde bewusst wahrzunehmen und sich in dieser Zeit und an diesem Ort niederzulassen. Dieses Niederlassen war die eigentliche Bestätigung dafür, dass er es nicht nur verdiente, erleuchtet zu sein, sondern dass er es für sich in Anspruch nahm, ohne sich dafür zu rechtfertigen. Als der Buddha die Erde berührte, wies er Mara gewissermaßen an, sich zu verpissen. Diese Geste der Erdberührung wird Bhumisparsha genannt.

Der Buddha lehrte uns, den Boden unserer Grunderfahrung auf der Welt zu berühren. Die meiste Zeit meines Lebens war ich eigentlich gar nicht mit der Erde verbunden. Die Erde war anscheinend etwas Unwichtiges. Als ich anfing, mich mit Embodiment-Arbeit zu beschäftigen, lernte ich meinen Körper kennen, und das brachte mich mit der Energie der Erde in Verbindung. Ich begriff, dass meine Abgetrenntheit vom Körper jegliches Gespür für die Erde bei mir verhinderte. Wenn ich nicht in meinem Körper bin, kann ich nicht bei der Erde sein. Mein Körper erschien mir als eine Erweiterung der Erde und die Erde als eine Erweiterung meines Körpers. Diese Erkenntnis war verblüffend. Die meiste Zeit meines Lebens hatte ich wichtige Lehren und Erfahrungen von der Erde verpasst, weil ich nicht in meinem Körper war.

Ich wusste, dass die Abkopplung vom Körper bei mir größtenteils auf Systeme von Macht und Unterdrückung zurückzuführen war. Sie sorgten dafür, dass ich nicht in meinem Körper ankam, weil diese Systeme mit solch einer Störung nicht mehr funktionieren würden. Sklaverei und systematischer Rassismus, die beide aus dem Kapitalismus hervorgegangen sind, waren ritualisierte Systeme der Abkopplung vom Körper. Sie wurden meinen Ahn*innen aufgezwungen, werden als transhistorisches Trauma von Generation zu Generation weitergegeben und durch systematische Unterdrückung wie Rassismus aufrechterhalten. Dadurch, dass ich von meinem Körper abgekoppelt blieb, blieb ich auch von der Erkenntnis abgekoppelt, wie Unterdrückung in meinem Körper funktioniert. Außerdem war ich von Möglichkeiten abgeschnitten, wie ich daran arbeiten konnte, mich selbst zu befreien. Einer meiner wichtigsten Befreiungswege war das Vertrauen auf die Erde.

Mit zunehmendem Embodiment vertiefte sich auch meine Befreiungserfahrung. Ich begriff, dass unsere fundamentale Abkopplung vom Körper es fast unmöglich machte, den Schmerz der Erde und den Wandel unseres Klimas zu verstehen. Weil ich zum ersten Mal Aspekte meines Körpers spürte, spürte ich auch, wie die Erde sich in meinem Körper ausdrückt. Ich konnte die energetische Instabilität der Erde unter mir und in mir spüren. Ich konnte die Veränderung in der Welt um mich herum spüren. Ich entdeckte, dass wir die Erde so behandeln, wie wir unseren Körper behandeln. Meinen Körper zu lieben, machte es leichter, die Erde zu lieben und mich um sie zu kümmern. Wenn wir den Klimawandel verlangsamen wollen, müssen wir wieder in unserem Körper ankommen und daran arbeiten, uns durch unseren Körper um die Erde zu kümmern.

Die Erde ist immer unter uns. Die Erde ist immer in uns. Die Erde ist immer um uns. Die Erde hält uns immer, was bedeutet, dass die Erde uns immer liebt, ganz gleich, welche wir sind. Dies ist das schönste und größte Geschenk der Erde, und es ist etwas, das wir anrufen und worauf wir uns verlassen können, wenn wir uns zutiefst einsam oder ungeliebt fühlen. Schon seit es Leben auf diesem Planeten gibt, erbringt die Erde große Opfer für unser tiefes Wohlbefinden und unsere Sicherheit. Diese Liebe wollte ich zurückgeben, indem ich zuerst lernte, besser für meinen Körper zu sorgen, um diese Fürsorge dann in jeder möglichen Art und Weise an die Erde weiterzugeben.

Mein Embodiment und die tiefer werdende Liebe zur Erde haben mich auch enger mit meinen Ahn*innen verbunden. Ich glaube, dass die Liebe, die ich von der Erde erhalten habe, auch ein Ausdruck der Liebe ist, die meine Ahn*innen mir entgegenbringen. Ich glaube, dass Ahn*innen so grundlegend mit dem energetischen Ausdruck der Erde verbunden sind, dass er sich nicht nur in dieser Welt, sondern auch in anderen nichtphysischen Welten zeigt. Die Erdenergie kann etwas sein, das Wesen wie unsere Ahn*innen mit der Welt verbunden hält; und die Erdenergie in unserem Körper kann etwas sein, womit sich die Wesen ebenfalls verbinden. Ich glaube auch, dass Wesen eine karmische Verbindung zur Erde haben können, insbesondere wenn sich ihr Leben um die Erde drehte. Es ist für mich zu einer gängigen Praxis geworden, vor einem Retreat oder einem Vortrag die Wesen zu würdigen und anzurufen, die für den Boden gesorgt haben, auf dem ich praktiziere. Es gibt immer noch Wesen, die mit dem Boden verbunden sind, auf dem wir Tag für Tag leben, und wenn wir stärker in unserem Körper wären, würden wir an sie denken und versuchen, für sie zu sorgen.

Während die Erde für uns sorgt, hilft sie uns zugleich, unsere Verwundung zu tragen. Nur allzu leicht könnten wir denken, dass es der Erde schadet, wenn wir ihr unser Trauma und andere Verwundungen übergeben. Bei der Erdenergie geht es ums Erden, Halten und Verwandeln. Was der Erde schadet, ist unser Missbrauch der Erde durch Schädigung des natürlichen Lebensraums, durch Umweltverschmutzung, durch Ausbeutung der natürlichen Ressourcen und durch unsere Sucht danach, das Paradies zu asphaltieren. Wenn wir aber unser Trauma und unsere Verwundung an sie abgeben, geben wir auch deren Energie ab, und die Erde interpretiert sie einfach als eine Energie, die gehalten und umgewandelt werden sollte. Liebe zur Erde können wir auch durch das Vertrauen darauf zum Ausdruck bringen, dass die Erde das hält, womit wir zu kämpfen haben.

Ich glaube, dass der Buddha all dies erkannt hatte, als er die Erde berührte. Ich glaube, er hat etwas aufgegeben, um von der Erde gehalten zu werden, nämlich das Leiden an seiner Beziehung zum Zweifel. Mit der Berührung befreite er sich von aller Uneindeutigkeit, und im Gegenzug berührte die Erde ihn. Bhumisparsha-Übungen bringen uns sowohl mit unserem Körper als auch mit der Erde in Beziehung. Wenn wir in der Lage sind, die Erde mit unserem Geist zu berühren, kann die Erdenergie auch unser übriges Bewusstsein behutsam nach Hause in den Körper holen.

### Einfache Erdberührungs-Übung

Diese Meditation ist eine achtsamkeitsbasierte Übung. Sie nutzt die Energie der Erde, um ein Gefühl der Stabilisierung zu erzeugen.

#### DIE ÜBUNG

1. Beginne mit der Abfolge zu Beginn einer Praxis.

2. Wenn du sitzt, lenke deine Aufmerksamkeit auf den Boden unter deinem Sitz. Wenn du auf einem Stuhl sitzt, nimm wahr, wie deine Füße den Boden berühren. Wenn du auf einem Kissen sitzt, nimm das Gefühl wahr, dass dein Kissen auf dem Boden liegt. Der Boden ist die Erde. Lass deine Aufmerksamkeit die Erde berühren.

3. Nimm die Energie der Erde wahr. Benenne die Energie. Die Energie der Erde kann sich als Energie der Stabilität, der Festigkeit, der Solidität, der Stetigkeit, der Nachhaltigkeit oder in anderer Weise ausdrücken. Versuche, dich mit der Energie zu verbinden, die dich am stärksten anspricht, und stelle dir vor, dass die Energie in deinen Körper aufsteigt.

4. Stelle dir vor, dass diese Energie deinen Körper ganz erfüllt, und erlaube dir, in dem Gefühl zu ruhen, von dieser Energie gehalten zu werden.

5. Reflektiere darüber, in welcher Weise du eine Erweiterung der Erde bist und in welcher Weise die Erde eine Erweiterung deines Körpers ist.

6. Zum Schluss danke der Erde und deinem Körper.

7. Absolviere die Abfolge zum Abschluss einer Übung.

## Erd- und Atemübung

Diese Meditation ist eine achtsamkeitsbasierte Übung. Sie nutzt den Atem, um dich mit der Energie der Erde zu verbinden und so ein Gefühl der Stabilisierung zu erzeugen.

### DIE ÜBUNG

1. Beginne mit der Abfolge zu Beginn einer Übung.

2. Nun lenke deine Aufmerksamkeit darauf, wie sich dein Körper auf dem Sitz anfühlt. Wenn du stehst, lenke deine Aufmerksamkeit darauf, wie sich deine Füße auf dem Boden anfühlen, oder wenn du liegst, lenke deine Aufmerksamkeit darauf, wie sich dein Körper auf dem Boden anfühlt. Nimm einfach deine Empfindungen wahr, auch das Gewicht deines Körpers und den Sitz oder den Boden unter dir. Wenn du sitzt, lenke deine Aufmerksamkeit auf den Boden unter deinem Sitz. Wenn du auf einem Stuhl sitzt, nimm wahr, wie deine Füße den Boden berühren. Wenn du auf einem Kissen sitzt, nimm das Gefühl wahr, dass dein Kissen auf dem Boden liegt. Der Boden ist die Erde. Lasse deine Aufmerksamkeit die Erde berühren.

3. Lenke deine Aufmerksamkeit auf deinen Atem. Nimm sowohl das Einatmen als auch das Ausatmen wahr. Lasse dir Zeit und beginne, deine Atmung zu verlangsamen, verlängere dabei Einatmung und Ausatmung so weit wie nur möglich. Entspanne dich.

4. Nun stelle dir vor, dass du beim Einatmen tief in den Körper hinein atmest, bis ganz hinunter durch deinen Sitz oder deine Füße hindurch, als ob dein Atem die Erde berühren würde. Versuche, ein paar Mal so zu atmen. Wenn du so weit bist, stelle dir vor, dass die Einatmung, wenn sie bis hinunter an die Erde rührt, die Erdenergie nach oben zieht; und wenn du ausatmest, trägt der Atem diese Energie durch deinen Körper nach oben und sogar aus dem Körper heraus. Wiederhole diese Atmung so oft du möchtest.

5. Wenn du so weit bist, dass du die Übung beenden möchtest, dann danke sowohl der Erde als auch deinem Körper.

6. Nimm die Energie der Erde wahr. Benenne die Energie. Die Energie der Erde kann sich als die Energie der Stabilität, der Festigkeit, der Solidität, der Stetigkeit, der Nachhaltigkeit oder in anderer Weise ausdrücken. Versuche, dich mit der Energie zu verbinden, die dich am stärksten anspricht, und stelle dir vor, dass die Energie in deinen Körper aufsteigt.

7. Stelle dir vor, dass diese Energie deinen Körper ganz erfüllt und erlaube dir, in dem Gefühl zu ruhen, von dieser Energie gehalten zu werden.

8. Reflektiere darüber, in welcher Weise du eine Erweiterung der Erde bist und in welcher Weise die Erde eine Erweiterung deines Körpers ist.

9. Absolviere die Abfolge zum Abschluss einer Übung.

## Übung der Dankbarkeit für die Erde

Diese Meditation ist eine achtsamkeitsbasierte Übung. Sie nutzt die Energie der Erde und die Energie der Dankbarkeit, um ein Gefühl der Offenheit und Verbundenheit zur Erde zu erzeugen.

### DIE ÜBUNG

1. Beginne mit der Abfolge zu Beginn einer Übung.

2. Nun lenke deine Aufmerksamkeit darauf, wie sich dein Körper auf dem Sitz anfühlt. Wenn du stehst, lenke deine Aufmerksamkeit darauf, wie sich deine Füße auf dem Boden anfühlen, oder wenn du liegst, lenke deine Aufmerksamkeit darauf, wie sich dein Körper auf dem Boden anfühlt. Nimm einfach deine Empfindungen wahr, auch das Gewicht deines Körpers und den Sitz oder den Boden unter dir. Wenn du sitzt, lenke deine Aufmerksamkeit auf den Boden unter deinem Sitz. Wenn du auf einem Stuhl sitzt, nimm wahr, wie deine Füße den Boden berühren. Wenn du auf einem Kissen sitzt, nimm das Gefühl wahr, dass dein Kissen auf dem Boden liegt. Der Boden ist die Erde. Lasse deine Aufmerksamkeit die Erde berühren.

3. Nimm die Energie der Erde wahr. Benenne die Energie. Die Energie der Erde kann sich als die Energie der Stabilität, der Festigkeit, der Solidität, der Stetigkeit, der Nachhaltigkeit oder in anderer Weise ausdrücken. Versuche, dich mit der Energie

zu verbinden, die dich am stärksten anspricht, und stelle dir vor, dass die Energie in deinen Körper aufsteigt.

4. Stelle dir vor, dass diese Energie deinen Körper ganz erfüllt und erlaube dir, in dem Gefühl zu ruhen, von dieser Energie gehalten zu werden.

5. Reflektiere darüber, in welcher Weise du eine Erweiterung der Erde bist und in welcher Weise die Erde eine Erweiterung deines Körpers ist.

6. Reflektiere auch darüber, in welcher Weise die Erde Liebe zu dir zum Ausdruck bringt, wenn sie dich hält. Entwickle Dankbarkeit für die Erde. Stelle dir vor, dass die Energie der Dankbarkeit sich in Form warmer Energie in deinem Herzzentrum sammelt. Wenn du so viel Energie erzeugt hast, wie du kannst, dann stelle dir vor, dass diese Energie durch deinen Körper herunterregnet, durch deinen Sitz oder deine Füße hindurch und aus deinem Körper heraus in die Erde, und dass sie so die Erde mit deiner Dankbarkeit segnet.

7. Absolviere die Abfolge zum Abschluss einer Übung.

## DIE ÜBUNG

1. Beginne mit der Abfolge zu Beginn einer Praxis.

2. Lasse zu, dass du dich entspannst und ruhig wirst. Unter deinem Sitz liegt der Boden. Nimm das Gefühl des Bodens wahr. Die Erde hält deinen Körper und den Sitz. Wie fühlt es sich für dich an, von der Erde gehalten zu werden? Vertraust du darauf, dass die Erde dich in diesem Moment wirklich halten kann? Entspannst du dich vollkommen? Kannst du dich behutsam in das Gefühl hineinbegeben, dass du von der Erde gehalten wirst?

3. Lasse deine Aufmerksamkeit hinabgleiten bis unter deinen Sitz, etwa einen halben Meter in die Erde hinein.

4. Lasse zu, dass deine Aufmerksamkeit dort in der Erde ankommt.

5. Nun lasse deine Aufmerksamkeit einen weiteren halben Meter in die Erde hineingleiten.

6. Nun lasse deine Aufmerksamkeit noch einmal einen halben Meter tiefer in die Erde hineinsinken.

7. Nun hole deine Aufmerksamkeit wieder einen halben Meter nach oben.

8. Hole deine Aufmerksamkeit einen weiteren halben Meter nach oben.

9. Wenn du deine Aufmerksamkeit den letzten halben Meter nach oben holst, stelle dir vor, dass du mit deiner Aufmerksamkeit auch die Energie der Erde nach oben ziehst. Sie vermittelt das Gefühl einer festen Basis, von Stabilität und Ruhe. Wie auch immer du die Energie der Erde empfindest und in welcher Form sie dich anspricht, ziehe sie mit deiner Aufmerksamkeit nach oben und lasse sie am Grund deiner Wirbelsäule ruhen. Dann beginne langsam, diese Energie in der Wirbelsäule nach oben zu ziehen, Wirbel für Wirbel, Stück für Stück, und spüre, wie dieses Erdgefühl, diese Erdenergie langsam in der Wirbelsäule aufsteigt. Und wenn du diese Energie in deinen Nacken hinaufbewegst, bis an die Basis deines Gehirns, stelle dir vor, dass du einfach zulässt, dass diese Energie deinen Schädel ganz ausfüllt. Und lasse einfach zu, dass du dich entspannst.

10. Absolviere die Abfolge zum Abschluss einer Übung.

## Wut-Übungen

Wut ist einer der komplexesten Gefühlszustände, die wir erleben, und auch einer der destruktivsten. Meditation als Strategie für die Arbeit mit Wut hilft uns, die oft erdrückende Erfahrung von Wut zu zerstreuen, und fördert ein Gefühl von Freiraum. Wut entsteht, wenn es in unserem psychischen Erleben eng wird und wir uns verkrampfen. Wenn wir keinen psychischen Freiraum haben, ist es sehr schwierig, so zu handeln, dass Gewalt begrenzt wird. Die folgenden Übungen helfen, uns damit vertraut zu machen, dass wir unsere Wut spüren, oft zum ersten Mal.

### REFLEKTIONSÜBUNG

1. Beginne mit der Abfolge zu Beginn einer Übung.

2. Hast du mit Wut zu kämpfen? Was ist der schwierigste Aspekt bei der Arbeit mit der Wut? Wie hast du Menschen mit deiner Wut verletzt? Wie hast du dich selbst verletzt? Während du nachdenkst, beginne wahrzunehmen, wie die Energie der Wut in deiner Erfahrung ausgelöst wird. Nimm es einfach wahr.

3. Nun lenke deine Aufmerksamkeit auf das Gewicht deines Körpers und spüre, wie du von dem Stuhl oder Kissen gehalten wirst, falls du sitzt. Falls du liegst, spüre den Boden unter deinem Körper. Falls du stehst, spüre den Boden unter deinen Füßen.

4. Absolviere die Abfolge zum Abschluss einer Übung.

## Bin ich wirklich wütend?

Der Satz »ich bin wütend« ist sehr erdrückend und bietet kein Potenzial für Wachstum, Bewegung oder Freiheit. Wenn du sagst: »Ich bin wütend«, bedeutet dies, dass du Wut *bist*. Du bist nicht Wut; du erlebst Wut, so wie du auch Traurigkeit und Glück erlebst. Um frei zu sein, brauchst du Raum um deine Wut und alle deine Gefühle herum. Anstatt also zu sagen: »Ich bin wütend«, kannst du sagen: »Ich erlebe Wut.« Wenn du ein Erleben erkennst, lässt du Raum, weil du weißt, dass dein Erleben grundsätzlich nicht das ist, was du bist.

Die folgende Reflektionsübung kann dir bei dieser Vorstellung helfen.

## DIE ÜBUNG

1. Beginne mit der Abfolge zu Beginn einer Übung.

2. Sage dir: »Ich bin wütend.« Denke darüber nach, wie es für dich ist, wütend zu sein. Nach ein paar Minuten, oder wenn du so weit bist, entspanne dich und lasse die Gedanken los.

3. Als Nächstes sage dir: »Ich erlebe Wut.« Reflektiere über deine Erfahrung, Wut zu empfinden. Wie fühlt sich dies im Vergleich zum Wütendsein an? Nach ein paar Minuten, oder wenn du so weit bist, entspanne dich und lasse das Nachsinnen los.

4. Schließlich sage dir: »Es gibt ein Erleben von Wut.« Denke darüber nach, dass es irgendwo ein Erleben von Wut gibt. Nach ein paar Minuten, oder wenn du so weit bist, entspanne dich und lasse die Kontemplation los.

5. Absolviere die Abfolge zum Abschluss einer Übung.

## Wut im Kopf

Bei der weiteren Arbeit mit der Wut merken wir, dass Wut sowohl eine psychische als auch eine körperliche Erfahrung ist. Beschäftigen wir uns mit der psychischen Erfahrung der Wut.

### DIE ÜBUNG

1. Beginne mit der Abfolge zu Beginn einer Übung.
2. Wenn du nicht bereits wütend bist, denke an einen Zeitpunkt, als du wütend warst. Achte darauf, was in deinem Kopf vorgeht.
3. Welche Art von Gedanken hast du? Gibt es Narrative, in denen du anderen Personen die Schuld dafür gibst, dass dir Unrecht getan wurde oder du verletzt wurdest?
4. Empfindest du Frust? Fühlst du dich hilflos?
5. Fühlst du dich mächtig?
6. Empfindest du Weite in deinem Denken oder eher Enge und Verkrampfung?
7. Ist dies eine angenehme Erfahrung?
8. Erlaube dir, dich zu entspannen.
9. Absolviere die Abfolge zum Abschluss einer Übung.

### Wut im Körper

Beschäftigen wir uns mit der Wut im Körper.

**DIE ÜBUNG**

1. Beginne mit der Abfolge zu Beginn einer Übung.
2. Wenn du nicht bereits wütend bist, denke auch jetzt wieder an eine Wuterfahrung.
3. Während du daran denkst, wo bist du in deinem Körper? Wo spürst du eine Empfindung?
4. Konzentriere dich auf die Empfindung, und nicht auf die Gedanken, die um die Empfindung kreisen. Wie fühlt sich die Empfindung an?
5. Wo im Körper ist die Empfindung am stärksten?
6. Kannst du dich bei dieser Empfindung entspannen? Kannst du ihr Raum geben, sodass sie da sein kann, statt sie wegzudrücken?
7. Kannst du sie einfach erleben, anstatt darüber nachzudenken?
8. Absolviere die Abfolge zum Abschluss einer Übung.

### Dem Schmerz Raum geben

Üben wir, verschiedenen Aspekten der Wut Raum zu geben.

## DIE ÜBUNG

1. Beginne mit der Abfolge zu Beginn einer Übung.
2. Denke wieder an eine Situation der Wut, falls du nicht bereits wütend bist. Achte sowohl auf das psychische als auch auf das körperliche Erleben von Wut.
3. Häufig überdeckt Wut eine Erfahrung, verletzt oder verwundet worden zu sein. Erkunde die Gedanken, die um deine Wut kreisen, und achte auf das Narrativ, warum du wütend bist.
4. Vielleicht stellst du fest, dass deine Wut dadurch ausgelöst wird, dass du verletzt oder enttäuscht wirst. Dies ist eine wichtige Erfahrung. Lasse dich durch die Wut hindurch in den Schmerz sinken. Achte dabei gut auf dich. Versuche, dich zu entspannen, während du dich dem Schmerz stärker öffnest, und lasse dein Gewahrsein um den Schmerz herum weit werden.
5. Lasse zu, dass dein Gewahrsein die Erfahrung des Schmerzes so lange wie möglich hält. Lasse dich nicht von Gedanken ablenken. Kehre immer wieder zum Gewahrsein des Schmerzes zurück. Dies heißt Raum geben.
6. Absolviere die Abfolge zum Abschluss einer Übung.

### Die Energie der Wut wahrnehmen

Nachdem wir uns nun damit beschäftigt haben, die Wut in Körper und Psyche wahrzunehmen, wollen wir unsere Aufmerksamkeit auf die Energie der Wut selbst lenken. Dies ist eine komplexe Übung, denn sie erfordert, dass wir nur die Energie der Wut wahrnehmen, nicht die Empfindungen und noch nicht einmal den Schmerz. Wir versuchen, die Kraft oder Macht wahrzunehmen, die wir in der Wut spüren, und zu merken, wie wir die Bedürfnisse des Egos in dieser Energie in den Mittelpunkt stellen. Weil das Ego sich zu schützen versucht, schaden wir uns selbst und anderen Menschen, wenn wir diese Energie zum Ausdruck bringen.

#### DIE ÜBUNG

1. Beginne mit der Abfolge zu Beginn einer Übung.

2. Denke wieder an eine Situation der Wut, falls du nicht bereits wütend bist. Achte sowohl auf das psychische als auch auf das körperliche Erleben von Wut.

3. Achte auf deine Neigung, dir zu sagen, dass du wütend bist. In den vorangegangenen Meditationen haben wir ja entdeckt, dass Wut eine Erfahrung ist, die sich verändert und Psyche und Körper durchzieht.

4. Sage dir: »Ich erlebe Wut. Ich bin nicht wütend.« Lasse zu, dass diese Aussage eine Offenheit auslöst.

5. Nimm in dieser Offenheit das Gefühl eines Egos oder Ichs wahr, das die Wut erlebt. Wende deine Aufmerksamkeit von dem erlebenden Ich ab und der Erfahrung der Wut zu. Nimm insbesondere die Kraft der Wut wahr. Nimm wahr, wie sie zieht und drängt. Gib ihr Raum und erkunde einfach weiter die energetische Kraft der Wut.

6. Achte auf deine Tendenz, dieser Energie ein Narrativ hinzuzufügen, und nimm wahr, wie dieses Narrativ dich zwingt, die Energie in die Unterstützung dieses Narrativs zu leiten. Halte dies so lange wie möglich aus.

7. Absolviere die Abfolge zum Abschluss einer Übung.

### Atemübung bei Wut

Bei dieser Übung nutzen wir den Atem, um die Menge der Wut-Energie in unserem Erleben zu verringern.

#### DIE ÜBUNG

1. Beginne mit der Abfolge zu Beginn einer Übung.

2. Stelle dir folgende Frage: Wo entsteht für mich in diesem Moment die Energie der Wut? Entwickle die Absicht, deinen Körper abzusuchen, und nimm mit ihrer Hilfe wahr, wo du diese Energie hältst. Wenn dir dieses Absuchen schwerfällt, dann denke einfach an etwas, das bei dir Wut auslöst, und begib dich genau dorthin, wo sie in deinem Körper auftaucht. Noch einmal: Sei freundlich zu dir. Stürze dich nicht auf die heftigsten Formen dieser Energie in deinem Körper, sondern bleibe bei dem, was du jetzt bewältigen kannst. Nimm es einfach behutsam wahr.

3. Lege eine Hand auf die Stelle deines Körpers, wo du diese Energie spürst, um deine Aufmerksamkeit dort zu verankern. Lasse deine Hand sanft dort liegen.

4. Nun richte deine Aufmerksamkeit auf den Atem. Nimm einfach den Atemzyklus wahr, das Einatmen, das Ausatmen, ein und aus. Spüre die Körperempfindungen beim Atmen und die leicht unterschiedlichen Empfindungen des ein- und ausströmenden Atems.

5. Und nun lenke deine Aufmerksamkeit auf die Körperstelle, die du als den Ort der Wut ausgemacht hast. Stelle dir vor, dass du beim Einatmen in diese Körperstelle hineinatmest. Und wenn du in diese Körperstelle hineinatmest, stelle dir vor, dass diese Körperstelle sich entspannt und sich um die Empfindung, das Erleben der Wut herum weitet. Atme einfach in diese Körperstelle hinein, nimm wahr, wie sie sich weitet, und atme erst einmal einfach wieder aus. Einatmen, weitwerden, ausatmen. Nimm wahr, wie eng und angespannt wir werden. Erlaube dir, dich zu entspannen. Und wenn es zu überwältigend wird, lenke deine Aufmerksamkeit wieder auf den Sitz. Lenke deine Aufmerksamkeit wieder auf den Boden. Und stelle dir nun beim Ausatmen vor, dass du diese Wut mit dem Ausatmen entlässt. Du atmest ein, weitest dich, atmest aus und entlässt dabei diese Energie, schickst sie aus dem Körper hinaus. Einatmen, entspannen, öffnen, ausatmen, hinausschicken, die Wut hinausschicken. Erlaube um die Wut herum so viel Raum wie möglich.

6. Während du in diese Körperstelle hineinatmest, sage dir: »Ich bin nicht diese Wut.« Beim Ausatmen sage dir: »Dies ist nur eine Erfahrung.« Atme ein: »Ich bin nicht diese Wut.« Atme aus: »Dies ist nur eine Erfahrung.«

7. Lenke deine Aufmerksamkeit wieder hinunter zum Sitz und zum Gewicht des Körpers. Was immer du an Anspannung und Enge verspürst, stelle dir vor, dass es sich in weißes Licht auflöst und lasse zu, dass dieses Licht durch den Körper hindurch in die Erde fällt und du damit dieses Unbehagen abgibst. Übergib

es an die Erde, und vertraue darauf, dass die Erde es halten kann.

8. Absolviere die Abfolge zum Abschluss einer Übung.

## Übung zum Opfern der Wut

Dies ist eine Übung, die in gewisser Weise alle anderen Übungen miteinander verbindet. Zweck der Übung ist es, dass wir verstehen lernen, wie wir unsere Wut loslassen können, damit wir schließlich daran arbeiten können, uns mit unserem Schmerz hinter der Wut zu verbinden. Diese Übung ist länger und ein wenig formeller, deshalb solltest du dir etwa dreißig bis sechzig Minuten Zeit dafür nehmen.

### DIE ÜBUNG

1. Beginne mit der Abfolge zu Beginn einer Übung.

2. Nun wähle eine Erdberührungs-Übung und absolviere sie, um dich zu erden.

3. Sobald du dich geerdet fühlst, mache ein paar Minuten lang die Erd- und Atemübung, bis du dich ruhiger und entspannter fühlst.

4. Beginne mit der Übung der Sieben Aspekte des Heimkehrens und beende sie mit dem starken Gefühl, dass dein Kreis des Heimkehrens dich umgibt. Versuche, ganz deutlich zu spüren, dass deine Führungspersonen, Gemeinschaften und Communities sowie Ahn*innen und Herkünfte dich halten, während die Erde dich trägt, Stille dich umhüllt und deine Weisheitstexte dich inspirieren.

5. Stelle dir vor, dass dein Kreis ein Gefühl tiefer Fürsorge für dich ausstrahlt. Spüre diese Fürsorge-Energie als Wärme, die das Innere des Kreises um dich herum auszufüllen beginnt. Diese Wärme fühlt sich an wie eine warme Decke, die sich an enem kalten Tag um dich legt. Spüre, wie die Wärme die Haut an deinem ganzen Körper berührt. Entspanne dich.

6. Richte deine Aufmerksamkeit nach innen und nimm deinen Körper und deine Gefühlswelt wahr. Mache die Übung, mit der du feststellen kannst, wo deine Wut sitzt und wie du sie am besten erleben kannst. Vielleicht spürst du sie psychisch in Form eines Gefühls oder als körperliche Empfindung.

7. Lenke deine Aufmerksamkeit wieder nach außen auf die Fürsorge um dich herum. Stelle dir vor, dass die warme Energie der Fürsorge langsam in deinen Körper dringt, durch die Haut in Muskeln, Knochen, Organe, Fett und Gewebe. Stelle dir vor, dass diese Wärme überall in deinem Körper zirkuliert.

8. Stelle dir vor, dass diese Wärme nun an die Stelle geleitet wird, wo du die Wut erlebst, entweder in deiner Gefühlswelt, im

Körper oder in beidem. Stelle dir vor, dass diese Wärme sich um dein Wuterleben legt. Entspanne dich.

9. Stelle dir vor, dass du beginnst, diese Wut abzugeben – aus deinem Körper heraus in den Raum um dich herum, der immer noch von deinem Kreis der Fürsorge umrahmt wird. Du kannst dir vorstellen, dass die Fürsorge-Energie diese Wut aus dir heraus in den Kreis zieht, wo sie vom Kreis gehalten und umsorgt wird. Übe dich darin, diese Wut abzugeben, lasse sie von deinem Kreis des Heimkehrens halten, und entspanne dich. Tue dies, so lange wie du kannst, oder bis du das Gefühl hast, dass du abgelenkt oder müde wirst.

10. Absolviere die Abfolge zum Abschluss einer Übung.

# 5

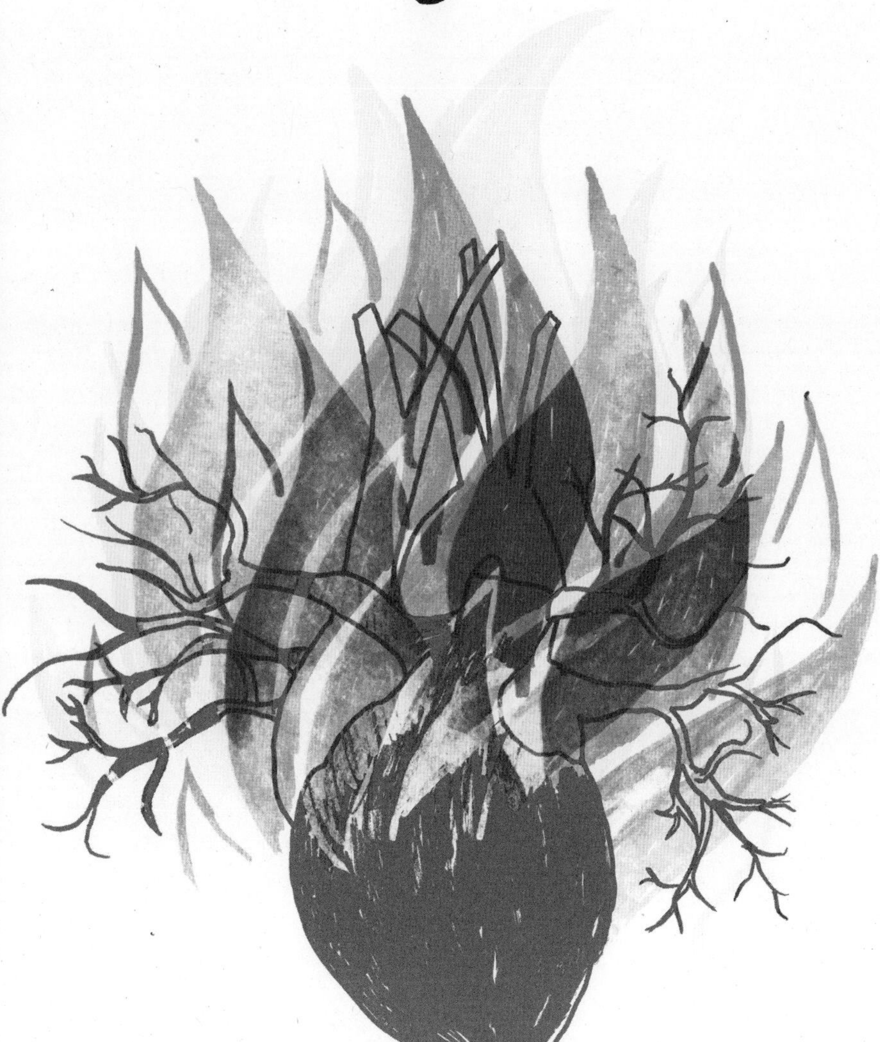

# EMBODIMENT

I shall not be moved. Just like a tree that's planted by the water,
I shall not be moved.
(Nichts kann mir etwas anhaben. Genau wie ein Baum, der am Wasser gepflanzt ist, kann mir nichts etwas anhaben.)
*Spiritual versklavter Schwarzer Menschen und Protestsong der Bürg*erinnenrechtsbewegung*[3]

3 Das Spiritual und auch seine säkulare Variante als Protestsong nehmen Bezug auf Jeremiah 17, 7–8 und Psalm 1, 3. (Anm. d. Ü.)

*Lieb* Tony,*

*ich wollte dir diesen Brief schreiben, weil dies die einzige Möglichkeit ist, über die Annäherung an meinen Körper zu sprechen. Wenn ich darüber sprechen soll, was mein Körper bedeutet hat, dann muss ich es zu dir sagen, denn du warst die letzte Person, die mir etwas Wertvolles über meinen Körper gespiegelt hat. Und ich brauche einen Menschen, dem ich dieses Kapitel schreiben kann, damit es freundlich und warmherzig aufgenommen wird und alles Hässliche wie auch alles Schöne zum Vorschein kommen darf.*

*Ich erinnere mich an die Nacht, als du mich im Arm gehalten hast, und etwas an dem Abend oder an der Wärme deines Körpers mir die Erlaubnis gab zu sagen, wie sehr ich fand, dass ich deine Arme um mich herum nicht verdient hätte. Ich sagte, ich könne nicht verstehen, wie du dich zu mir hingezogen fühlen konntest. Wie ich dir anvertraute, wie oft es mir nicht gelungen war, meinen Körper zu lieben, und wie oft er im Gegenzug mich nicht geliebt hat. Ich nahm an, du könntest meine inneren Kämpfe nicht im Entferntesten nachempfinden, bis du mich ansahst und sagtest, dass du jetzt hier bei mir seist und es keinen anderen Ort gäbe, wo du lieber wärst. Und dann, wie du von den vielen Jahren sprachst, in denen du nicht in den Spiegel schauen konntest, und von eben denselben Jahren der Einsamkeit, in denen du geglaubt hast, du hättest es nicht verdient, berührt oder ebenso liebevoll gehalten zu werden, wie du mich gerade hieltest. Dein Eingeständnis war der Moment, seit dem ich mich nicht mehr so allein fühle.*

*Ich öffnete mich weiter und erzählte dir, wie sehr ich dich bewunderte, und wie sehr mich dies zugleich erschreckte. Du hattest eine andere Beziehung zu deinem Körper erlangt. Du sagtest mir, das Ganze sei ein Missverständnis, und auch du hättest immer noch mit deinem Körper zu kämpfen. Ich habe es nicht geglaubt, aber du hast mich in diesem Augenblick geliebt und meiner Verwundbarkeit Raum gegeben. In deinen Augen konnte ich viele Nächte mit anderen Geliebten sehen, in denen auch du damit zu kämpfen hattest, dir über deine Gedanken und Gefühle klar zu werden, die dir immer wieder zeigen, auf wie viele Weisen du der Zuwendung, die du bekamst, nicht trauen konntest, weil du dich nicht darauf verlassen konntest, dass dein Körper sie annehmen würde. Deine Augen sagten mir, dass du das kanntest und dass du immer noch in dieses Fahrwasser gerietest, wenn die Zweifel zu groß wurden.*

*Was ich jetzt sagen muss, ist all das, was ausgesprochen werden muss, bevor ich zu dem kommen kann, was ich eigentlich sagen will. Ich muss sagen, dass ich ein dicker Schwarzer Cis-Mann bin, der stramm auf die Lebensmitte zusteuert, auch wenn ich das selbst kaum glauben mag. Ich bin nicht mehr jung. Und du auch nicht.*

*Mein Körper erzählt, genau wie deiner, eine bestimmte Geschichte. Er hat sein eigenes Narrativ. Er spricht in einer klaren, direkten und einfachen Sprache, nämlich in Empfindungen. Mein Körper lügt nicht, genauso wenig wie deiner und wie jeder andere Körper. Obwohl er nicht lügt, wurde mir irgendwie beigebracht, ihm zu misstrauen. Meine Unterdrückung und das darauffolgende Trauma sind in diesem grundlegenden Misstrauen verwurzelt.*

*Und wegen dieser Erfahrung des Misstrauens bin ich sauer. Wütend. Die Wut lebt in meinem Körper wie ein Gespenst, das in einem Haus herumspukt. Um meine Wut zu verstehen, muss ich lernen, meinen Körper zu verstehen, wieder in ihm anzukommen und das Gespenst zu bitten, ihn zu verlassen.*

## Was ist Embodiment?

In meiner Praxis hat Embodiment zwei entscheidende Komponenten. Die erste ist die Übung, mir meines Körpers in der Form bewusst zu sein, wie er in diesem Moment und Kontext ist. Embodiment ist das Heimkehren in den Körper, was auch bedeutet, dass mein Bewusstsein wieder in meinem Körper wohnt. Doch sowie mein Bewusstsein in meinen Körper zurückkehrt, muss ich die nächste Arbeit leisten und meinen Körper als Erfahrung betrachten. Wenn ich mein Embodiment als Erfahrung betrachten kann, kann ich eine viel größere Fluidität und Klarheit leben. Dies macht es mir wesentlich leichter, mich für den Freiraum zu öffnen, der mir die Freiheit gibt, nicht ständig auf alles zu reagieren.

Diese Art des Embodiments ist wichtig, denn nichts Bruchstückhaftes kann je befreit werden. Das Trauma der systematischen Realität mit ihren Illusionen, ihrem Leiden und ihrer Instabilität hat unseren Geist und unseren Körper voneinander abgekoppelt. Der Körper wird die Geschichte unserer Verwundung immer in einer Sprache erzählen, die so direkt und einfach ist, dass es kaum zu ertragen sein kann. Um sich zu schützen, zieht sich der Verstand zurück und isoliert sich vom Körper. Das radikalste Projekt, auf das wir uns in unserem Leben je einlassen können, ist das Projekt des Embodiment. Das ist der radikalste Akt, denn ohne die Vereinigung von Körper und Geist gibt es keine Befreiung.

In diesem Zusammenhang denke ich an die Geschichte vom Erwachen des Buddha. Der Buddha wurde als Prinz geboren und führte ein Luxusleben. Als ihm zu dämmern begann, dass es viel mehr gibt als Vergnügen und Leichtigkeit, gab er dieses Leben auf. Er wollte vollkommen frei werden von der Dualität von Vergnügen und Verdruss. Nachdem er bei einigen Lehrpersonen studiert hatte, entschied er sich für die Meditation und gelobte, damit erst wieder aufzuhören, wenn er vollständig erwacht wäre. Nach einigen Jahren legte er eine Pause ein und entdeckte, dass sein Geist zwar recht stark, sein Körper aber völlig ausgezehrt und geschwächt war. Er spürte, dass er erst dann zu tieferen Ebenen meditativer Versenkung vordringen könnte, wenn er sich um seinen Körper kümmerte. Es gelang ihm, ein wenig Nahrung zu sich zu nehmen, und er begann, neben dem Gewahrsein von Phänomenen des Geistes auch das Gewahrsein seines Körpers zu üben. Dieser Akt war ein Ausdruck von Yoga oder Vereinigung. Die entsprechenden Übungen gab es schon eine Weile vor dem Buddha, aber er hat diese Vereinigung schließlich auf seine eigene Weise für sich verwirklicht. Ich glaube, dies war seine erste tiefgreifende Lehre: dass wir auf unsere eigene Weise und in aller Ruhe in die Wahrheit hineinfinden müssen.

Im Körper zu sein, bedeutet, unsere Freude und auch unseren Schmerz zu kennen. Es bietet uns die Möglichkeit, zu der Wahrheit darüber zurückzufinden, wie wir sind, und wie diese Wahrheit für viele von uns eingeengt wurde. Embodiment ist keine spaßige Sache für mich. Ich komme dabei in meine Trauer darüber, was mein Geist und mein Körper ertragen mussten, und ich sage bewusst Dank für die Vereinigung, zu der ich aufgerufen bin. Die Vereinigung von Körper und Geist durch Embodiment ist noch nicht die Befreiung; aber wenn diese Vereinigung uns wieder unsere Ganzheit ins Bewusstsein ruft, können wir uns mit unserem vollständigen Selbst an die Arbeit machen, frei zu werden. Es gibt keine Freiheit durch Fragmentierung, auch wenn sehr viele von uns dies versucht haben. Am Ende aber sind wir erschöpft, denn ganz gleich, wie sehr wir uns bemühen, es ist schwer, jeweils immer nur einen Teil von uns in die Freiheit zu schleppen.

Meine gelebte Erfahrung von Embodiment ist folgende: Wenn ich mich bewege, bin ich mit meinem Körper zusammen. Wenn ich esse, esse ich mit meinem Körper. Wenn ich sitze, sitze ich mit meinem Körper. Wenn ich Liebe mache, bin ich mit meinem Körper im Prozess des Liebemachens. Und wenn ich sterbe, bin ich mit meinem Körper beim Sterben und Loslassen, um mich in eine neue Embodiment-Erfahrung zu begeben. All das sind Ausdrucksformen der Liebe zu meinem Körper und zu dem, was mein Körper tut. Letztendlich bedeutet Embodiment, alles lieben zu lernen, auch das, was nicht liebenswert ist.

## Wie vielen Körpern können wir dienen?

Es gibt mehrere Arten von »Körpern«, zu denen wir heimkehren können und mit denen wir arbeiten müssen, wenn wir frei werden wollen. Eine Sache, die ich meiner Praxis erkannt habe, ist, dass all unsere verschiedenen Körper miteinander verbunden sind. Der physische Körper ist für uns der zentrale Erfahrungskörper, denn er ist der Körper, der sich offenbar in derselben Zeit und am selben Ort befindet wie wir. Alle anderen Körper sind mit unserem physischen Körper verbunden, und wir können mit unserem physischen Körper daran arbeiten, uns mit unseren anderen Körpern zu verbinden und auch in ihnen verkörpert zu sein. Die Körper, die ich in meiner Praxis ausmache und mit denen ich arbeite, sind der physische Körper, der Emotionalkörper, der Energiekörper, der sexuelle Körper, der spirituelle Körper, der kollektive Körper, der Social-Media-Körper und der Egokörper.

## Wut und der Körper

Als ich immer mehr in meine Praxis hineinwuchs, erkannte ich, dass Abkopplung vom Körper die Hauptstrategie zum Aufrechterhalten von Unterdrückung ist. Wenn eine Person so konditioniert wird, dass sie von ihrem Körper abgetrennt oder abgekoppelt ist, dann bewegt sich diese Person ohne jedes Gespür dafür durch die Welt, wie ihre Körper auf die Bedingungen in ihrem Umfeld reagieren, indem sie körperliche Empfindungen erzeugen, die unser Geist als Gefühl bezeichnen kann. Da wir von unserem Körper abgekoppelt sind, wird es schwierig zu wissen, was wir fühlen und warum. Eine Folge davon ist, dass wir unter Umständen aus unerkannten Gefühlen heraus handeln.

Zunächst war meine Wut unerkannt, ungefühlt und daher nicht körperlich spürbar. Ich stolzierte durchs Leben, als ob ich die Wut besiegt hätte. Ich wollte nicht der zornige Schwarze Mann sein. Deshalb war ich der nette Schwarze Kerl. Ich war der Schwarze Freund von allen. Ich hatte keinerlei Bedürfnis, der zornige Schwarze Mann zu sein. Diese Rolle war übertrieben und ausgereizt. Ich wollte gemocht werden.

Ich bin ein Schwarzer Mann. Wie viele Menschen habe auch ich ein diverses und komplexes Spiel von Identitäten. Ich verstehe Identitäten als Geschichten, die wir erfinden, um zu beschreiben, welche und was wir sind. Die Identitäten, die mich am meisten geprägt haben, sind, dass ich Schwarz bin, cisgender, queer, gemischter sozioökonomischer Herkunft und dick. Als Schwarze Person in diesen Vereinigten Staaten wurde mir nie beigebracht, meine Wut auf konstruktive Weise zu nutzen. Vielmehr habe ich gelernt, dass ich wegen meiner Wut umgebracht werden kann. Meine Wut ist die größte Bedrohung für mein Leben.

Außerdem bin ich wütend, dass meine Wut nicht ernst genommen wird. Mir wurde nie beigebracht, dass ich ein Recht auf meine Wut habe, genauso wie mir auch nie beigebracht wurde, dass ich ein Recht auf meinen Körper habe. Wenn Gefühle als Empfindungen aus dem Körper heraus entstehen und ich nicht im Körper bin, wie mache ich mir dann diese Wut zu eigen und betrachte sie als meine? Wie nehme ich sie an und kümmere mich um sie, wenn ich nicht zu Hause bin, wenn sie an die Tür klopft?

Meine unhinterfragte Wut und mein Zorn als cisgender Mann sind der Eckpfeiler, der die Gewalt des Patriarchats aufrechterhält. Wenn ich nicht in meinem Körper bin, bin ich mir meiner Wut nicht bewusst; und wenn ich nicht bewusst bin, ist es wahrscheinlich, dass ich meine Wut gegen dich zu richten beginne. Noch dazu kann es sein, dass ich mich unbewusst auf meine eigenen unerfüllten Bedürfnisse einschwinge und andere um mich herum dafür verantwortlich mache, dass diese Bedürfnisse unerfüllt bleiben. Doch im Sinne des Patriarchats werden Männer darauf konditioniert, dass sie dominant sein müssen und dass sie das Recht haben, alles für sich zu beanspruchen, Raum einzunehmen, im Mittelpunkt der Aufmerksamkeit zu stehen und, im Grunde, normal zu sein. Dabei wird uns allerdings nicht gesagt, dass wir uns unsere Körper durch eine intime Kenntnis unseres Körpers und seiner Empfindungen zu eigen machen sollen. Uns diese Empfindungen zu eigen zu machen und auf sie zu hören, würde uns ein genaueres Bild davon vermitteln, was um uns herum los ist. In der patriarchalen Konditionierung wird diese Art des Bescheidwissens über unseren Körper und unser Erleben jedoch als feminin oder schwach abgestempelt.

Meine Wut hängt auch mit einem Gefühl der Dominanz zusammen. Das Ego, diese Sammlung von Empfindungen und Erfahrungen, die wir als autonom existierendes Selbst bezeichnen, hat sowohl mit Dominanz als auch mit Unterwerfung zu tun. Es hat mit Dominanz zu tun, weil sich das Ego unter anderem dadurch aufrechterhält, dass es Dinge um sich herum kontrolliert. Es muss Dinge unterwerfen und stabilisieren, um sich selbst zu stabilisieren. Instabilität, Fluktuation, Mehrdeutigkeit und Indirektheit sind das Gegenteil von Ego-Erhaltung. Dies lässt sich auch so verstehen, dass das Ego einen soliden Boden braucht, um einen festen Stand zu haben.

## Der Ego-Körper

Wenn ich über Liebe lehre, spreche ich darüber, uns selbst zu lieben, einschließlich des Egos. Ich definiere »Ego« als eine Sammlung von Überzeugungen, Wahrnehmungen, Gedanken und Gefühlen, die im Verbund miteinander auftreten und dadurch die Erfahrung eines aus sich heraus existierenden und autonomen Selbsts erzeugen. Diese wird für uns zu einem Körper. Nach buddhistischem Denken verwechseln wir diese Sammlung mit dem, was wir sind, und bezeichnen sie als »Ich«. Doch ein »Ich« gibt es nicht. Was es gibt, ist unser Bewusstsein oder die Fähigkeit, bewusst und wissend zu sein. Dies ist häufig der verwirrendste Aspekt des Buddhismus, besonders für diejenigen unter uns, die aus Traditionen kommen, die über eine

Seele lehren. Bewusstsein ist keine Seele. Ich verstehe die Seele als selbstständig existierenden Ausdruck von uns, der die Essenz dessen bildet, was wir sind. Bewusstsein ist Gewahrsein an sich, das nicht auf die Essenz dessen, was ich bin, begrenzt oder lokalisiert ist. Es reicht viel weiter. Bewusstsein durchdringt alle Erscheinungen. Die Erleuchtungserfahrung besteht auch darin, dass wir lernen, in der Energie des Gewahrseins, die die Essenz des Bewusstseins ist, zu ruhen und zu verweilen.

Im Moment machen wir zwei Bewusstseinserfahrungen. Die erste ist die des höchsten Bewusstseins, das alles durchdringt, oder die Eigenschaft des Gewahrseins und Erkennens. Die zweite Erfahrung ist das relative Bewusstsein oder das begrenzte Erkennen, das versucht, mit dem höchsten Bewusstsein oder Erkennen zu verschmelzen. Das relative Bewusstsein ist begrenzt, weil es ans Ego gebunden ist und daher von dessen illusionärer Realität abgelenkt wird. Anhaftung begrenzt Freiraum, sodass das relative Bewusstsein immer darum kämpft, sich in das von Natur aus vorhandene höchste Bewusstsein auszudehnen. Wir können uns die Bewusstseinserfahrungen auch so vorstellen, dass wir das höchste Bewusstsein als Elter und das relative Bewusstsein als Kind betrachten. Unser Ziel in der Praxis ist es, Elter und Kind miteinander zu vereinen. Unser relatives Bewusstsein sehnt sich danach, wieder ins höchste Bewusstsein einzufließen.

Bei der Auseinandersetzung mit dieser buddhistischen Betrachtungsweise des Egos könnten wir leicht glauben, dass das Ego gemieden oder ausgelöscht werden sollte. Eine solche Beziehung zum Ego ist gefährlich. Stattdessen versuchen wir, das Ego als das zu erkennen, was es ist, insbesondere die Illusion des Egos. Wir müssen immer noch einen Bezug zum Ego haben, um mit dieser

Realität und mit anderen Menschen um uns herum in Beziehung zu sein. Das Ego ist der Anker, der unsere Verbindung zu anderen Menschen aufrechterhält. Betrachte es als eine Art gemeinsamer Nenner, durch den wir einander unsere gemeinsamen Erfahrungen und Wahrnehmungen mitteilen können. Wenn wir das Ego auslöschen, verlieren wir die Verbindung zu anderen Menschen und zur Welt im Allgemeinen, und diesen Zustand bezeichnen wir als geistige Umnachtung.

Unser Ego ist fragmentiert, was bedeutet, dass wir das Ego nicht oft in seiner Gesamtheit wahrnehmen oder erleben. Es bedeutet auch, dass wir auf verschiedene Fragmente reagieren und sie schützen, was uns mit der Zeit überfordert und erschöpft. Die Praxis, mit der wir den Herausforderungen durch unser fragmentiertes Ego sowie dem Problem des Egos im Allgemeinen begegnen können, ist Liebe. Liebe bedeutet, dass wir die Realität des Egos akzeptieren. Dadurch können wir dem Ego gegenüber gelassener werden. Und dies hilft uns, mit dem Raum in Kontakt zu kommen, der naturgemäß um das Ergo herum vorhanden ist. Dieser Raum und die Distanz, die wir durch das Lieben gewinnen, helfen uns, das Ego als Ganzes zu relativieren. Dies wird als Heilen des Egos bezeichnet, und diese Heilung basiert darauf, dass das Ego ganz sein darf. Auf einer relativen Ebene lautet die Wahrheit über dies alles jedoch, dass das Ego bereits ganz ist und von einem ausgedehnten Raum umhüllt wird. Wir nutzen die Liebe, um diese Realität zu erkennen. Je mehr wir so praktizieren, desto mehr verdienen wir uns unsere Erfahrung der endgültigen Natur von allem, welche Leere ist, verbunden mit einer luziden, mit Gewahrsein gesättigten Potenzialität. Dies bezeichnen wir auch als die Natur unseres Geistes. Die Natur des Geistes zu erkennen, bedeutet, die Wahrheit über das Ego und alle Erscheinungen zu erkennen.

Wenn wir dem Ego durch die Praxis der Liebe viel Raum geben, merken wir allerdings auch, dass wir in Bezug auf unser Ego nicht mehr so schnell und heftig reagieren. Wir beginnen zu verstehen, dass unsere Versuche, uns zu schützen, oft zugleich Versuche sind, unsere Fixierung aufs Ego oder unsere Fixierung an den Glauben, dass es ein eindeutiges Ich gibt, zu stärken. Ich übe dies auch dadurch, dass ich mir immer wieder bewusstmache, dass sich nicht alles um mich, für mich oder sogar wegen mir dreht. Wenn ich mir dies bewusstmache, kann ich mich in diese Anerkenntnis hinein entspannen.

Während das Ego eine Sammlung von Erfahrungen ist, die wir als »Ich« bezeichnen, kann Identität unser Versuch sein, die relative Einzigartigkeit des »Ichs« zu beschreiben. Identitäten sind einfach die Geschichten, die wir uns selbst darüber erzählen, welche wir sind, sowie die Geschichten, die sich die Welt darüber ausdenkt, für welche sie uns hält. Identität und Ego sind nicht ganz dasselbe. Nehmen wir folgendes Beispiel: Unser Ego steht total auf Drag. Die Welt ist ein großer Ball, und unsere Identitäten sind das, was unsere Egos benutzen, um Drag zu spielen und so durch die Welt zu stolzieren. Ganz in der Tradition der »Ballroom Culture« bewegen wir uns über den Laufsteg, um in bestimmten Kategorien Preise zu gewinnen. Manche von uns wollen möglichst echt als transgender oder genderfrei, Frau oder Mann, Schwarz, asiatisch, queer, bisexuell, reich, klug, attraktiv, schön oder eine unendliche Bandbreite anderer Identitäten rüberkommen. Wir möchten auf dem Ball der Welt bestehen und alle Menschen glauben machen, was wir ihnen vorführen. Gleichzeitig unterstützt uns der Ball der Welt in unserer

Rolle, indem er uns glaubt und damit zu unserer Performance beiträgt – oder eben nicht. Je stärker der Ball der Welt uns glaubt oder an uns zweifelt, desto intensiver sind unsere Erfahrungen.

Auch das Ego kann mehr als nur individuell sein. So wie wir verschiedene Verkörperungen haben, können wir auch ein gesellschaftliches Ego, ein Social-Media-Ego, ein Community-Ego usw. haben. Welche wir zu sein glauben, und welchen Bezug wir zu unserem Ego haben, dies lässt sich in jeden Raum, in jedes Medium oder Kollektiv hineinprojizieren. Beim kollektiven Ego haben wir es nicht nur mit unserem individuellen Ego zu tun, sondern auch damit, wie unser Ego zusammen mit dem Ego anderer Menschen funktioniert, wodurch eine Art vereinigtes Ego entsteht und das »Ich« zu einem »Wir« und »meins« zu »unser« wird. Das kollektive Ego kann Systeme erschaffen, prägen und aufrechterhalten. Entscheidend dafür ist, wie Identität ausgedrückt wird. Wie Identitäten ausgedrückt werden, kann zu kollektiven Erfahrungen werden, die von der Hauptenergie des Egos angetrieben werden. Diese Hauptenergie besteht darin, dass ich glaube, dass ich dieser eine bestimmte Ausdruck dessen, was ich bin, tatsächlich bin, und dass er um jeden Preis ernst genommen werden sollte.

Kollektive Identitäten, die zum Beispiel auf Rassifizierung und Gender beruhen, verstärken, welche wir zu sein glauben, und verteilen zugleich die Privilegien und Benachteiligungen im Kollektiv, wodurch Machtsysteme entstehen. Das kollektive Ego, an dem viele *weiße* Menschen in den USA beteiligt sind, hat auf Kosten Schwarzer Menschen und People of Color unglaubliche Privilegien erbracht und tut dies auch weiterhin. Dies hat zum System der *weißen* Vorherrschaft geführt. Das kollektive Ego von Cis-Männern erbringt das gesellschaftliche Privileg, Macht über Frauen wie auch über transgender, genderfreie und queere Menschen zu haben, und führt daher zum Patriarchat. Doch kollektive Egos, die auf Macht und Dominanz beruhen, schaden auch den Personen, die von der kollektiven Identität profitieren, weil das kollektive Ego nicht anpassungsfähig ist; es ist ziemlich starr und festgelegt. Für das Individuum ist es schwierig, sich von diesem kollektiven Ego zu lösen, weil es dafür scheinbar keinen Raum gibt. Diese Illusion fehlenden Raums verwischt die Grenzen zwischen dem persönlichen und dem kollektiven Ego. Mehr noch, beide Ausdrucksformen des Egos werden normalisiert. Das macht es schwierig, auch nur den Gedanken an eine Ablösung vom kollektiven Ego zu entwickeln.

## Der physische Körper und der Ego-Körper

Der Körper ist in dieser Erörterung wichtig, weil wir gelernt haben, unser Selbstempfinden mit dem physischen Körper gleichzusetzen. Außerdem ist der physische Körper ein Anker dafür, wie Identitäten geschaffen und zum Ausdruck gebracht werden. Häufig meinen wir, dass es mit unserem Körper zusammenhängt, welche wir sind, oder sogar, dass wir unser Körper *sind.* Bei der Embodiment-Arbeit versuchen wir, unseren Körper ins Bewusstsein zu rücken, und heißen dabei alle Empfindungen unseres Körpers willkommen. Unser Körper ist wichtig, aber genau wie unser Ego und unsere Identität ist er nur *eine* Erfahrung dessen, wie wir uns in der relativen Welt zeigen. Diese Identifikation mit dem physischen Körper wird im Moment des Todes erkennbar. Ich glaube, dass der Tod eine Erfahrung ist, bei der unser Bewusstsein aus dem Körper in eine formlose Welt übergeht, um in ein neues Leben zu reisen und erneut in einem Körper

Gestalt anzunehmen. Unserem relativen Bewusstsein fällt es schwer, den Körper zu verlassen, wenn es sich mit dem Körper als das identifiziert, was wir sind. Und wenn Ego und Körper unser relatives Bewusstsein einschränken, wird es nie in der Lage sein, sich mit dem höchsten Bewusstsein zu vereinigen. Vielen von uns wird es schwerfallen zu sterben, wenn wir so sehr an unserem Körper als das hängen, was wir sind, anstatt unser Bewusstsein oder auch unsere Seele als unsere reinste Existenz zu betrachten. Wir sollten bereit sein loszulassen, wenn wir es müssen, damit wir frei sein können.

## Trauma und der Emotionalkörper

Der Körper ist bedeutsam, denn im Gegensatz zu unserem Geist ist unser Körper immer in der Gegenwart. Er verfügt nicht über die Fähigkeit unseres Geistes, in Vergangenheit oder Zukunft zu sein, und wenn wir großes Glück haben, auch hier in der Gegenwart. Er lässt sich nicht ablenken. Dennoch kann der Körper verwirrt sein. Wenn ich von Verwirrung spreche, meine ich damit, dass traumatische Erfahrungen die Fähigkeit unseres Körpers beeinträchtigen können, mit den Dingen, die um uns herum geschehen, in Einklang zu kommen. Ein Trauma stört das Gleichgewicht des Körpers. Hast du dich zum Beispiel schon einmal mit einer anderen Person unterhalten und gemerkt, dass ihr schon eine ganze Zeitlang von unterschiedlichen Dingen redet, bis schließlich ein*er von euch beiden sagt: »Moment mal, wovon sprichst du eigentlich?« Oder hast du schon einmal gehört, dass es draußen donnert und stürmt und dabei nie zum Regnen kommt? So kann der Körper auf ein Trauma reagieren: indem er Empfindungen zum Ausdruck bringt, die auf etwas reagieren oder hinweisen, das wir nicht verstehen.

Als Person, die von versklavten Menschen abstammt, weiß ich, dass meine Abkopplung vom Körper weitgehend Ausdruck eines transhistorischen Traumas ist, das seinen Ursprung in der uranfänglichen emotionalen Verwundung meiner Ahn*innen hat, die entführt wurden, die Brutalität des sogenannten transatlantischen Dreieckshandels erlitten und dann in diesem Land ankamen, um jahrhundertelang durch systematischen Rassismus versklavt und weiter brutal unterdrückt zu werden. Durch die Sklaverei wurde meinen Vor*fahrinnen das Recht auf ihre Körper genommen, wobei sich physische und emotionale Gewalt sowohl im Geist als auch im Körper als ein Trauma festsetzten, das uns daran hinderte, ein Bewusstsein für unsere Körper zu entwickeln. Heute gibt es sehr viele Schwarze Menschen, die wie ein Gespenst hinter sich selbst her geistern. Sie wahren eine psychische Distanz zu ihrem Körper, weil ihr Körper durch das Trauma der Rassifizierung für sie zu unsicher geworden ist, als dass sie ihn bewohnen könnten.

Der Körper sagt die Wahrheit, ganz gleich ob wir seine Sprache sprechen können oder nicht. Mein Körper sagt die Wahrheit über das transhistorische Trauma, das ich zumeist als Misstrauen gegen meinen Körper sowie als die Überzeugung erlebe, dass ich kein Recht auf meinen Körper habe. In meiner Praxis dreht es sich oft darum, dass ich versuche, meinen Körper da abzuholen, wo er ist, anstatt ihn ständig dazu bringen zu wollen, dass er mich da abholt, wo ich bin. Meinen Körper da abzuholen, wo er ist, hat bedeutet, ihn bei einer Verwundung abzuholen, die ich geerbt habe und die durch eine Abkopplung vom Körper, mit der ich gerade erst umzugehen lerne, noch verschlimmert wurde.

Gelebte Spiritualität ist die Praxis, uns daran zu erinnern, welche wir über unser Leiden hinaus wirklich sind, indem wir dem Universum erlauben, uns wieder auf unser grundlegendstes, wahrstes Selbst zu verweisen. Spirituell praktizierende Menschen sind bereit, sich in die Kommunikation mit dem ehrlichsten Ausdruck unserer selbst, der Welt um uns herum und der letztendlichen Realität führen zu lassen. Ein spiritueller Mensch zu sein, heißt, stets willens zu sein, mit den Dingen so zu kommunizieren, wie sie sind, und nicht, wie wir sie gerne hätten. Ich bezeichne meine spirituelle Praxis oft als ein tiefes Hinhören auf alles und als ein Mich-prägen-Lassen von dem, was ich dabei höre.

Es gibt auch meine Erfahrung von Spirit. Spirit hat verschiedene Bedeutungen angenommen. Hier verstehe ich Spirit als den energetischen Ausdruck der Zusammenarbeit von Geist und Körper, die ein Erleben von Solidität, Direktheit und Fürsorge in die Welt um uns herum projiziert. So fühlen sich Heilung und Geheiltwerden als Erfahrung in Echtzeit an. Geist und Körper sprechen miteinander. Sie halten Gemeinschaft miteinander. Es besteht nicht nur Gemeinschaft, sondern es besteht eine Art Unerschütterlichkeit. Spirit ist ein Ausdruck von Embodiment. Er lässt mich an meine Kindheit in der Kirche denken, als wir »I Shall Not Be Moved« gesungen haben. Als junger Mensch habe ich den Sinn dieses Liedes nicht verstanden, aber jetzt verstehe ich ihn als eine Ganzheitserklärung und als das Versprechen, dass ich nie mehr unganz gemacht werde.

# Emotionsarbeit

## Was ist Emotionsarbeit?

Emotionen sind zunächst einmal mentale Zustände, die im Körper als Empfindungen entstehen und vom Geist benannt werden, was zu Erfahrungen führt, die angenehm, unangenehm oder neutral sind. Emotionsarbeit ist die wahrgenommene und die nicht wahrgenommene Arbeit, sich um unsere eigenen emotionalen Zustände oder die emotionalen Zustände anderer Menschen zu kümmern, sie zu begleiten und auf sie zu achten. Gegenwärtig verstehen wir den Begriff Emotionsarbeit als unsere vielfältigen Versuche, dafür zu sorgen, dass andere sich wohlfühlen und glücklich sind. Dazu gehört, anderen Personen aktiv zuzuhören, nachzufragen, wie es ihnen geht, uns bei ihnen zu melden, um zu erfahren, ob alles in Ordnung ist, zuzulassen, dass sie sich bei uns Luft machen, und nicht impulsiv auf eine Person zu reagieren, wenn sie grob oder respektlos ist. Es ist die Arbeit, die wir leisten, um Menschen bei der Verarbeitung ihrer Gefühle zu helfen. Wenn du in einem helfenden Beruf oder im direkten Kund*innenkontakt tätig bist, bedeutet Emotionsarbeit, immer lächeln zu müssen und freundlich zu sein, auch wenn dir nicht danach ist, und insbesondere dann, wenn sich eine Person dir gegenüber wie ein Ungeheuer benimmt. Darüber hinaus bezeichnet Emotionsarbeit die Art und Weise, wie manche von uns ein Ungleichgewicht in Interaktionen und in Beziehungen wahrnehmen und dann daran arbeiten, diese Beziehungen ins Gleichgewicht zu bringen, häufig ohne dass wir darum gebeten werden. Ich habe ausgeprägte empathische Fähigkeiten, was bedeutet, dass ich ein feines Gespür für die Gefühle anderer Menschen und damit auch für ein Ungleichgewicht in Beziehungen habe. Dies drängt mich, für andere Emotionsarbeit zu leisten.

Die Idee der Emotionsarbeit stammt aus dem Feminismus der 1970er Jahre und hat seitdem entscheidend dazu beigetragen, dass wir erkennen konnten, wie genderspezifisch der Ausdruck (von) Emotionsarbeit verstanden wurde, denn Frauen galten als diejenigen, die die Hauptlast der Emotionsarbeit tragen. Diese Leistung als Arbeit zu bezeichnen, kennzeichnet sie erstens als etwas, das angeboten wird und entlohnt werden sollte, und zweitens als etwas, das Anstrengung erfordert. Ich schätze diese Rahmung, nicht wegen ihres Bezugs zum Kapitalismus, sondern weil sie mir zu verstehen hilft, dass Emotionsarbeit genau dies ist – Arbeit. Wenn ich diese Arbeit für andere leiste und nicht unterstützt werde, brenne ich aus und verbittere. Wenn wir unsere Wut und unseren Schmerz verarbeiten, brauchen wir Einzelpersonen und Gemeinschaften, die uns bei dieser Arbeit unterstützen. Zugleich sollten wir uns der Anstrengungen bewusst sein, die andere aufbringen.

## Raum geben

Raum geben ist die Arbeit, in nicht reaktiver Weise bei uns und anderen zu sein. Ich bin in der Lage, alles wahrzunehmen, was in meinem Geist und Körper auftaucht, und ich kann es da sein lassen, ohne darauf reagieren zu müssen. Nicht auf das Material in meinem Erleben zu reagieren, bedeutet, dass ich den Raum habe, mich auch auf anderes zu konzentrieren, ohne das Gewahrsein für dieses Material zu verlieren. Wenn ich mich ablenken lasse und anfange, auf das Material zu reagieren, das sich mir zeigt, dann gebe ich weder mir noch irgendeinem anderen Menschen Raum. Authentisches Raumgeben bedeutet, dass ich zuallererst mir selbst Raum gebe.

## Ein Hinweis für emotional reife Menschen

Emotionale Reife bedeutet nicht, dass du immer stabil bist. Es bedeutet aber, dass du über Strategien verfügst, die dir helfen, mit Schwankungen in deiner Emotionalität umzugehen. Emotional reife Menschen, die ich kenne, bringen alle möglichen Emotionen zum Ausdruck. Sie werden sauer, sie lachen, sie sind ernst, verspielt und manchmal traurig. Ich halte sie für emotional reif, weil sie ein grundlegendes Bewusstsein dafür haben, was sie erleben; sie können um Emotionen herum sehr viel Raum schaffen.

Wenn du ein Mensch bist, der emotional stabil ist, dann wird deine emotionale Stabilität tatsächlich zu einer Stütze für andere Personen, die emotionale Instabilität erleben. Du wirst für andere Menschen zur tragenden Erde, und dieser Halt kann zu einem Akt der Liebe und Güte werden.

Ich halte mich für eine emotional reife Person. Das ist das Resultat meiner langjährigen Meditationspraxis und der Tatsache, dass ich es mein ganzes Leben lang mit Unterdrückungssystemen zu tun hatte. Obwohl die Beschäftigung mit diesen Systemen allein weder mich noch andere Menschen emotional reif macht, hat sie doch zur Entwicklung emotionaler Resilienz beigetragen, also der Fähigkeit, schwierige Emotionen wie Wut und Verzweiflung bewusst wahrzunehmen und zu erleben und dennoch ein gewisses Maß an Konzentration auf das aufrechtzuerhalten, was um mich herum geschieht, sowie die Verbindung dazu zu wahren. Diese emotionale Resilienz hat in Verbindung mit Meditationspraxis meine emotionale Reife vertieft. Ich erlebe immer noch die gesamte Bandbreite an Emotionen, aber ich verfüge auch über die Strategien, diesen Emotionen aktiv Raum zu geben und Freiraum zu schaffen. Das gibt mir die Möglichkeit, Entscheidungen darüber zu treffen, in welcher Beziehung ich zu meinen Emotionen stehen will. Zugleich verringert sich dadurch die Wahrscheinlichkeit, dass ich mich ablenken lasse und möglicherweise mir selbst und anderen Menschen schade.

*Reflektion*

Denke an Menschen in deinem Leben, die du für emotional reif hältst. Wie ist es, mit ihnen zusammen zu sein? Hast du den Eindruck, dass andere Personen gern mit ihnen zusammen sind? Wie kannst du von solchen Menschen profitieren? Wenn du selbst ein Mensch bist, der emotional reif ist, was ist deine Erfahrung? Wie fühlt es sich an?

## Wie sieht Emotionsarbeit bei mir aus?

Insgesamt besteht meine Arbeit als spiritueller Lehrer darin, Emotionsarbeit für jede Person zu leisten, die Unterstützung braucht. Ich bin dankbar, dass ich diese Unterstützung anbieten kann, denn es ist genau die Unterstützung, die ich auch selbst brauche. Ich brauche andere Menschen, die meinem Ringen und meiner Verwirrung Raum geben.

Emotionsarbeit ist so lange gut und schön, bis ich merke, dass ich emotional erschöpft bin und die Fähigkeit zur Resilienz verliere. Das ist dann ein Anzeichen dafür, dass ich Selbstfürsorge brauche, was für mich oft heißt, allein und in Stille zu sein, um mich auszuruhen und entspannt wieder Freiraum zu bekommen. In solchen Zeiten muss ich als Teil meiner Selbstfürsorge Grenzen setzen. Manchmal werden meine Grenzen ausgetestet, weil manche Menschen zu erwarten beginnen, dass ich immer ansprechbar und da bin, um Arbeit für sie zu leisten.

Es gibt Zeiten, in denen ich zutiefst frustriert darüber bin, dass andere Menschen mir einfach keinen Raum geben, etwa, wenn Leute mich fragen, wie es mir geht, es sie aber eigentlich gar nicht interessiert. Andere Male versuche ich, offen und verwundbar zu sein, doch diese Verwundbarkeit wird gar nicht wahrgenommen, oder es wird ihr kein Raum gegeben. In solchen Momenten mache ich dicht und ziehe mich auf die Strategie zurück, mir selbst Unterstützung zu schenken und nicht mehr darauf zu vertrauen, dass andere Menschen mir überhaupt Raum geben können. Allerdings verarbeiten andere Menschen auf vielerlei Weise Gefühle für mich. Ich habe Familie und Freunde, die sich regelmäßig nach mir erkundigen. Meine Mutter ruft häufig an und schreibt mir eine Nachricht, um zu erfahren, wie es mir geht. Ich habe mehrere Ment*orinnen, die sich regelmäßig melden, um sich zu vergewissern, dass bei mir alles in Ordnung ist. Ich habe gute Freun*dinnen, die ich anrufen kann, wenn ich einen Menschen brauche, der mir zuhört. Manchmal werde ich getriggert und brauche eine Person, die mir hilft, das, womit ich zu kämpfen habe, zu verarbeiten.

## Getriggert werden und Emotionsarbeit leisten

Als ich anfing, diesen Abschnitt über Emotionsarbeit zu schreiben, wurde ich stark getriggert. Ich hatte erfahren, dass eine Organisation, von der ich eigentlich glaubte, dass sie mich für einen Verbündeten hielt, in der Community, in der sie tätig war, öffentlich Stimmung gegen mich machte. Ich wurde getriggert, weil ich den Eindruck hatte, dass das Verhalten der Organisation unklug war. Denn sie hatten sich nicht die Mühe gemacht, mich persönlich zu kontaktieren, um mit mir zu sprechen und mir ein direktes Feedback darüber zu geben, dass ich ihrer Meinung nach nicht mit ihren Werten übereinstimme. Ich war sauer und verletzt. Wenn ich angegriffen werde, greift ein altes Narrativ, das besagt, dass sowieso kein Mensch kommt, um mich zu verteidigen, und dass ich mich selbst schützen muss. Ich weiß, dass das nicht stimmt, aber es ist ein altes Narrativ, das seine Wurzeln darin hat, dass ich mich als Schwarzer schwuler Junge oft allein und als Opfer gefühlt habe.

Alles kann ein Trigger sein, und jeder Mensch hat andere Trigger. Trigger können sich mit der Zeit verändern und verlagern. Wenn ich von Triggern spreche, dann meine ich eher Erfahrungen, die uns überwältigend vorkommen, und bei denen wir richtig gut für uns sorgen müssen.

### *Reflektion*

Nimm dir ein paar Minuten Zeit, um darüber nachzudenken, was bei dir Wut auslöst, und erstelle eine Liste. Wenn du deine Liste geschrieben hast, lies sie durch, um Muster oder Möglichkeiten zu entdecken, wie du deine Trigger einordnen kannst. Gibt es Trigger, die daher rühren, dass andere Menschen bestimmte Dinge sagen? Gibt es Trigger im Zusammenhang mit bestimmten Bildern? Gibt es Trigger die auf bestimmten Geräuschen beruhen? Es gibt keine richtigen oder falschen Antworten.

Trigger gehören zur ganz normalen Emotionsarbeit, die wir tagtäglich leisten. Wuttrigger können neben Traumatriggern die stärksten Trigger sein, mit denen wir arbeiten müssen. Wir können uns unter anderem dadurch selbst unterstützen, dass wir überlegen, was bei uns Wut auslöst.

Ein weiterer Aspekt von Triggern ist unsere körperliche und emotionale Antwort darauf. Mir wird warm, besonders in Brust und Hals. Außerdem verspüre ich ein Spannungsgefühl in meiner Stirn. Die erste emotionale Antwort, die ich bemerke, ist Wut, und bald danach kann ich meine Aufmerksamkeit auf den Schmerz richten. An diesem Punkt kann ich dann EBAELA und einige andere Erdungsübungen anwenden, die mir helfen, dem Schmerz Raum zu geben.

Die EBAELA-Praxis gehört zu einer Strategie, die als Kompensation bezeichnet wird. Auch Kompensation ist ein Ausdruck von Emotionsarbeit. In Momenten, in denen ich spüre, dass Körper und Geist heftig darauf ansprechen, kann es mir schwerfallen, fokussiert zu bleiben, insbesondere in einer Situation, in der ich mich aktiv einbringen muss. Dann bedeutet Kompensation, dass ich EBAELA anwende: dass ich meinen Atem wahrnehme, bewusst meine Verbindung zur Erde spüre und in meinem Erleben so viel Raum wie möglich schaffe. Ich versuche, mich wieder in dem zu erden, was um mich herum geschieht.

Kompensation nutze ich auch, um mich zu unterstützen, wenn ich weiß, dass ich in eine Situation gerate, die mich triggern kann. Dann frage ich mich, was ich wohl brauchen werde, und stelle mir eine Unterstützungsstrategie zusammen, auf die ich mich verlassen kann. Viele von uns tun dies, wenn wir uns auf ein schwieriges Gespräch oder eine andere schwierige Begegnung vorbereiten. Ich werde oft gebeten, spirituelle Communities zu unterstützen, die sich in einer spirituellen Notlage befinden. Bevor ich dort auftauche, leiste ich meine Kompensationsarbeit. Sie umfasst Gebete, Chanten, Meditation, Stille und Ruhe. Das fühlt sich fast so an, als würde ich mich für eine lange Reise ins – nun ja – Drama eindecken. Das Drama sind alle Möglichkeiten, wie wir uns ablenken lassen und uns in unseren gewohnheitsmäßigen Reaktionen auf das Material, das bei uns auftaucht, verlieren. Diese Reaktionen vergrößern den Schaden oft noch. Wenn ich durch Kompensation gut versorgt bin, merke ich, dass ich nicht so müde werde und mich von der dramatischen Lage weniger mitreißen lasse.

*Reflektion*

Denke in dieser Übung darüber nach, wie du emotional und körperlich auf Trigger ansprichst. Sei dabei so konkret wie möglich. Achte darauf, ob verschiedene Trigger unterschiedliche Antworten auslösen. Überlege anschließend, wie du dich unterstützen oder dir Kompensation geben kannst, wenn du erlebst, dass du getriggert wirst. Zum Schluss überlege dir Möglichkeiten, wie du dir schon Kompensation geben kannst, bevor du in heftige Situationen gerätst.

## Ebenen der Emotionsarbeit

Ich glaube, dass Emotionsarbeit auf drei Ebenen geschieht: auf der persönlichen, auf der zwischenmenschlichen und auf der kollektiven Ebene.

### 1. Emotionsarbeit für uns selbst

Auf der persönlichen Ebene ist Emotionsarbeit das, was ich für mich selbst tue, um bei meinen Gefühlen zu sein. Wenn ich öffentliche Vorträge halte, biete ich dem Publikum oft die Möglichkeit, anonym auf Zetteln Fragen an mich einzureichen. Bei einem Vortrag ging es auch um Selbstfürsorge. Ich erhielt eine Frage von einer Person, die wissen wollte, wie sie einen Menschen, bei dem sie wahrnahm, dass er offensichtlich nicht auf sich achtete, dennoch in Fragen der Selbstfürsorge ernst nehmen könne. Zwar tauchte mein Name in der Frage nicht auf, aber ich nahm sie doch persönlich. Ich bin dick. Das ist offenkundig. Und wenn ich »dick« sage, ist das keine Selbstabwertung. Es ist mein Versuch, mir dieses Wort wieder zu eigen zu machen. Ich mag mein Dicksein. Doch als ich diese Frage erhielt, kochte ich innerlich. Hinter dieser Wut lag mein Schmerz. Dieser Schmerz fühlte sich wie Peinlichkeit, Scham und Trauer an. Ich verstand die Frage so, dass damit im Grunde gesagt wurde: »Du bist fett und abstoßend. Wie kannst du es da wagen, über Selbstfürsorge zu sprechen?« Also absolvierte ich meinen Prozess um hinzuspüren, was in mir hochkam, nutzte auch EBAELA, und rief meine Aspekte des Heimkehrens an. Nach alledem war ich zwar immer noch stinksauer, aber ich konnte dem Sauersein und dem Schmerz Raum geben. Ich weiß nicht, ob es bei dieser Frage um mich ging. Ich hatte es bloß vermutet. Vermutungen anzustellen, ist in Ordnung, solange ich zu diesen Vermutungen stehe und bereit bin, sie widerlegen zu lassen. In meiner Antwort machte ich transparent, was ich gerade erlebte. Meine Wut unterstrich die Direktheit meiner Antwort, aber sie wurde von meinem Mitgefühl gehalten. Dieser Freiraum bot mir die Ressourcen, damit ich anpassungsfähig sein konnte. Ich war nicht auf die Emotionen fixiert und verfügte daher über die Klarheit, die Frage ehrlich und direkt zu beantworten, durchaus mit meiner Wut und meinem Schmerz, aber aus einer Haltung des Mitgefühls heraus.

### 2. Emotionsarbeit für andere Menschen

Oft ertappen wir uns dabei, dass wir Emotionsarbeit leisten, ohne es eigentlich zu wollen. Es ist mir zu einer wichtigen Übung geworden, mir selbst die Zustimmung dazu zu geben, dass ich mich auf Interaktionen einlasse, die sich nach Emotionsarbeit anfühlen. Natürlich gibt es Interaktionen, bei denen es für mich im Mittelpunkt steht, anderen Menschen Raum zu geben, und damit bin ich vollkommen einverstanden. Manchmal unterhalte ich mich jedoch vielleicht bloß ungezwungen mit einer Person, und an einem bestimmten Punkt kommt plötzlich heftiges Material für sie zur Sprache. In solchen Momenten spüre ich oft bei mir selbst kurz nach, ob ich gerade genügend Ressourcen habe, um der anderen Person Raum zu geben. Ressourcen zu haben, bedeutet, dass ich habe, was ich brauche, um das tun zu können, was in diesem Moment notwendig ist. Oft habe ich tatsächlich genügend Ressourcen, um einem Menschen etwas Raum zu geben. Wenn ich in dem Gespräch an meine Grenzen komme, kann ich normalerweise verständlich machen, dass es mir zu viel wird und ich dem bald keinen Raum mehr geben kann. Viele von uns vermitteln dies auch durch nonverbale Signale.

Häufiger befinde ich mich in Interaktionen, in denen die andere Person spürt, was für sie hochkommt, und fragt, ob es in Ordnung ist, wenn sie fortfährt. Wenn das nicht passiert, passiert es stattdessen manchmal, dass mein Gegenüber mir nach dem Gespräch fürs Zuhören dankt und sich dafür entschuldigt, dass es etwas so sehr vertieft hat. All dies ist in Ordnung. Wir können nicht steuern, welches Material in einer Interaktion bei uns möglicherweise hochkommt. Ich möchte anderen Menschen so viel Unterstützung geben, wie ich kann. Außerdem fühlen sich die Menschen aufgrund meiner Ausbildung und Praxis im Allgemeinen in meiner Nähe sehr wohl und gehen unwillkürlich so tief auf Fragen und Themen ein, wie sie es anderen Personen gegenüber normalerweise nicht tun würden. Das haben mir die Leute immer wieder gesagt.

Wenn wir anderen Menschen Raum geben und Emotionsarbeit leisten wollen, sollten wir ein paar Dinge beachten.

1. Vergewissere dich, dass du dir selbst Raum geben kannst, bevor du dich auf andere einlässt.
2. Ziehe Grenzen zwischen dir und dem Menschen, den du unterstützt. Sei dir darüber im Klaren, wann es dir zu viel wird, und teile dies deinem Gegenüber mit.
3. Je schwerer uns selbstbestimmtes Handeln fällt, desto schwerer fällt es uns, Grenzen zu setzen. Je schwerer es uns fällt, Grenzen zu setzen, desto mehr Emotionsarbeit leisten wir. Grenzen setzen zu können, erwächst unmittelbar daraus, dass wir in der Lage sind, es uns selbst wert zu sein, dass gut für uns gesorgt wird. Wenn wir es uns wert sind, selbst gut für uns zu sorgen,

können wir verstehen, welche Formen der Emotionsarbeit für uns im jeweiligen Moment angebracht sind.

*Was wir beachten sollten, wenn wir Emotionsarbeit von anderen brauchen*

1. Ich betrachte das Einfordern von Emotionsarbeit als etwas, das andere Menschen so manipulieren kann, dass sie eine emotionale Unterstützung anbieten, die sie gar nicht leisten können. Dann werfen wir dieser Person vor, emotional verschlossen zu sein, wo sie in Wirklichkeit emotional genauso ausgelaugt und traumatisiert ist wie wir selbst. Manchmal nehmen wir Menschen mit unseren Forderungen, Emotionsarbeit für uns zu leisten, förmlich in Geiselhaft. Häufig sollten wir uns eigentlich emotionale Unterstützung in Form einer Therapie suchen, anstatt andere Menschen in unserem Umfeld dazu zu zwingen, diese Arbeit für uns zu leisten.

2. Manchmal kann Emotionsarbeit manipulativ sein. Zum Beispiel werfen wir Menschen vor, dass sie keine Emotionsarbeit für uns leisten, obwohl sie nie eingewilligt haben, das für uns zu tun. Wir gehen einfach davon aus, dass bestimmte Personen uns immer zur Verfügung stehen. In meinem beruflichen Umfeld und in meinem Freun*dinnenkreis ist es üblich, dass wir einander fragen, ob es in Ordnung ist, dass wir über bestimmte Dinge sprechen, die Emotionsarbeit erfordern könnten. Mit diesem Akt bitten wir um Zustimmung, bevor wir einander schwieriges emotionales Material anvertrauen.

3. Manchmal sind wir uns gar nicht im Klaren darüber, wie viel Emotionsarbeit andere für uns leisten. Einmal wurde mir vorgeworfen, ich würde keine Emotionsarbeit für eine Person leisten, die mich seit über einem Jahr zur Emotionsarbeit benutzte. Im Moment dieses Vorwurfs kam mir der Gedanke, dass wir, wenn wir das Gefühl haben, nicht die Emotionsarbeit zu bekommen, die wir zu wollen glauben, Menschen oft vorwerfen, sie würden überhaupt keine Emotionsarbeit leisten.

4. Was Emotionsarbeit so heftig macht, ist vielleicht die Art und Weise, wie wir versuchen, andere Menschen dazu zu zwingen, Emotionsarbeit für uns zu leisten. Wir sagen Dinge wie: »Du musst dieses und jenes für mich tun«, und das zu Leuten, die oft nicht einmal in der Lage sind, Emotionsarbeit für sich selbst zu leisten. Und wenn unsere Erwartungen nicht erfüllt werden, sind wir verstimmt.

5. Manchmal meinen wir mit Emotionsarbeit eigentlich Verantwortlichkeit und Grenzen. Ich bin auch der Meinung, dass wir uns deutlicher darüber im Klaren sein sollten, was für eine Arbeit das konkret ist. Nicht alles ist Emotionsarbeit.

### 3. Kollektive Emotionsarbeit

Manche von uns befinden sich in ihren Communities und Kollektiven in einer Position, in der uns immer wieder einmal die Aufgabe der Mediation oder, wie ich es manchmal nenne, des Raumgebens zufällt. Menschen, die über ausreichende Ressourcen und/oder

Empathie verfügen, übernehmen diese Arbeit häufig für die Gemeinschaft. Ich glaube, dass es eine große Ehre ist, wenn eine Person die Fähigkeit hat, anderen Menschen in dieser Weise Raum zu geben. Wenn ich an kollektive Emotionsarbeit denke, dann fällt mir die Szene aus *Menschenkind* von Mutter Toni Morrison ein, in der Baby Suggs, eine ältere Schwarze Frau und ehemalige Sklavin, die Schwarze Community in den Wald ruft. Zuerst bittet sie die Kinder vorzutreten und zu lachen. Dann bittet sie die Männer vorzutreten und zu tanzen, und zuletzt bittet sie die Frauen zu weinen und um die Lebenden und die Toten zu trauern. Am Ende der Szene tun alle ein bisschen was von allem. Sowohl Mutter Tonis Text als auch die Verfilmung offenbaren die komplexe und schöne Arbeit einer Gemeinschaftsältesten und Raumgeberin, die die Community bei einer tiefgreifenden Emotionsarbeit unterstützt. Der Roman spielt kurz nach dem Bürg*erinnenkrieg in Cincinnati, Ohio, zu einer Zeit, als die Schwarze Community immer noch unglaublichen Hürden und Härten ausgesetzt war. Baby Suggs bot den Mitgliedern der Community eine Möglichkeit, mit ihren Emotionen in Kontakt zu kommen, und diese Emotionen in einem geschützten Raum zum Ausdruck zu bringen, den sie schuf und der aufgrund ihrer eigenen tiefen Verbindung zu ihren Emotionen entstehen konnte. Sie verkörpert sehr viele Führungspersönlichkeiten in unseren Communities, die uns vorleben, wie wir Emotionsarbeit und Raumgeben für uns selbst leisten können, und dies auf unterschiedlichste kreative Art und Weise als zutiefst wirksames Heilmittel für die Community anbieten.

Ich denke oft an Serena Williams, als sie im Finale der US Open 2018 klar Stellung bezog. Sie fühlte sich vom Schiedsrichter ungerecht behandelt. Sie äußerte sich sehr direkt, machte ihrer Enttäuschung Luft und wurde dafür vom Schiedsrichter und den Medien bestraft. Als ich mir unmittelbar nach den Ereignissen die Videoclips davon anschaute, ertappte ich mich dabei, dass ich sie anfeuerte. Sie spiegelte den ganzen Frust, den ich erlebe, wenn ich mich an einem Ort befinde, der nicht für mich gedacht ist. Sie machte mir wieder bewusst, dass meine Wut und mein Zorn berechtigte Reaktionen darauf sind, wie Systeme versuchen, mich zum Schweigen zu bringen und zur Zustimmung zu zwingen. Indem sie Stellung bezog, leistete sie Emotionsarbeit für viele von uns, die marginalisiert werden und sich angesichts unterdrückerischer Bedingungen emotional ausgeschaltet und ohnmächtig fühlen. Wenn wir aber Systemen die Stirn bieten, indem wir unsere Emotionen zum Ausdruck bringen, können wir erfahren, welche Last es bedeutet, etwas zu hinterfragen, was viele erleben, aber nur wenige ansprechen. Dann ist die Arbeit nicht gerecht verteilt und wird zur Bürde. Wahrscheinlich hat Williams als Schwarze Frau, die auf einem von *weißen* Personen dominierten Gebiet Herausragendes leistet, so etwas oft erlebt. Bestimmt empfinden auch andere Menschen so, die auf einem Gebiet, auf dem sie hervorragend sind, unterrepräsentiert sind. Wenn ich in meiner Community ernste Probleme offen anspreche, zu denen viele andere Menschen schweigen, spüre ich die Last der Arbeit, die ich für andere leiste. Das ist das Risiko, das wir eingehen, wenn wir uns gegen Systeme auflehnen, gegenüber denen sich andere Menschen so entmachtet fühlen. Es scheint, als würden wir gegen das System kämpfen und gleichzeitig die emotionalen Bedürfnisse anderer Personen schultern, für die wir die Arbeit leisten.

# 6

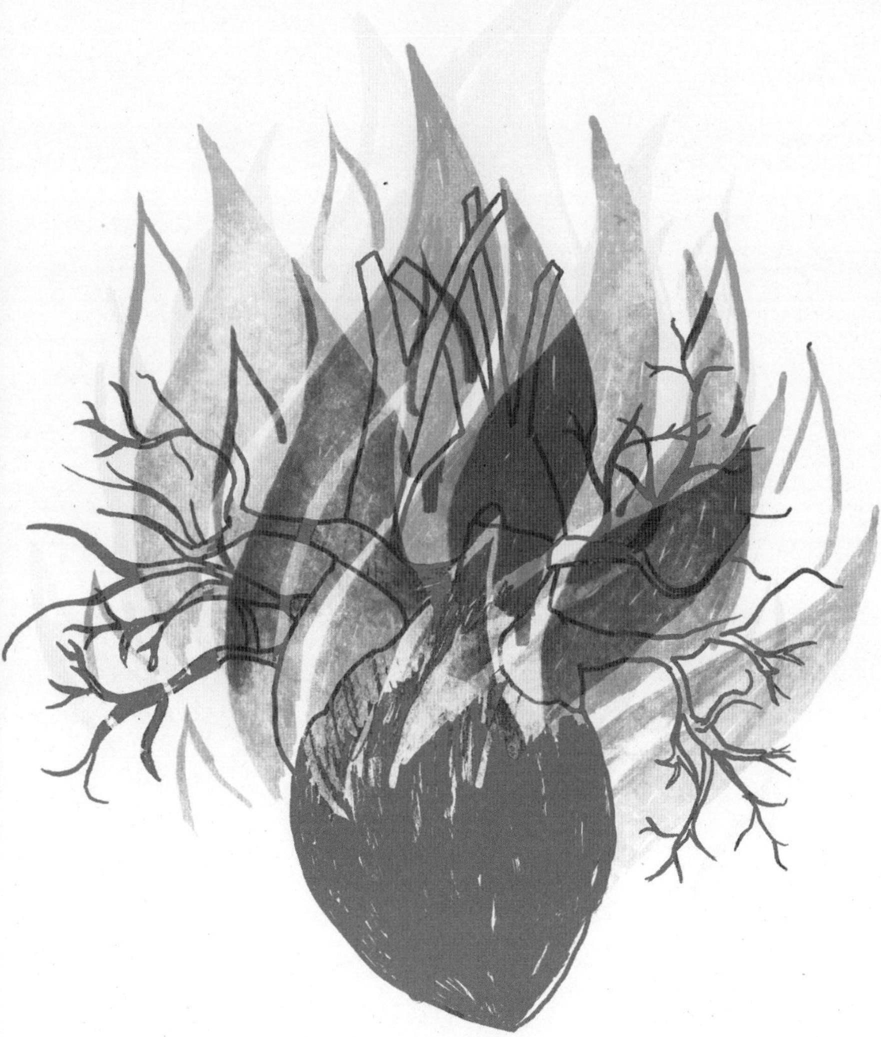

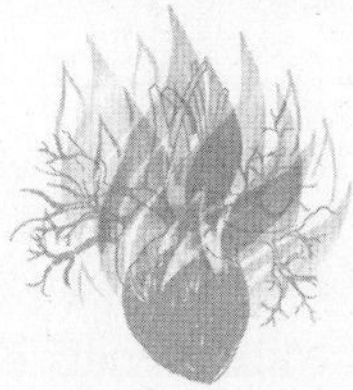

# GLÜCK

Was passiert, das passiert.
Was kommt, das kommt.
Ich brauche überhaupt nichts.
*Lama Norlha Rinpoche*

Warte nicht darauf, dass andere Leute für dich glücklich sind.
Alles Glück, was du kriegen kannst, musst du dir selbst machen.
*Alice Walker*

## Was ist Glück?

Ich sage immer, dass ich kein Interesse daran habe, dass Menschen Buddhisten werden oder meditieren oder überhaupt auf irgendeinem spirituellen Weg sind. Woran ich aber Interesse habe, ist, dass Menschen ein Leben führen, in dem sie sich so gut versorgt fühlen, dass sie die Gewalt gegen sich selbst und andere Personen begrenzen und Glück empfinden. Ich habe es mir zur Aufgabe gemacht, Menschen darin zu unterstützen, glücklich zu werden, weil glückliche Menschen meiner Erfahrung nach weniger Gewalt ausüben. Ich denke oft an die Zeiten, in denen ich gewalttätig war, und wie unglücklich ich damals war.

Glücklich zu sein, ist kein Privileg. Wenn wir Glück erleben, nehmen wir es keiner anderen Person weg. Glück ist der natürliche Zustand unseres Geistes, denn es gibt allem Material in unserem Geist und unseren Erfahrungen Raum, sowohl den angenehmen als auch den unangenehmen und allen dazwischen.

Glück existiert nicht außerhalb von uns. Wir *sind* das Glück. Es ist das Wesen unseres Geistes. Viele kontemplative Traditionen versuchen, uns zu dieser essenziellen Wahrheit über uns selbst hinzuführen. In meiner Praxis denke ich oft an die Metapher vom bewölkten Tag. Dass der Himmel bedeckt ist, heißt nicht, dass die Sonne nicht scheint. In wirklich effektvoller Form können wir dies auf einem Flug erleben, wenn das Flugzeug abhebt, die Wolkendecke durchbricht und in strahlenden Sonnenschein an einem klaren Himmel steigt. Das Glück ist immer da, aber oft muss ich erst daran erinnert werden.

In meiner Praxis ist Glück die Erfahrung von Zufriedenheit, Verbundenheit und Ausgeglichenheit. Wenn ich von Glück spreche, meine ich damit nicht unbedingt diese euphorische Erfahrung wie in einem Disney-Cartoon, wo wir die Straße entlanghüpfen und ein Liedchen summen, während die Sonne scheint und es Bonbons regnet. Die meisten Menschen glauben, echtes Glück sei Euphorie; und weil sie das denken, fühlen sie sich von dieser Erfahrung ausgeschlossen, weil sie kaum zu erreichen ist, wenn sie ein schweres Leben haben. Aber diese Art von Glück interessiert mich nicht sonderlich. Mich interessiert jene Ebene des Glücks, bei der es sich darum dreht, dass wir einfach in unserem Körper sind oder zumindest den Anspruch haben, in unserem Körper zu sein, verbunden zu sein, sensibel zu sein, im Einklang mit der Welt um uns herum zu sein, obwohl die Welt so schwierig ist.

Glück bedeutet nicht, dass wir etwas verdrängen. Es ist die tiefgreifende und revolutionäre Praxis des Zulassens und Akzeptierens. Wenn ich »zulassen« sage, heißt das nicht, dass du das, was dich beschäftigt, gutheißen oder dich darüber freuen solltest. Es heißt, dass bereits Material da ist, und sich die Frage stellt, wie ich daran arbeiten kann, dass ich zulasse, dass es da ist? Wenn ich daran arbeite, etwas da sein zu lassen, entwickle ich eine Beziehung zu dem, was ist. Ich muss das, was ich zulasse, auch nicht mögen, aber ich muss es da sein lassen.

Glück kann parallel zu anderen Dingen bestehen. Wir können glücklich sein und gleichzeitig zu kämpfen haben. Oft kann ich Glück erleben, während ich zugleich Traurigkeit erfahre. Wenn Menschen an Glück denken, meinen sie häufig, dass Glück ein Ausmerzen allen Unbehagens ist. Tatsächlich aber gibt es unserem Unbehagen so viel Freiraum, dass die Wahrscheinlichkeit sinkt, dass wir uns auf unser Unbehagen fixieren und es hochspielen. Wenn wir aber unser Leben wirklich leben und mit dem, was wir erleben, im Einklang sind, dann entsteht ein Glück, das sich um den Lebenskampf herumzulegen beginnt.

Glück zu praktizieren bedeutet, dass ich daran arbeite, mir selbst zu vertrauen. Wenn ich in der Lage bin, mir selbst zu vertrauen, entwickle ich mehr Weisheit, wie ich anderen vertrauen kann. Mein Glück gibt meinem Leiden und den Problemen der Welt Raum, und ich kann mich öffnen und mitfühlend dem Leid der Welt stellen, dem von meinem Glück Raum gegeben wird. Das ist keine Zauberei. Es bedeutet, bei der Wahrheit des Relativen zu bleiben, wohl wissend, dass uns gerade unsere Befreiungsarbeit mit dem Relativen unserer Erfahrung des Endgültigen näher bringen wird. Nichts davon ist bequem oder macht Spaß. Dharma und Revolution zu praktizieren, ist kein Spaß. Es ist komplex und manchmal verwirrend.

## Aspekte des Glücks

### Raum

Ohne geistigen Freiraum gibt es kein Glück. Raum ist etwas, was wir in unserem Denken nicht erst erschaffen müssen; er ist von Natur aus vorhanden, wenn wir ihn denn wahrnehmen können. Um den Raum wahrzunehmen, müssen wir jedoch unsere Fixierung auf das Material in unserem Kopf lösen. Das Lockern dieser Verkrampfung öffnet die innere und äußere Wahrnehmung und wir können erkennen, dass immer schon Raum um uns war. Dieser Raum ist das eigentliche Herz des Glücks. Wenn wir den Raum wahrnehmen, geht das andere Material nicht weg, aber du erkennst, dass du allem Raum geben kannst, ohne dich darauf zu fixieren. Ich verwende gerne die Sprache des Tanzes. Ich denke mir das Leben als einen Tanz mit dem ganzen Scheiß, der uns begegnet. Der Tanz ist Ausdruck des Annehmens und ohne Raum können wir den Tanz des Annehmens nicht tanzen. Glück ist der Raum, in dem wir selbst mit dem härtesten Scheiß in unserem Leben tanzen.

## Vertrauen

Wenn ich von Vertrauen und Zuversicht spreche, meine ich damit, dass ich in meiner grundlegenden Erfahrung mit mir selbst Zuflucht nehme. Ich vertraue mir. Ich vertraue darauf, dass ich die Fähigkeit habe zu erleben und zu fühlen. Ich vertraue darauf, dass ich die Fähigkeit zur Empathie habe. Ich vertraue auf meine Fähigkeit, mich zu ändern. Ich vertraue darauf, dass ich in der Lage bin, Handlungsfähigkeit zu verkörpern. Ich vertraue darauf, dass ich die positiven und konstruktiven Dinge erkennen kann, die die Welt mir als Feedback anbietet, und die mir helfen können, an meinem Leiden zu wachsen. Ich vertraue auch darauf, dass ich den Bullshit durchschaue, was die Welt mir über Aspekte von mir zu sagen versucht, die mir überhaupt nicht guttun. Dieses Vertrauen zu mir selbst heißt nicht, dass es mir die ganze Zeit gut geht, aber es heißt, dass ich, wenn es mir nicht gut geht, zulassen kann, dass es mir nicht gut geht und mich um dieses Nicht-Gutgehen kümmern kann. Dieses Vertrauen beruht auf einem echten Annehmen meiner selbst, das von tiefer Dankbarkeit getragen ist. Ich muss zulassen, dass ich krank bin, um den Raum zu haben, darauf hinzuarbeiten, dass ich gesund werde.

## Verbundenheit

Glück ist ein Ausdruck von Verbundenheit. Dies bedeutet, dass ich mich den Dingen und Menschen um mich herum zugehörig fühle, weil ich den geistigen Raum habe, mich zu entspannen und zu öffnen. Wenn ich mich unverbunden fühle, erlebe ich Angst und Isolation, und das sind Erfahrungen, die dazu führen können, dass wir Gewalt in jeglicher Form ausüben. Wenn ich mich verbunden fühle, kann ich mich auch gut in mein eigenes grundlegendes Erleben sowie in das anderer Menschen einfühlen. Ich komme diesem Erleben näher, und ich komme auch anderen Menschen näher. Dann kann ich mit allem mitfühlen oder bei allem sein, was sich zeigt, und dadurch entsteht eine gewisse Intimität. Die Intimität kommt dadurch zustande, dass wir einfach den Mut haben, bei unseren Erfahrungen zu verweilen.

## Annehmen

Akzeptanz ist die Energie des Glücks. Sie ist unsere Arbeit zuzulassen, dass das, was bereits da ist, genau dort sein darf, wo es ist. Glück bedeutet nicht, vor etwas auszuweichen. Es bedeutet anzuerkennen, was da ist, und sich darauf einzulassen. Wenn ich das ständige Wegdrängen von Unangenehmem loslasse, merke ich, dass ich diese Energie der Abneigung stattdessen darauf verwenden kann, dem Unangenehmen Raum zu geben. Glück findet sich in dem Raum um das schwierige Material herum, und mit der Zeit beginnen wir den Raum innerhalb des schwierigen Materials zu entdecken. Das schwierige Material ist wie ein Naturschwamm. Wenn wir nahe herankommen können, erkennen wir die vielen kleinen Poren, durch die Dinge hinein- und herausgelangen können. Unser schwieriges Material ist porös, und wir können unsere Gewahrseinspraxis nutzen, um diese Poren zu erkunden und in dem Raum dort zu verweilen, und so auch in schwierigen Situationen ein wenig Glück zu erleben.

## Glück und Freude

Ich verwende die Wörter »Glück« und »Freude« oft synonym, genau wie ich ja auch »Wut« und »Rage« synonym verwende. Glück und Freude entstehen unter den gleichen Bedingungen. Aber es besteht ein Unterschied zwischen ihnen. Glück ist eine Erfahrung, die sehr subtil und differenziert sein kann. Es ist, wie wenn in einem kalten Zimmer die Heizung aufgedreht wird. Langsam wird es im Zimmer wärmer. Vielleicht merkst du die zunehmende Wärme erst, wenn du feststellst, dass dir nicht mehr so kalt ist wie gerade eben noch. Freude hingegen ist so, wie wenn du dich in einem kalten Zimmer befindest, aber statt die Heizung aufzudrehen, zum Kamin gehst, Feuer machst und sofort viel Wärme zur Verfügung hast. Die Wärme kann sehr stark werden und dich ablenken, aber sie ist nicht von Dauer, denn die Holzscheite verbrennen, und das Zimmer kühlt allmählich ab, bis du ein neues Feuer machst. Darüber hinaus verstehe ich Freude als einen natürlichen Geisteszustand, wenn ich in der Meditation daran arbeite, diesen Zustand zu erkennen. Glück hingegen ist ein Gefühl, das ich zu kultivieren versuche.

## Praxis der mitfühlenden Freude

Mitfühlende Freude ist die Praxis, Freude und Glück energetisch zu verschenken, sowie an Freude und Glück anderer Menschen teilzuhaben. Freude zu verschenken, bedeutet: Wenn ich etwas Schönes erlebe und Glück oder Freude empfinde, stelle ich mir vor, dieses Empfinden an andere Personen weiterzugeben, insbesondere an Leute, die diese Energie echt gut gebrauchen können. Das Glück, das ich verschenke, kann aus einer beliebigen Quelle kommen. Du kannst das Glück in allem verschenken, vom Riechen an einer gut duftenden Blüte bis zum Lustempfinden bei gutem Sex. Jede angenehme Erfahrung, die unser Glück mehrt, kann verschenkt werden.

Eine einfache Übung, die ich mache, besteht darin, dass ich mehrmals am Tag bewusst hinspüre, wenn ich glücklich oder fröhlich bin. Wenn ich das bemerke, wünsche ich mir in Gedanken, dass alle Wesen das Glück oder die Freude erleben mögen, die ich gerade erlebe. Ich kann dieses Gefühl sogar einer bestimmten Person schenken. Sogar beim Sex kannst du üben, die Freude, die du empfindest, zu verschenken. Dies führt dazu, dass diese Erfahrung in Weisheit und Mitgefühl umgewandelt und der Sex für dich und dein*e Part*nerinnen weniger gewaltvoll wird.

An der Freude anderer Menschen teilzuhaben, bedeutet: Wenn ich sehe, dass andere Menschen glücklich sind, öffne ich mich innerlich für ihre Energie, indem ich mich in sie einfühle und erlebe, wie es sein kann, denselben Grund zur Freude zu haben wie sie. Dies ist die heikelste Übung hier, weil wir am Glück von Menschen teilhaben sollen, die Dinge erhalten, die unserer Meinung nach eigentlich uns zustehen, oder weil wir glauben, dass die Person, die gerade Glück erfährt, dieses nicht verdient hat. Die Leute sagen mir, dass es eine Herausforderung sei, das Glück und die Freude eines Menschen zu teilen, der glücklich ist, weil er ungerechterweise etwas erhalten hat, das wir hätten bekommen sollen, etwa eine Gehaltserhöhung, Beförderung, Auszeichnung und so weiter. Genau genommen ist das mein Gegenmittel gegen Eifersucht. Wenn ich erlebe, dass eine Person etwas bekommt, das ich gerne hätte, überlege ich mir, wie es sich anfühlen muss, das zu bekommen, was sie gerade bekommt, und wie viel Arbeit sie hineingesteckt hat, damit sie bekommt, was sie nun hat. Ich versuche, in dem Raum zu verweilen, der sich dadurch öffnet, dass ich mich einfühle und bei allem bleibe, was auftaucht. Mit der Zeit kannst du dich immer besser in dieses gemeinsame Glück hineinversetzen, und du wirst ein tieferes Glück erfahren, weil du das Glück anderer Menschen um dich herum nutzt, um dich mit deinem eigenen Glücksempfinden in dir zu verbinden.

## Gedanklichen und physischen Freiraum erkennen

Die folgende Übung ist meine Grundübung, um den Raum zu erkennen, der von Natur aus in meinem Erleben vorhanden ist. Ich muss den Raum nicht schaffen. Ich muss nur lernen, meine Aufmerksamkeit darauf zu richten. Raum zu geben, bedeutet, dass ich bemerke, wenn ich abgelenkt werde und anfange, auf Dinge zu reagieren und dabei das Gespür für den Freiraum in meinem Denken sowie die Fähigkeit verliere, alles da sein zu lassen. Ohne dieses Training wird es sehr schwer, mit starken Gefühlen wie Wut zu arbeiten.

Der Atem kann ein wichtiges Werkzeug sein, das uns ermöglicht, uns mit dem Raum zu verbinden, der von Natur aus vorhanden ist. Wenn wir die Gefühlsenergie durch den Atem beruhigen und kanalisieren können, können wir mit der Zeit eine Ausgeglichenheit erfahren, die es uns leichter macht, uns auf den inneren Freiraum zu konzentrieren.

## Art der Übung

Dies ist eine achtsamkeitsbasierte Übung

### DIE ÜBUNG

1. Beginne mit der Abfolge zu Beginn der Übung und ende mit einer Atemübung.

2. Fahre mit dem Atmen fort und atme tief durch die Nase ein und durch den Mund aus. Versuche, so tief wie möglich sowohl ein- als auch auszuatmen. Tue dies ein paar Minuten lang und mache dann nach dem Einatmen durch die Nase zwei Sekunden Pause, bevor du den Atem durch den Mund hinauslässt. Lasse diese Pause nach und nach immer länger werden, bis zu fünf bis zehn Sekunden, oder solange es angenehm für dich ist. Achte in der Pause zwischen Ein- und Ausatmen auf den Raum und die Stille, die sich auftun. Wenn du kannst, versuche, in diesem Zwischenraum zwischen Ein- und Ausatmen auszuruhen. Ruhe

weiterhin in diesen Pausen aus und versuche, sowohl das Atmen als auch die Pausen zu erleben. Lasse den Atem dich atmen und lasse dich dabei vom Atem in ein tieferes Empfinden von Freiraum und Ruhe versetzen. Übe mit den Atemzügen, solange du möchtest.

3. Nun richte deine Aufmerksamkeit auf deinen Geist und nimm das ganze Material, also Gedanken und Gefühle, wahr. Stelle dir nach und nach vor, dass dieses Material wie Wolken ist, die am Himmel ziehen. In diesem Fall ist es Material, das am Himmel deines Geistes zieht. Lasse das Material los und versuche, in Ruhe zu verweilen. Stelle dir dabei vor, dass du auf dem Boden liegst und zum Himmel und den über dir vorbeiziehenden Wolken schaust. Währenddessen tut sich ein Gefühl des Freiraums auf, und in diesem Raum lässt du zu, dass das Material in deinem Geist einfach da ist und durch deinen Geist zieht. Richte deine Aufmerksamkeit auf dieses Gefühl von Raum. Versuche dies so lange wie möglich.

4. Nun richte deine Aufmerksamkeit wieder auf deinen Körper und nimm alle körperlichen Empfindungen wahr. Behalte dabei die Übungen zur Unterstützung bei Traumata im Hinterkopf. Vergewissere dich, dass du zu deinem Sitz und zur Erde zurückkehren kannst, wenn du dich instabil fühlst. Stelle dir vor, dass du durch jede Öffnung in deinem Körper ein- und ausatmest, einschließlich Mund, Nase, Ohren, Augen, Poren, Anus und Genitalien. Mache nach dem Einatmen wieder eine Pause und dehne die Pause so lange aus, wie es dir angenehm ist, dann

atme wieder aus. Wiederhole diese Methode, zu verweilen und die Ruhe und den Freiraum wahrzunehmen.

5. Bleibe mit einem Teil deiner Aufmerksamkeit bei deinem Sitz und der Erde und stelle dir dabei vor, dass dein Körper wie ein großer, aufgeblasener Luftballon ist und in seinem Inneren ein Gefühl von Offenheit und Weite hat. Praktiziere dies eine Zeitlang und versuche dabei, dich auf das Gefühl zu konzentrieren, dass dein Körper offen und weit ist. Versuche, die Übung geistigen Freiraums mit dem körperlichen Freiraum zu verbinden, und verweile in diesem weit offenen Raum, wo du alles durch dein gesamtes Erleben dahinziehen lässt.

*Mit Wut arbeiten*

6. Während du dich mit dem Gefühl des Freiraums verbindest, richte deine Aufmerksamkeit auf jedes Erleben von Wut, sei es als geistige oder als körperliche Erfahrung oder als beides. Lasse dieses Erleben von Wut in diesem Freiraum dahinziehen. Bei der Arbeit mit einer schwierigen Energie wie Wut oder sogar Trauer ist es wichtig, die Energie wahrzunehmen; doch beim Wahrnehmen müssen wir darauf achten, dass wir uns nicht auf die Energie fixieren. Stelle dir deshalb vor, dass du diesen Energien mehr Raum gibst, indem du dich entspannst und loslässt. Tue dies immer wieder und verbinde dich mit der Erkenntnis, dass diese Energien bloß Erfahrungen sind und nicht eigentlich das, was du bist.

7. Sobald du das Gefühl hast, genug geübt zu haben, absolviere die Abfolge zum Abschluss einer Übung.

# 7

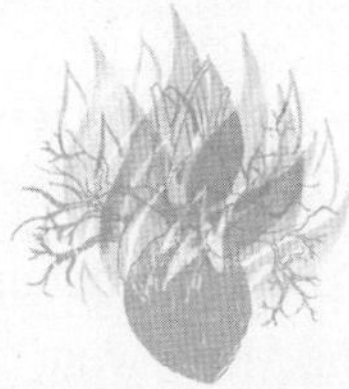

# AKZEPTANZ

Gott, gib mir die Gelassenheit,
die Dinge hinzunehmen, die ich nicht ändern kann;
den Mut, die Dinge zu ändern, die ich ändern kann,
und die Weisheit, das eine vom anderen zu unterscheiden.
Einen Tag nach dem anderen zu leben;
einen Moment nach dem anderen zu genießen;
Entbehrung als einen Weg zum Frieden zu akzeptieren.
*Gelassenheitsgebet*

Ich komme dahin, wo ich geliebt werde. Ich komme dahin, wo ich Liebe zum Ausdruck bringen darf. Beim Lieben habe ich keine Erwartungen.
*Lama Rod Owens*
Aus: Radikal lieben: Buddhismus, Antirassismus und Befreiung, w_orten & meer, 2021.

In den letzten Jahren habe ich darum gerungen, die Liebe auf eine einfachere und direktere Weise zu verstehen. Ich bin dankbar für meine buddhistische Praxis und Tradition, die mir ein schönes und realistisches Verständnis und Modell vom Lieben und Geliebtwerden vermittelt hat. Und doch kann das Wort »Liebe« in meiner Praxis immer noch mit Mehrdeutigkeit und Indirektheit aufgeladen sein. In meiner Lehre und meinen bisherigen Schriften versuche ich, so detailliert wie möglich darzulegen, wie ich Liebe verstehe, und doch komme ich immer wieder auf die gleiche Frage zurück: Aber was ist Liebe wirklich? Es ist wichtig, dass wir mit dieser Frage sitzen. Sie hat zu einer weiteren wichtigen Frage geführt: Was mache ich, wenn ich liebe? Was geschieht, wenn ich Liebe empfange? Mit der Zeit bin ich zu einer wichtigen neuen Betrachtungsweise der Liebe gelangt. Wenn ich liebe, praktiziere ich Akzeptanz; und wenn ich geliebt werde, werde ich akzeptiert. Akzeptanz ist der Schlüssel zu meinem Verständnis von Liebe.

Akzeptanz bedeutet, einfach zuzulassen, dass eine Sache da ist, egal, was es ist. Sie ist eine Praxis des Nicht-Urteilens. Die Qualität oder Natur dieser Sache interessiert uns jetzt nicht. Uns interessiert nur, dass es da sein darf. Dies führt uns natürlich wieder zu unserer Arbeit, Raum zu geben, welche wiederum definiert wird als zuzulassen, dass die Sache da ist. Raum zu geben, bedeutet, dass wir etwas sowohl zulassen als auch akzeptieren. Urteilsloses Akzeptieren bedeutet, dass wir das die Sache weder feiern noch ablehnen.

Zum Beispiel habe ich mich, als ich anfing dieses Kapitel zu schreiben, am Fuß verletzt. Ich hatte zwar Schmerzen, aber das eigentlich Unangenehme war die Bewegungseinschränkung an meinem Fuß. Die Sache war der Schmerz, den ich verspürte. Es war die Grunderfahrung einer Empfindung, die nicht angenehm war. Das

Leidvolle an der Situation war die zusätzliche Ebene des Widerstands dagegen, diesen Schmerz zu spüren. Meine Arbeit bestand darin, dem Schmerz Raum zu geben, was wiederum bedeutete, den Schmerz zu akzeptieren. Als mir das gelang, wurde der Schmerz normaler und war keine so starke Ablenkung mehr. Ich merkte, dass ich weniger abgelenkt war und den Freiraum hatte, an Abhilfe zu denken, etwa ein Schmerzmittel zu nehmen, meinen Fuß zu kühlen, ihn zu schonen und zu massieren. Akzeptanz schenkt uns den Raum, Weisheit zu entwickeln, und aus diesem Weisheitsraum heraus können wir entscheiden, wie wir das bewältigen wollen, dem wir Raum geben.

Ich sage oft: »Wenn wir etwas verändern wollen, müssen wir zuerst anfangen, es zu lieben.« Eigentlich meine ich damit, dass wir zuerst akzeptieren müssen, dass etwas da ist, bevor wir anfangen, es zu verändern. Wenn wir etwas nicht akzeptieren, bevor wir versuchen, es zu ändern, ist der Prozess so, als würden wir versuchen zu gehen, ohne dass unsere Füße auf dem Boden sind. Es muss Kontakt zu dem geben, was ist, denn wir müssen etwas wahrnehmen und es kennen, bevor wir etwas dagegen tun. Diese Lehre ist dann besonders hart, wenn sie sich auf das schwierige Zeug in unserem Leben bezieht. Es kann sehr schwer für uns sein, uns diese Lehre anzuhören, wenn wir aufgefordert werden zu akzeptieren, dass uns selbst oder anderen Menschen Formen von Gewalt angetan werden oder Schaden zugefügt wird. Ich sage Aktiv*istinnen oft: »Wenn wir Gewalt- und Ungerechtigkeitssysteme verändern wollen, müssen wir akzeptieren, dass diese Systeme da sind.« Noch einmal, etwas zu akzeptieren bedeutet nicht, es zu feiern oder zu billigen; es heißt lediglich zuzulassen, dass es diese Realität gibt, damit wir sie erkennen und herausfinden können, wie sie zu verändern ist. Wenn unsere Füße nicht auf dem Boden sind, können wir nicht gehen.

## Queerness akzeptieren

Es gibt Vieles, bei dem ich mich schwergetan habe, es zu akzeptieren. Wichtig war für mich jedoch, meine Sexualität anzunehmen.

Als Jugendlicher war ich homophob. Das war nicht Ausdruck von Hass, sondern von tiefer Scham als Antwort auf meine Unsicherheit, mein immer schon vorhandenes Schwulsein bewusst wahrzunehmen.

Ich bin mit einem Grauen vor Sex aufgewachsen und dieses Grauen speiste sich aus einer Angst vor meinem Körper. Da ich in einer christlichen Gemeinde groß geworden bin, wurde mir nie beigebracht, wie ich eine gesunde Beziehung zu meinem Körper oder zu dem eines anderen Menschen entwickeln kann. Als kleiner Junge wurde mir die Botschaft vermittelt, dass mein Körper schmutzig ist und dass die einzige Lösung gegen das Schmutzige an meinem Körper darin besteht, seine natürlichen Triebe zu verleugnen. Durch das Verleugnen seiner natürlichen Triebe könne ich eine Art körperliche Reinheit erlangen und aufrechterhalten, die ein Abbild des Göttlichen sei, so hieß es. Später entdeckte ich, dass diese Botschaft mit einem hohen Prozentsatz an Teenager-Schwangerschaften und sexuell übertragbaren Krankheiten in meiner Heimatgemeinde zusammenfiel.

Als ich als Teenager masturbieren lernte und zum ersten Mal ejakulierte, verspürte ich eine befreiende Glückseligkeit und gleichzeitig den Gedanken, dass ich etwas furchtbar Schädliches tat und daran sterben würde. Bald bekam ich durch Videos und Magazine Zugang zu Hetero-Pornografie. Der Sex zwischen Männern und Frauen in diesen Szenen war zwar anregend, aber mit der Zeit merkte ich, dass ich auf die Penisse der Männer und auch auf den Rest ihrer Körper stand. Nach dieser Entdeckung bekam ich Zugang zu schwuler Pornografie, die mich langsam in meinem Schwulsein bestätigte. Dass ich schwul war, konnte ich vor mir selbst allerdings nicht zugeben, und zwar aus dem naheliegenden Grund, dass ich damals noch fest daran glaubte, Homosexualität würde mit ewiger Verdammnis bestraft. Doch schon bevor ich mit Pornografie in Berührung kam, hatte ich erotische Begegnungen mit anderen Jungs in meinem Alter, die aus Berührungen, Fummeln und Nacktspielchen bestanden. Bei diesen Erfahrungen ging die Initiative nie von mir aus, und während ein Teil von mir sie liebte, war ein anderer Teil von mir entsetzt über den Teil, der sie liebte. Der entsetzte Teil gewann, und ich lernte, Situationen zu meiden, in denen es mit anderen Jungs zu so etwas kommen konnte. Meine insgeheime Beziehung zur Pornografie blieb jedoch bestehen, da sie mir dazu diente, meine Sexualität mithilfe meiner Fantasie und der Erkundung meines eigenen jungen Körpers zu erforschen. Ich kann nicht behaupten, dass Pornografie für alle Menschen gut ist oder dass die Branche und der private Konsum des Materials keinen Schaden anrichten, aber ich bin auch fest davon überzeugt, dass ich diese Videos und Magazine brauchte, um meine Sexualität und meinen Körper im Kontext von Erotik und Lust zu verstehen. Ich hatte keine schwulen Freunde, Liebhaber oder Mentoren. Ich besaß weder das Geschick noch die Konditionierung oder die Sicherheit, meine Anziehung zu anderen Jungs öffentlich zum Ausdruck zu bringen. Damals gab es kein Internet, um mit Gleichgesinnten in Kontakt zu kommen. Es gab Pornografie, die mir die Tür zu einer Welt öffnete, die mir zuvor verschlossen gewesen war. Doch solange ich mich nicht selbst als schwul bezeichnete und mich gegen sexuelle Kontakte mit anderen Jungs wehrte, war ich nicht schwul.

Als ich Anfang der 90er in die Middle School kam, fingen die meisten meiner Freunde an, mit Mädchen auszugehen. Gleichzeitig fühlte ich mich zu eben diesen Freunden hingezogen. In der Middle School gab es einen Schüler, der sich schon geoutet hatte und sehr feminin war. Wir waren nicht befreundet. Soweit ich mich erinnere, haben wir in den zwei Jahren, die wir dort zusammen waren, vielleicht einmal miteinander gesprochen. Aber ich weiß noch, dass er in den Pausen oft umgeben von anderen Mädchen umherstolziert ist. Ich kann mich nicht erinnern, dass ich mich je sexuell zu ihm hingezogen gefühlt hätte, aber ich erinnere mich an den Drang, sein Freund zu sein. Er war der einzige Junge in der Schule, der hin und wieder eine Wasserwelle trug. Er hat nicht versucht, sich zu verstecken. Wenn ich daran zurückdenke, war er einfach nur wunderbar und kämpferisch. Damals war er für mich jedoch keins von beidem. Er war gefährlich und gefährdet. Er war gefährlich, weil er anderen Jungs und mir immer wieder zeigte, welche wir sein konnten, wenn wir uns nur klar dafür entschieden; und gerade dadurch machte er uns bewusst, wie verzweifelt wir waren, weil wir in der brutalen Konditionierung des heterosexuellen Patriarchats gefangen waren, in der wir unser Glück und unsere psychische Gesundheit aufs Spiel setzten. Zugleich brachte ihn dies auch in Gefahr, denn uns wurde beigebracht, dass kein Mensch diesem patriarchalen Weg entkommen kann, und so war es unsere Pflicht, die Bedrohung, die er darstellte, mit allen Mitteln zu unterdrücken. Tief im Inneren wollte ich so sein wie er und andere Gleichgesinnte, weil sie frei wirkten. Ich möchte immer noch so sein wie er.

Ich kann mich nicht erinnern, dass ich an den gemeinschaftlichen Unterdrückungsritualen, die die Jungs (und auch einige Mädchen) an ihm vollzogen, teilgenommen hätte. Ich kann mich nicht erinnern, dass auch ich grausame, gemeine Kommentare abgegeben hätte. Ich kann mich nicht erinnern, ihn Schwuchtel genannt oder zur Witzfigur gemacht oder ihn als Drohbild benutzt zu haben, mit dem wir uns gegenseitig in Schach hielten, wenn uns auffiel, dass einer sich nett anzog oder freundlich oder weich war: »Ah, ich merke schon, du willst so sein wie er. Ich glaube, wir müssen dich auch bald ______________ nennen.« Ich weiß, dass ihm noch andere Dinge passiert sind, die sogar noch brutaler waren. Auch wenn ich mich nicht daran erinnern kann, dass ich mich an dieser gemeinschaftlichen Gewalt beteiligt habe, war es trotzdem so. Ich habe mich dafür entschieden, nichts dagegen zu unternehmen, wie andere Leute über ihn sprachen. Ich habe mich dafür entschieden, mich nicht mit ihm anzufreunden und in der Öffentlichkeit zu zeigen. Ich hatte Angst, und diese Angst hielt mich davon ab, die Gewalt gegen einen Menschen zu unterbinden, der Emotionsarbeit für mich leistete, indem er einfach auf der Welt war und sich entschied, er selbst zu sein, ungeachtet der Gewalt, die er erfuhr. Die Arbeit, die Menschen leisten, die zu marginalisierten Gruppen gehören, und das Opfer, das sie bringen, um auf eine Weise in der Welt zu sein, die ihre Integrität nicht gefährdet, verstehen wir übrigen als Freiheit um jeden Preis. Sie zeigen uns, die wir immer noch unseren Mut und unsere Widerstandskraft zusammensammeln, wie wir am Ende in der Welt sein und die Welt und ihre Brutalität überleben können. Auch wenn ich nicht den Mut und die Kraft hatte, mich zu outen, hat er mir doch gezeigt, was es heißen kann, ich selbst zu sein. Damals fürchtete ich mich jedoch am meisten davor, dass er mir immer wieder zeigte, was ich werden würde, und deshalb wollte ich insgeheim auch, dass er ausgelöscht würde.

Das ist das Leid, dass ich mit in die Highschool nahm. Es ist dasselbe Leid, das ich nach außen hin als Homofeindlichkeit zum Ausdruck brachte, denn in der Highschool beteiligte ich mich offen an gemeinschaftlichen Gewaltritualen gegen andere queere und schwule Schül*erinnen. Ich dachte, ich hätte keine andere Wahl, sonst wäre ich genauso ausgegrenzt worden wie sie. Mein Ausdruck von Homofeindlichkeit war in allererster Linie ein Ausdruck von emotionaler Gewalt gegen mich selbst. Es war eine Angst vor mir selbst und Angst, weil ich meinem Körper oder meiner Sexualität keinen Raum geben konnte. Zugleich war er eine starke Bestätigung der Tatsache und ein massives Ausweichen vor der Erkenntnis, dass ich mich selbst nicht liebte. Wie ich andere vermeintlich schwule Menschen in meinem Umfeld und im Fernsehen verurteilte, war Ausdruck des Schmerzes, den ich durch das Gefühl des Ungeliebtseins empfand. Ein Großteil der Gewalt, die wir anderen Menschen antun, entsteht dadurch, dass wir uns als ungeliebt und unglücklich erleben.

Während meiner Zeit in der Highschool begann sich mein Verhältnis zu meiner Sexualität zu verändern. Dazu trugen mehrere Faktoren bei. Der erste war mein wachsendes Interesse an der Geschichte des politischen Radikalismus. Wenn ich heute daran zurückdenke, fühlte ich mich in der Schnittmenge von Queersein und Schwarzsein innerhalb eines Gesellschaftssystems, das beides stark benachteiligte, hilflos und gefangen. Ich musste meine Handlungsfähigkeit und ein Gefühl von Empowerment erleben.

Zu meinem zwölften Geburtstag schenkte mir mein Vater die Autobiografien von W. E. B. Du Bois, *Die Seelen der Schwarzen*, und Booker T. Washington, *Ich war ein Sklave: Eine autobiographische Erzählung*. Bald darauf schenkte er mir das Drehbuch zu Spike Lees Film *Malcom X*. Diese Schriften weckten mein Interesse an radikalem Schwarzem Denken und brachten mich dazu, mich eigenständig weiter mit dem Leben von Malcolm X sowie in der Highschool mit der Haitianischen Revolution und der Black Panther Party zu beschäftigen. Durch die Auseinandersetzung mit diesem Teil der Geschichte, die im regulären Lehrplan praktisch nicht vorkam, fühlte ich mich empowert. Ich erfuhr, dass es Schwarze queere Menschen gab, die sich für die Befreiung anderer Personen einsetzten, insbesondere innerhalb der Black-Power-Bewegung. Meine Beschäftigung mit der Geschichte hat mein Verständnis dafür erweitert, was Freiheit bedeutet, und wie Personen, Systeme und Institutionen vorgehen, um zu verhindern, dass Menschen frei leben können.

Ein zweiter Faktor war die gezielte Lektüre Schwarzer queerer Literatur wie zum Beispiel der Werke von James Earl Hardy und seiner mehrbändigen Reihe *B-Boy Blues*. Die Bücher schenkten mir ein ungeheures Selbstwertgefühl, weil ich über andere Schwarze queere Männer las, die ihre Liebe zueinander zum Ausdruck brachten. Die Reihe hat mir geholfen, mein Verhältnis zum Sex weiterzuentwickeln, und sie hat mir geholfen zu verstehen, was Sex im Kontext von Beziehungen und emotionalen Bedürfnissen bedeutet, und mich so von der emotionslosen Darstellung von Sex in der Pornografie weggebracht. Ich liebte die Reihe, weil sie mir eine Sprache gab, in der ich meine Realität als Schwarzer schwuler Mann zum Ausdruck bringen konnte.

Ein dritter Faktor war meine wachsende Beziehung zu den wenigen homosexuellen Schül*erinnen, die sich in meiner Highschool geoutet hatten. Ich hatte keine Beziehungen zu anderen schwulen Jungs, aber zu lesbischen Mädchen. Es waren überwiegend Lesben sowie später transgender und gendervariante Freun*dinnen, die auf meinem Weg zur Selbstliebe in Bezug auf Sexualität und Gender sehr heilsam für mich waren. In der Highschool jedoch hat mir die Entwicklung echter Beziehungen zu lesbischen Schül*erinnen geholfen, Gemeinschaft in Form von Zuneigung zu anderen homosexuellen Menschen zu erleben. Das war für mich eine wichtige Unterstützung, die mich zu der Überzeugung gebracht hat, dass es für mich sicher war, mich zu outen.

Ein letzter Faktor war, dass ich insgesamt älter wurde und mich vom Jugendlichen zum jungen Mann weiterentwickelte. Ich entwickelte ein stärkeres Gefühl dafür, wer ich war, und wichtiger noch, ich entwickelte ein Gefühl dafür, wer ich sein wollte. Ich wusste, was Leiden und Unglück ist, und wollte einfach nur frei von diesen Erfahrungen sein. Da ich weder eine spirituelle Praxis noch einen starken Glauben an meine ursprüngliche Religion, das Christ*innentum, hatte, war ich in erster Linie überzeugt, dass meine Realität von Unterdrückung und Marginalisierung durch Studium, kritisches Denken und strategisches Handeln verändert werden müsste.

Alle diese Faktoren fanden eines Abends ihren Höhepunkt in einem Moment der Akzeptanz. Es ist ganz typisch für mich, dass ich etwas Großartiges, das mir passiert, oft recht beiläufig registriere. Zuerst ist es sehr aufregend, mir etwas auszumalen; und dann passiert es, und im Grunde denke ich: »Ah ja, das ist toll«, und wende mich dem nächsten zu. Ich bin schon über das Tolle hinweg, bevor es überhaupt eintritt. Jedenfalls lag ich eines Abends im Bett, und plötzlich schoss mir ein Gedanke durch den Kopf, gegen den ich mich während meiner gesamten Highschoolzeit gewehrt hatte. »Ich bin schwul«, dachte ich mir. Es war ganz einfach und normal. In diesem einen Augenblick hat sich mein Leben drastisch geändert, und das war's. Das war das erste Mal, dass ich eine solche Akzeptanz erfahren hatte. Es gab noch viel zu tun, um mich dieser Realität vollständig zu öffnen – und täusche dich nicht, ich arbeite immer noch daran, mich zu akzeptieren –, aber dieser Abend im Bett war wichtig und tiefgreifend.

Mit dieser grundlegenden Akzeptanz meines Schwulseins habe ich zum ersten Mal einen bewussten Moment der Selbstliebe erlebt. Ich habe das damals gar nicht als Liebe registriert; aber wenn ich daran zurückdenke und mich von meiner heutigen spirituellen und kontemplativen Praxis leiten lasse, dann war es das erste Mal, dass ich mit mir selber gesprochen und gesagt habe, was los ist und dass es an der Zeit ist, sich damit auseinanderzusetzen. Im Kern der Akzeptanz liegt, dass wir die Wahrheit sagen. Diese Wahrheit beginnt bei uns selbst und erkennt an, was in uns vorgeht.

Dass alle diese Faktoren zusammenkamen, bedeutete andererseits, dass ich allmählich genug Sicherheit verspürte, um mir die Wahrheit einzugestehen und in vollem Umfang wahrzunehmen, wie unbequem diese Wahrheit war. Die Wahrheit über mein Schwulsein war nicht das Problem. Das Problem war meine Beziehung zu meinem Schwulsein. Sie war davon geprägt, wie mein Umfeld mir sagte, dass ich mich zu diesem Schwulsein zu verhalten hätte. Teilweise half mir mein Gefühl der Sicherheit auch, die Botschaften loszulassen, die mir über mein Schwulsein vermittelt wurden. Ich musste anfangen, dem zu vertrauen, wie ich selbst mein Schwulsein erlebte, was sich normal und natürlich anfühlte. Und als mein

Schwulsein sich vertiefte, wich es der Queerness. Sie war und ist eine Identitätsposition, die nicht nur meine erweiterte Anziehung zu verschiedenen Körpern und Darstellungsformen von Gender zum Ausdruck bringt, sondern auch meine radikale Sexualpolitik.

## Unsere Wut lieben

Dieses Buch ist ein Liebeslied an meine Wut. Dieses Liebeslied zeichnet die Anstrengungen nach, die ich unternommen habe, um etwas zu lieben, das nicht liebenswert schien. Es ist kein lockeres Liedchen. Dieses Lied ist nichts zum Tanzen. Meine Wut ist groß und heftig. Sie ist eine unerschöpfliche Energiequelle, die ich für unschätzbar wertvoll halte, insbesondere wenn ich sie zur Auseinandersetzung damit genutzt habe, auf wie vielfältige Art und Weise ich schikaniert und verletzt worden bin. Meine Wut war immer da, um alles wiedergutzumachen, was mir angetan wurde. Ich habe diese Wut als rechtschaffen bezeichnet, aber es ist immer noch Wut, und sie war öfter für mich da als je ein Mensch für mich da gewesen ist.

Meine Wut ist wie ein Lebewesen, mit dem ich in Part*nerinnenschaft lebe. Meine Wut ist für mich wertvoll, seit ich durch die Meditationspraxis erkannt habe, dass sie es genauso verdient hat, geliebt zu werden, wie alle anderen Menschen oder Dinge auch. Vor dieser Erkenntnis war meine Wut traurig und einsam. Sie fühlte sich vergessen und ignoriert. Sie führte sich auf wie jeder Mensch, der sich ignoriert oder sogar missachtet fühlt. Ich musste lernen, eine Beziehung zu ihr aufzubauen.

Ich fing an, Liebe zur Wut zu üben, weil ich von ihr befreit sein wollte. Mit »befreit« meine ich nicht, dass meine Wut völlig ausgelöscht werden soll, sondern dass ich nicht mehr in einer zwanghaften Beziehung zu ihr gefangen sein will. Wenn ich davon spreche, die Wut zu lieben, dann meine ich damit nicht, dass ich liebe, was sie macht, oder wozu sie mir verhilft, oder wie ich mich durch sie fühle. Ich liebe sie nicht deshalb, weil sie mir etwas gibt. Ich liebe meine Wut, weil sie zu mir gehört. Meine Wut zu lieben heißt, dass ich sie zulasse, ohne sie zu verurteilen und ohne mich ihrer zu schämen. Ich akzeptiere sie. Außerdem bricht die Liebe zur Wut deren Macht über mich und gibt mir Raum, Macht über sie zu haben.

Wut und Liebe können nebeneinander existieren. Tatsächlich ist dieses Liebeslied ein Duett zwischen Wut und Liebe. Zum Teil bedeutet dieses Duett, über die Praxis der Liebe zu uns selbst zu singen und über die Liebe zu dem Wunsch, dass andere Menschen glücklich sein sollen. Diese Praxis kann tatsächlich der Wut Raum geben, damit sie da sein darf. Und dies befreit mich aus meiner zwanghaften Beziehung zu ihr, was wiederum zu weniger Gewalt gegen mich selbst und andere Leute führt. Wut sagt mir etwas Wichtiges über mich und über die Art meiner Unausgeglichenheit. Auf einer tieferen Ebene aber hilft mir die Liebe, noch tiefer als die Wut zu kommen und mit meiner grundlegenden Verwundung oder meinem tiefen Kummer und allem zu sitzen, was komplex und differenziert und im Allgemeinen sehr unangenehm ist.

Aber ich muss zugeben, dass es gefährlich ist, meine Wut zu lieben. Diese Art von Liebe bricht mir nur immer wieder das Herz. Meine Wut sagt mir immer die Wahrheit über Dinge, mit denen ich mich nicht befassen will. Sie sagt mir, dass es Dinge gibt, die aus dem Gleichgewicht geraten sind. Sie sagt mir, dass ich verletzt bin.

Wenn ich meine Wut auf diese Weise liebe, setze ich mich auch der Wahrheit über mich selbst und über die Welt aus.

Meine Wut zu lieben, heißt, dass ich mich selbst lieben muss. Eine liebevolle und befreiende Beziehung zur Wut fordert das von mir, und diese Forderung muss vollständig und ohne Vorbehalte oder Widerwillen erfüllt werden. Denn wenn nicht, bedeutet das in der Konsequenz, dass meine Liebe zur Wut allein in einen Missbrauch umschlägt, bei dem ich dann von meiner Wut verlange, dass sie vernichtet, was ich für die Wurzel meines Schmerzes halte.

Wir müssen uns unsere Wut zu eigen machen, aber wir dürfen nicht aus dieser Wut heraus handeln. Wir können aus der Liebe heraus handeln, während die Wut weiterhin prägt, was geschieht. Aber sie verweist uns auch immer wieder auf unseren Schmerz und sorgt dafür, dass der Schmerz uns mit anderen verbindet und der Kummer uns bewusstmacht, dass wir nicht die einzigen auf der Welt sind, die zu kämpfen haben. Wir alle erleben Kummer. Nichts kommt am Ende so, wie wir es ursprünglich wollten. Ich finde diese Erkenntnis unglaublich wichtig für mich. Sie erinnert mich ständig daran, dass ich nichts Besonderes bin, weil ich Schmerz empfinde. Ich bin einfach genau wie alle anderen Menschen: einfach ganz einfach.

Wie Mutter Audre Lorde uns gelehrt hat, enthält die Wut eine Menge Daten. Die Daten sind dazu da, dass wir aus ihnen lernen. Die Wut lehrt uns, wie wir frei sein können, wie wir ein dynamisches und erfülltes Leben führen können, wie wir eigene Handlungsfähigkeit entwickeln, annehmen und zum Ausdruck bringen können, wie wir Grenzen setzen und das Leid, das wir als einzelne Personen und als Kollektive erleben, verringern können. Damit die Wut dies tun kann, müssen wir sie lieben und eben dadurch, dass wir sie lieben, uns von ihr zeigen lassen, was sie wirklich ist. Indem wir sie lieben, zeigt sie uns, wo der Schmerz sitzt.

Die Liebe zu unserer Wut lädt sie in einen transformativen Raum ein, in dem sie sich als Lehrperson zeigt. Wenn wir die wertvolle Chance ausschlagen, in diesen transformativen Raum zu gelangen, der der Raum von Anspannung, Angst und manchmal Grauen ist, dann verpassen wir etwas. Die Zeiten, die mich am meisten lehren, sind für mich die Zeiten völliger und tiefster Zerrissenheit und Einsamkeit. Dann zeigt sich mein Schmerz, um mich zu lehren, wie ich ihn lieben und eine andere Beziehung zu ihm entwickeln kann. Wenn wir hier nicht Präsenz zeigen und mit diesen Daten arbeiten, dann verpassen wir, was sie uns lehren wollen. Und dann stolpern wir immer wieder in unsere alten Muster, die wirklich nie irgendeinem Menschen dienen. Durch die wir uns immer wieder selbst traumatisieren, weil wir die Lektion nicht kapieren, weil wir nicht präsent sein können, weil wir nicht verstehen können, dass uns gerade unser Unbehagen beibringt, andere Entscheidungen zu treffen, wie wir für uns sorgen wollen.

# 8

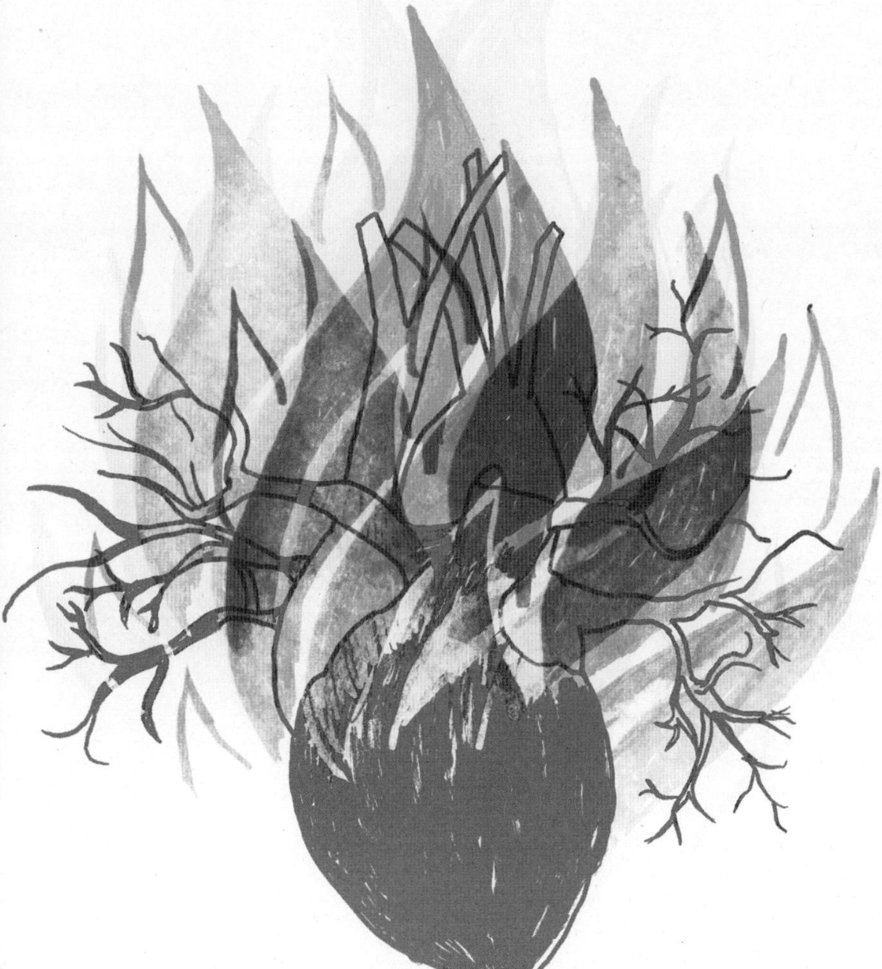

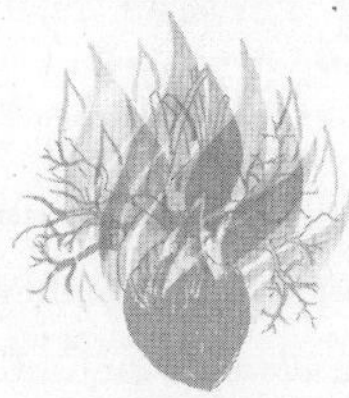

# #METOO UND DER GURU

Und was dabei alle übersehen – wenn das Buch herauskommt, kann dir diese Wahrheit wehtun – damit ich sie aber sagen konnte, musste sie zuerst mir selbst weh tun.
*James Baldwin*

Mitgefühl ist Fürsorge, und von da an vertraust du dir, dass du die richtige Entscheidung triffst.
*Karma Wangmo*

Ich beginne diese Überlegungen mit dem Eingeständnis, dass ich sie nicht anstellen will. Ein Teil von mir ist mit dieser Enthüllung nicht einverstanden. Ein anderer Teil weiß aber wiederum, dass mir gar nichts anderes übrigbleibt, als einverstanden zu sein. Wenn ich Interesse an Heilung habe, dann muss ich auch Interesse daran haben, das auszusprechen, wovor ich mich bisher gedrückt habe. Ich will das nicht tun, aber ich muss.

Wir leben jetzt in der Apokalypse. Es ist eine Zeit, in der vieles auseinanderfällt, anderes hingegen zusammenzufallen scheint. Im Buddhismus ist dies eine Zeit, in der unsere Emotionen stärker und gröber wirken und wir ihnen mehr Glauben schenken als allen anderen Daten, die wir darüber haben mögen, was in Wahrheit um uns herum geschieht. Du denkst vielleicht, dass es bei der Apokalypse um das Ende der Welt geht. Das tut es nicht. Das ist zu leicht. Das Universum macht es uns nicht leicht. Es geht allerdings um das Ende der Täuschung und die Geburt der Wahrheit. Die Wahrheit zu leugnen und sich vor ihr zu drücken, erzeugt eine Spannung, aus der immer Gewalt hervorgeht. Die Gewalt richtet sich vor allem gegen uns selbst, wenn wir der Wahrheit ausweichen, und kommt wahrscheinlich gegenüber den Menschen zum Ausdruck, die die Wahrheit annehmen, denn sie erinnern uns an die Gewalt, die wir ausüben, um unwissend zu bleiben.

Ich weiß, dass Wahrheit subjektiv sein kann. Es ist wohl so, dass die Wahrheit, die mich im Moment interessiert, die Wahrheit darüber ist, wie ich mich fühle und wie ich mich zu einer komplexen Angelegenheit verhalte. Es ist ein schwerer Weg, besonders wenn wir mit der Wahrheit konfrontiert sind, dass Liebe und Wut miteinander zusammenleben.

Um mich wirklich auf den spirituellen Weg zu machen, den ich in diesem Leben gewählt habe (oder besser, der mich gewählt hat), brauche ich Lehrpersonen. Mein erster Wurzel- oder Hauptlehrer auf meinem Hauptweg des tibetischen Buddhismus war der Ehrwürdige Lama Norlha Rinpoche. Er war Mönch und auch der Gründer und Abt des Klosters Kagyu Thubten Chöling (KTC) nördlich von New York City. Dort lebte ich und ließ mich zum Lehrer ausbilden. Als ich ihn kennenlernte, war er ein verwirklichter Meister Ende sechzig, Anfang siebzig. Er war zwar nicht mein erster Lehrer, aber er war der erste Lehrer, bei dem ich wusste, dass er mir helfen konnte, Lehrer zu werden. Er war verehrt und geachtet, und in ihm erkannte ich alles, was ich werden wollte und musste.

Nachdem ich ins Kloster gezogen war, kam mir ein Gerücht zu Ohren, wonach Rinpoche einmal eine sexuelle Beziehung zu einer Schülerin gehabt haben sollte. Es zirkulierte in einer kleinen Gruppe von Klosterbewohn*erinnen. Auch einem anderen sehr wichtigen Lehrer in unserer Abstammungslinie wurde nachgesagt, er habe Affären mit Schülerinnen. Das war eine skurrile Erfahrung, denn ich habe nicht einmal über die Gerüchte nachgedacht. Ich hörte sie, sie gingen mir durch den Kopf, und dann verschwanden sie ebenso schnell wieder, wie sie gekommen waren. Zu keinem Zeitpunkt habe ich über die Gerüchte nachgedacht. Wenn wir etwas Gravierendes über Menschen erfahren, die wir lieben, entwickeln wir meist irgendeine Art von Reaktion auf die Nachricht oder machen uns Gedanken darüber. Ich hatte nichts dergleichen, nicht einmal einen Gedanken, der den Wahrheitsgehalt der Anschuldigungen hätte bestreiten wollen. Nichts. Es war, als hätte ich nichts Beunruhigendes über meinen Lehrer gehört. Dabei hätte es beunruhigend sein müssen, denn er war ein Mönch, der Keuschheitsgelübde abgelegt hatte.

Einige Jahre nach diesem Vorfall, ich hatte meine Ausbildung abgeschlossen und lebte nicht mehr im Kloster, verriet mir eine Freundin, dass sie eine von mehreren Frauen gewesen war, die eine sexuelle Beziehung zu unserem Lehrer gehabt hatten. Das war die Eröffnung, die sich in meinem Kopf festsetzte, denn sie war kein vages Gerücht. Hier eröffnete mir eine Person, die ich liebte und der ich vertraute, etwas über eine andere Person, die ich liebte und der ich vertraute. Da ich mich mit Anfang zwanzig einige Jahre lang als Beistand von Opfern sexueller Übergriffe engagiert hatte, wusste ich, wie wichtig es ist, jeder Person zu glauben, die über sexualisierte Gewalt spricht, die an ihr begangen wurde. Mein Lehrer hatte in seiner Beziehung mit ihr und in allen Beziehungen, die er mit seinen Schülerinnen hatte, die Macht inne, und es lag in erster Linie in seiner Verantwortung, Grenzen zu wahren. Das hat er nicht getan, und deshalb wurde meiner Freundin und anderen Personen, die in einer sexuellen Beziehung zu ihm gestanden hatten, Schaden zugefügt. Mehr noch, aufgrund der Macht, die mein Lehrer besaß, brachte er meine Community gegen sie auf, als sie die Beziehung beendete. Obwohl all dies Jahre vor meinem Einzug ins Kloster geschehen war, bekam ich aus erster Hand den Versuch der Gemeinschaft mit, sie zu marginalisieren und zum Schweigen zu bringen, da ich in ein Umfeld zog, das ihr gegenüber immer noch eine unverhohlen negative Einstellung hatte.

Nach dieser Eröffnung war ich sauer, verwirrt und traurig, sowohl in Bezug auf meine Freundin als auch in Bezug auf mich selbst.

Dieses Thema ist schwierig und komplex. Die Beziehung zwischen Lehrperson und Schül*erin in tantrischen Traditionen ist nicht alltäglich und anders als alles, was ich bis dahin je erlebt hatte. Rinpoche war der erste Lehrer, dem gegenüber ich mich zur Verwundbarkeit verpflichtete, um meine zwischenmenschliche Transformation mit den Mitteln des Dharma zu ermöglichen. Diese Strategie der persönlichen Verwundbarkeit gegenüber einem Menschen, den ich auf diesem bestimmten spirituellen Weg für verwirklicht und vollendet hielt, hat mir das Leben gerettet. Ein solcher Grad an Verwundbarkeit ist äußerst heikel; und wenn die Lehrperson nicht reif genug ist, werden Grenzen überschritten und es kommt zu Gewalt, die zu einem Trauma führt.

Nach dieser Eröffnung entwickelten sich meine Gefühle von Wut, Verwirrung und Traurigkeit weiter zu Beklemmung, Scham und Angst. Häufig war ich wie betäubt. Ich glaube, dass diese Benommenheit Ausdruck eines Traumas war. Sexuelles und anderes ethisches Fehlverhalten kommt in allen religiösen und spirituellen Traditionen und insbesondere in buddhistischen Gemeinschaften vor. Es ist besonders in tibetisch-buddhistischen Gemeinschaften in Klöstern in Asien verbreitet, wo junge Mönche von älteren Mönchen missbraucht werden und wo junge reinkarnierte Lamas aufgespürt, konfisziert und dann als Teil ihrer religiösen Ausbildung einem jahrelangen emotionalen, körperlichen und sexuellen Missbrauch unterworfen werden. Hier in westlichen Ländern erleben wir den sexuellen, körperlichen und emotionalen Missbrauch von weiblichen, männlichen, transgender und genderexpansiven Praktizierenden durch überwiegend männliche asiatische und westliche Lehrpersonen sowie weitere ethische Verfehlungen im Zusammenhang mit Geldmanagement, Rassismus, Ableismus, Frauenfeindlichkeit und anderem. Dies ist nicht die Praxis des Dharma, der Religion oder Spiritualität. Es ist die Praxis von Menschen, die mit einem Bezug zu ihrem eigenen Leiden kämpfen, und es ist ein Handeln aus unserem Leiden heraus, oft auf eine Art und Weise, die sehr unklug ist und am Ende Leiden für andere Menschen schafft.

Damals hatte ich die Aufgabe übernommen, einen Ethikkodex für die Lehrpersonen in meiner Gemeinschaft zu entwerfen. Das erschien mir ziemlich leicht. Ich hatte zwar immer noch mit der Eröffnung meiner Freundin zu kämpfen, aber ich hatte mir noch nicht überlegt, welche Rolle ich eigentlich in dieser Sache spielen sollte. Ich war ein außerhalb des Klosters lebender Laie und Nachwuchslehrer, und es erschien mir eine gute Methode, die Ethik zusammen mit den Lehrpersonen der Gemeinschaft zu entwickeln, die überwiegend im Kloster lebende Ordensleute und zugleich ausgebildete Lehrkräfte waren. Ich dachte, wir kämen gut voran, bis ich ein Gespräch mit einer ranghohen Lehrerin hatte, die für Rinpoches persönliche Betreuung zuständig war. Sie wandte sich an mich, um mir mitzuteilen, sie wisse, dass ich von den Affären wusste. Ich solle nicht darüber sprechen, denn sie habe dafür gesorgt, dass so etwas nicht wieder vorkommen würde. Sie erklärte, unser Lehrer sei zu alt, um sich noch einmal auf so etwas einzulassen. Sie war der Meinung, eine Enthüllung könne für Unruhe in der Gemeinschaft sorgen, da sowohl die im Kloster Lebenden als auch die erweiterte Laiengemeinschaft mehrheitlich keine Ahnung hatten, dass so etwas vorgefallen war. Meine Gefühle entwickelten sich von bloßem Ärger zu hellem Zorn und tiefer Verletztheit. Mir wurde der Mund verboten.

Nach diesem Gespräch musste ich mich wegen der ganzen Situation und wegen der Aufforderung zum Stillschweigen einem Menschen anvertrauen, also wendete ich mich an eine*n meiner Ment*orinnen. Ich war so überfordert und kämpfte gegen das Gefühl der Betäubung an, dass ich mich wie erstarrt fühlte. Ich war kurz davor, einfach nichts zu tun und zu versuchen, das Ganze zu vergessen. Mein*e Ment*orin half mir, die Komplexität des Geschehens zu erkennen, und forderte mich heraus, eine bewusste Entscheidung darüber zu treffen, was ich als nächstes tun wollte. Ich hatte die Verantwortung, das gesamte Geschehen ungeschönt wahrzunehmen und eine weise und kluge Entscheidung zu treffen, auch wenn diese Entscheidung darin bestand, nichts zu tun. Ich beschloss zu glauben, was die ranghohe Lehrerin mir gesagt hatte, nämlich dass mein Lehrer keine weiteren Verfehlungen mehr begehen würde. Dabei bedachte ich auch die Position meiner Freundin, die mir nie ihr Einverständnis gegeben hatte, aufgrund ihrer Enthüllung etwas zu unternehmen. Am Ende beschloss ich, die Arbeit an dem Ethikstatut fortzusetzen, merkte aber mit der Zeit, dass ich mich immer mehr von der Gemeinschaft zurückzog.

Hier trat eine sehr merkwürdige Familiendynamik zutage. Ich gehörte zu den Personen in der Familie, die wussten, dass unser »Vater« nicht ganz so toll war, wie sein Auftreten vermuten ließ. Ich wahrte das Geheimnis eines schweren Schadens in der Familie. Dies tat ich absichtlich, weil ich Menschen schützen wollte. Meinen Entschluss stütze ich darauf, dass mein Lehrer nicht mehr mit irgendwelchen Schülerinnen schlief. Ich wurde in dem Glauben bestärkt, dass unser Lehrer ein freundlicher alter Mann war, der jetzt nur noch unterrichten und Schül*erinnen anleiten wollte. Zu dieser Überzeugung hatte mich niemand gezwungen. Ich wollte mich nicht mit der Realität auseinandersetzen, dass ein Mensch, der mir das Leben gerettet hatte, zugleich anderen Schaden zugefügt hatte.

Dies alles änderte sich drastisch, als meine Freundin sich erneut an mich wandte, weil sie einen Menschen zum Reden brauchte. In unserem Gespräch stürzte sie mich in eine echte persönliche Apokalypse. Ich war belogen worden. Unser Lehrer unterhielt immer noch sexuelle Beziehungen zu Schülerinnen, und zwar schon seit meine Freundin mir zum ersten Mal davon erzählt hatte. Sie bat mich um Unterstützung, weil sie sich darauf vorbereitete, mit den verantwortlichen Personen unseres Klosters Enthüllungsgespräche zu führen. Wieder war ich wie betäubt.

Ich glaube, meine Betäubung war Ausdruck nicht nur des Traumas, das ich erlebte, sondern auch der Frustration über mein Trauma. Das Trauma, das ich erlebte, war ein stellvertretendes Trauma, eines, das ich von den anderen Menschen, die verletzt worden waren, auffing. Jedenfalls übernahm ich diese Verwundung, und sie verschmolz mit meinem eigenen Schmerz. Die Frustration über das Trauma äußerte sich als Wut und zuweilen auch als Rage. Das Trauma und die damit verbundene Wut schleuderten mich aus meinem Körper, und diese Abkopplung machte es mir fast unmöglich, meine körperlichen Empfindungen bewusst wahrzunehmen. Dadurch wurde es wiederum schwierig, eine Beziehung zu meinen Emotionen und meinen wirklichen Gefühlen herzustellen. In der Traumaforschung wird dies auch als Dissoziation bezeichnet. Ich habe die Beziehung zwischen Trauma und Wut oft als die Spannung erlebt zwischen dem Gefühl, verletzt zu sein, und dem Bedürfnis, für mich zu sorgen. Und ich habe erlebt, wie aus dieser Spannung Frustration in Gestalt von Wut entsteht und immer stärker wird, wenn ich nicht weiß, wie ich für mich sorgen soll. Die daraus resultierende Betäubung kann als Zerbrechlichkeit verstanden werden. Bei dieser Zerbrechlichkeit geht es nicht darum, dass ich schwach bin, sondern vielmehr darum, dass ich die Resilienz entwickeln muss, mich der Herausforderung einer komplexen und schmerzhaften psychophysischen Erfahrung zu stellen.

Die ersten Enthüllungsgespräche führten schließlich zu einem Enthüllungsgespräch vor der gesamten Gemeinschaft im Kloster, moderiert von einer neutralen Organisation, die auf sexuellen Missbrauch durch Geistliche spezialisiert ist. Das Gespräch fand an einem Mittwoch statt, worüber ich sehr verärgert war, weil ich fand, dass ein Treffen mitten unter der Woche vielen von uns, die Versöhnung brauchten, die Teilnahme sehr erschwerte. Ich glaubte damals, dies sei absichtlich so eingerichtet worden, um zu verhindern, dass mehr Menschen teilnehmen konnten. Unter anderem wurde für dieses Gespräch vereinbart, dass keine teilnehmende Person anderen Menschen, die nicht dort gewesen waren, Einzelheiten über den Tag mitteilen durfte. Und da ich nicht dort war, konnte ich den gesamten Umfang dessen, was dort geschah, nur in groben Umrissen in Erfahrung bringen. Ich erfuhr, dass Rinpoche eine Videobotschaft mit einer Entschuldigung vorbereitet hatte, die bei dem Treffen gezeigt wurde. Ich empfand dies als Bullshit, unangemessen und als ein Versäumnis, die Verantwortung für den Schaden zu übernehmen, den er verursacht hatte.

Ich verstehe, wie bedeutsam Rinpoches Werk war, mit dem er zahllosen Wesen auf eine Art und Weise geholfen hat, wie ich es in diesem Leben niemals können werde. Für dieses Werk und dieses Opfer bin ich sehr dankbar. Ich verstehe allerdings auch die Verantwortung in einer spirituellen Führungsposition. Spirituelle Führungspersonen machen Fehler; und aufgrund der Autorität, die eine spirituelle Führungsperson ausübt, kann jeder Fehler oder jede ethische Verfehlung zu einem erheblichen Schaden für die Gemeinschaft führen. Ungeachtet des Fehlers und des daraus resultierenden Schadens müssen wir persönlich vor der Gemeinschaft erscheinen, um von ihr zur Rechenschaft gezogen zu werden. Ich war verärgert über die Art und Weise, wie das Enthüllungsgespräch anberaumt worden war, und enttäuscht von Rinpoches Entschuldigung per Video. Außerdem fand ich es lächerlich, dass das Kloster dieselbe Autoritätsstruktur beibehielt, die jahrelang sexuelles Fehlverhalten vertuscht hatte. Daher konnte ich dem Kloster nicht mehr vertrauen. Es war für mich nicht mehr sicher.

Als ich mehrere Monate später bei einem Wochenend-Retreat in der Nähe meines Klosters lehrte, verspürte ich ein starkes Bedürfnis, meinen Lehrer aufzusuchen. Deshalb bat ich die anderen Lehrpersonen um Erlaubnis, das Retreat zu verlassen und ihn zu besuchen. Ich wusste, Rinpoche wäre nicht mehr lange auf dieser Welt. Seine Gesundheit hatte inzwischen deutlich nachgelassen, und er war auf eine zusätzliche Sauerstoffzufuhr angewiesen. Als ich im Kloster ankam, spürte ich, wie intensiv meine Anspannung war. Ich ging zunächst ein wenig auf dem Gelände spazieren, bevor ich eines der Gebäude betrat und Menschen ansprach. Ich wurde freundlich begrüßt und gebeten, auf Rinpoche zu warten. Schließlich erschien er, mit einer kleinen Entourage von Mönchen, die ich seit Jahren kannte und liebte. Wir saßen alle im Freien zusammen und unterhielten uns. Es störte mich nicht, dass ich mich nur in Gesellschaft weiterer Personen, von denen ich annehme, dass sie das Gespräch überwachen sollten, mit meinem Lehrer treffen durfte. Ich habe kein Problem damit zu sagen, was ich zu sagen habe, mit oder ohne Publikum. Als ich aber jetzt dort saß und dieses Wesen beobachtete, das mir das Leben gerettet hatte, beobachtete, wie er mir die größte Lehre ereilte, die er mir schenken konnte, nämlich die Lektion, dass auch er nur ein Mensch war, komplex und in einem versagenden Körper, von dem ich wusste, dass er sich darauf vorbereitete, ihn zu verlassen – da veränderte sich plötzlich etwas in mir. Mir wurde klar, dass ich zulassen musste, dass ich über all die Widersprüche trauerte. Ich musste zulassen, dass ich über den Verlust meines Glaubens an Vollkommenheit trauerte. Ich ließ zu, dass ich Erleuchtung in Frage stellte. Er lehrte mich, dass ich so war wie er: unvollkommen und komplex. Diese Erkenntnis entschuldigte kein einziges Leid, das wir je verursacht hatten. Unsere Komplexität entschuldigt Leid niemals. Und obwohl wir alle komplex sind, verlangt diese Komplexität, wenn sie Leid verursacht, auch nach Verantwortlichkeit.

Abgeschlagen und erschöpft saß ich da und erkannte erst später, dass ich gerade ein weiteres stellvertretendes Trauma übernahm, das Trauma eines Ortes, auf den viele Monate lang die emotionale Instabilität von Menschen eingewirkt hatte, die darum rangen, das Verhalten unseres Lehrers zu verstehen, und denen dazu noch auf vielfältige Art und Weise von sehr vielen anderen Menschen die Schuld an der Gewalt gegeben wurde. Ich sah Rinpoche an, dankte ihm für seine Unterweisung und sagte das Einzige, von dem ich nicht wusste, dass ich es sagen würde, nämlich, dass ich darum betete, ihm in einem anderen Leben wieder zu begegnen. Vielleicht würde es nächstes Mal ja weniger dramatisch enden.

Es gibt eine Unterweisung des Buddha, das sogenannte Herz-Sūtra. Sie wurde an einem Ort in Indien namens Geierberg erteilt. Mein Lehrer hat das Sūtra vor einigen Jahren auf dem Geierberg rezitiert, als viele von uns mit ihm auf Pilgerreise waren. Das Sūtra bringt eine der komplexesten Lehren der buddhistischen Philosophie zum Ausdruck, denn es verkündet: »Form ist Leerheit und Leerheit ist Form.« Etwas und Nichts sind gleichzeitig. Die buddhistische Philosophie behauptet, dass es zwar eine Realität gibt, die wir erleben, dass diese Realität aber ein Ausdruck von Leerheit ist. Diese Realität ist relative Wahrheit, die Leerheit hingegen ist die endgültige

Wahrheit. Beide sind wahr, doch zusammen sind sie noch wahrer. Während wir also in dieser Realität leben, müssen wir auch begreifen, dass diese Realität eine Illusion ist. Die Lehre zielt darauf ab, in der Mitte zu leben, wo sich die beiden Extreme überschneiden. Hier versuche ich zu leben und hierher bringe ich meine Beziehung zu meinem Lehrer. Im einen Extrem hat er mein Leben verändert und im anderen Extrem hat er anderen Menschen Leid zugefügt. Beide sind wahr, und zusammen sind sie noch viel wahrer. Rinpoche hat mir das Leben gerettet, während er das Leben anderer Menschen ruiniert hat.

Ich glaube nicht an böse Menschen. Ebenso wenig glaube ich an verrückte Menschen. Ich glaube *böse* und *verrückt* sind Stempel, die wir Menschen aufdrücken, wenn wir zu faul sind, uns mit ihrer Komplexität oder mit unserer eigenen Komplexität zu befassen. Wenn wir nicht in der Lage sind, mit unserer eigenen Komplexität umzugehen, erkennen wir auch nicht die Komplexität anderer Menschen, insbesondere derer, die sehr viel Schaden anrichten. Uns in die Mitte zu begeben, wie es das Herz-Sūtra von uns verlangt, bedeutet uns von den Extremen schwarz und weiß weg- und in die unbequemen vielen Grautöne hineinzubegeben. Im Grau gelangen wir an die Grenzen unserer Praxis, wo uns das Herz bricht und wir gezwungen sind, sowohl mit der Liebe als auch mit der Wut zu sitzen.

Mein Lehrer starb sechs Monate nach meiner letzten Begegnung mit ihm. Selbst nach seinem Tod lehrt mein Lehrer mich noch, dass der ganze Scheiß komplex ist und immer komplex bleiben wird. Ich muss in der Komplexität heimisch werden, denn nirgendwo anders kann ich leben, wenn ich die Gewalt gegen mich und andere Menschen verringern will. In der grauen Mitte beginne ich, meinen

Schmerz in Worte zu fassen. In der grauen Mitte ist mein Schmerz ein Spiegel für mich, sodass ich allmählich erkenne, was ich tun muss, um frei von Leiden zu werden.

Ich liebe meinen Lehrer und meine Gemeinschaft auch weiterhin, obwohl ich zugleich verletzt und wütend bin. Ich liebe auch weiterhin alle Menschen, die mein Lehrer verletzt hat, und alle, die Leid von spirituellen Führungspersonen erfahren haben. Meine Liebe ist es, womit ich meine tiefe Enttäuschung und meine Wut jetzt verarbeite. Ich liebe, weil es trotz der verbreiteten Gewalt in meiner Tradition eine zentrale spirituelle Praxis gibt, die mein Leben vollkommen verwandelt hat. Ich liebe, weil es viele gute Lehrpersonen und Praktizierende gibt, die authentisch sind und daran arbeiten, die Tradition zu transformieren. Ich liebe, weil Liebe die einzige Möglichkeit ist, wie ich Verantwortung für meinen Anteil an dieser Gewalt übernehmen und sie unterbrechen kann.

Seit ich in den letzten Jahren öfter in der Öffentlichkeit über Verfehlungen von Lehrpersonen spreche, werden mir drei grundlegende Argumente entgegengebracht, die meine Haltung in Frage stellen. Erstens werden wir im buddhistischen Tantra ermutigt, die Lehrperson als Buddha und ihr Handeln, egal wie extrem, als erleuchtetes Handeln zu betrachten, das uns und allen Wesen zum Wohl gereicht. Dies ist ein Beispiel für das, was wir als reine Sicht bezeichnen. Ich glaube, dass diese Sicht oft missverstanden wird. Reine Sicht bedeutet, dass ich meine eigene Komplexität wahrnehme, einen Bezug dazu entwickle und dieser Komplexität mit Ehrlichkeit und Mitgefühl Raum gebe. Wenn ich dazu in der Lage bin, entwickle ich auch ein Gespür dafür, inwiefern das Handeln anderer Menschen, insbesondere meiner Lehrperson, mir hilft oder schadet. In dieser

Praxis bedeutet reine Sicht, mich auf die Realität einzustellen, wie sie wirklich ist, und nicht wie ich sie mir vorstelle.

Das zweite Argument lautet, dass Kritik an der Lehrperson negatives Karma erzeugt, das sich auf unsere künftigen Leben auswirkt. In Situationen, in denen wir mit ethischen Verfehlungen konfrontiert sind, ist unsere Kritik ein Akt der Liebe, der weitere Gewalt einschränkt und zugleich Raum schafft für mehr Wahrheit und Transparenz in unserer Beziehung zur Lehrperson. Unabhängig von der Beziehung haben wir das Recht zu fragen, was vor sich geht, und wir haben das Recht, Grenzen zu setzen. Wenn es Grenzen gibt, können wir eine tiefere Verbindung zu unseren Lehrpersonen und der Arbeit erleben, die sie mit uns zu leisten versuchen, weil wir uns sicherer fühlen und vertrauensvoller sein können.

Und das dritte Argument ist, dass sexuelle Beziehungen zwischen einer Lehrperson und ein*er Schül*erin im Tantra historisch belegt sind. Das ist richtig. Tantrische Sexualrituale sollen höhere Bewusstseinszustände und Erfahrungen von Egolosigkeit auslösen. Diese Rituale sind dazu gedacht, Lust als Weg zu diesen höheren Zuständen zu verstehen. Lust ist weder das Ziel noch die Motivation. Dabei müssen wir uns allerdings damit auseinandersetzen, dass wir nicht im selben kulturellen oder historischen Kontext leben, in dem diese Praktiken entstanden sind. Ich bin auch nicht davon überzeugt, dass es viele Lehrpersonen gibt, die über die Fähigkeit verfügen, tantrischen Sex ausschließlich zum Wohl der Schül*erinnen zu praktizieren. Ich bin nicht verwirklicht und werde nicht an eine sexuelle Beziehung mit einer mir anvertrauten Person denken. Ja, Tantra ist eine Tradition ungewöhnlicher Mittel zum Erreichen ungewöhnlicher Ziele; wenn jedoch meine ungewöhnlichen Mittel ein*e Schül*erin traumatisieren und eine posttraumatische Belastungsstörung zur Folge haben, dann habe ich in Wahrheit in meinen Mitteln versagt. Mein Lehrer hat in seinen Mitteln versagt. Du könntest einwenden, dass die weiterreichenden Auswirkungen des Handelns meines Lehrers schlussendlich positiv sein könnten. Ich muss jedoch auf das vertrauen, was ich in der Gegenwart wahrnehme, mit all dem Leid, das verursacht wurde, und dies danach beurteilen, wie es jetzt ist, nicht danach, was es irgendwann einmal werden könnte.

Dies ist das Schöne und das Schwierige am Schnittpunkt von Liebe und Wut. Manchmal können Liebe und Wut uns in die Hoffnungslosigkeit führen. Doch solange die Liebe da ist, werden wir nicht für immer in dieser Hoffnungslosigkeit verharren.

## Die Übung, unsere Wut zu lieben

Bei dieser Übung baden wir in Liebe und Güte. Dabei wird die Energie der Liebe aus deinem Kreis der Fürsorge in dein Erleben von Wut geleitet.

### Art der Übung

Diese Übung verwendet Achtsamkeit, Atemübungen und Visualisierung.

## DIE ÜBUNG

1. Beginne mit der Abfolge zu Beginn einer Übung und ende mit einer Atemübung.

2. Fahre mit dem Atmen fort und atme tief durch die Nase ein und durch den Mund aus. Versuche so tief wie möglich sowohl ein- als auch auszuatmen. Tue dies ein paar Minuten lang und mache dann nach dem Einatmen durch die Nase zwei Sekunden Pause, bevor du den Atem durch den Mund hinauslässt. Lasse diese Pause nach und nach länger werden, bis zu fünf bis zehn Sekunden, oder solange es angenehm für dich ist. Achte in der Pause zwischen Ein- und Ausatmen auf den Raum und die Stille, die sich auftun. Wenn du kannst, versuche, in diesem Zwischenraum zwischen Ein- und Ausatmen auszuruhen. Ruhe weiterhin in diesen Pausen aus und versuche, sowohl das Atmen als auch die Pausen zu erleben. Lasse den Atem dich atmen und lasse dich dabei vom Atem in ein tieferes Empfinden von Freiraum und Ruhe versetzen. Übe mit den Atemzügen, solange du möchtest.

3. Nun gehe dazu über, deine Sieben Aspekte des Heimkehrens und deinen Kreis der Fürsorge anzurufen.

4. Stelle dir vor, dass dein Kreis die Energie der Liebe für dich erzeugt, und spüre, wie diese Energie den Raum um dich herum in Form von Wärme erfüllt. Spüre, wie diese Wärme dich sanft hält und umhüllt; und spüre langsam, wie diese Energie der Liebe, diese Wärme von den Wesen, die dir wohltun, in deinen

Körper einsinkt, unter die Hautschicht, hinein in die Muskeln, in die Knochen und in die Organe, als würdest du in dieser Energie der Liebe mariniert. Stelle dir beim Atmen vor, dass du diese Liebe in deinen Körper und in deine Lungen einatmest. Und wenn diese Liebe in deine Lungen kommt, dann stelle dir vor, dass diese Energie beginnt, im ganzen Körper zu zirkulieren, so wie Sauerstoff von den Lungen aufgenommen und in allen Körperzellen verteilt wird. Stelle dir vor, dass das Gleiche mit dieser Liebesenergie geschieht, dass jede Zelle von dieser Energie gespeist wird. So wie du von der Energie der Erde gehalten wirst, lasse dich nun auch von der Energie der Liebe der Wesen halten, die dir wohltun. Entspanne dich, öffne dich und atme weiter.

5. Nun richte deine Aufmerksamkeit auf deinen Atem, und stelle dir vor, dass du aus deinem Herzzentrum heraus ein- und ausatmest. Stelle dir vor, dass du die Energie der Liebe um dich herum einatmest, was die Energie des Mitgefühls im Herzzentrum intensiviert. Stelle dir vor, dass vom Herzzentrum aus sogar noch mehr Liebesenergie durch den Körper zirkuliert.

6. Nimm an dieser Stelle jedes Erleben von Wut in deinem Geist oder Körper wahr. Stelle dir vor, dass du die Liebe aus deinem Kreis der Fürsorge in dieses Wuterleben leitest. Leite diese Energie immer weiter dorthin und entspanne dich um das Wuterleben herum.

7. Während du weiter Liebe in die Wut hineinleitest, beginne, direkt in die Wut den Wunsch hineinzusenden, dass sie Glück

und Gelassenheit erfahren und dass sie zur Ruhe kommen möge. Wünsche ihr dies immer weiter, solange du möchtest.

8. Vielleicht spürst du, dass ein gewisses Unbehagen hochkommt. Was du auch spürst, erlaube deinem Kreis der Fürsorge, ihm Raum zu geben. Wenn es dir schwerfällt, überhaupt etwas zu spüren, dann entspanne dich einfach und erzwinge nichts.

9. Mache so lange weiter, wie du kannst. Am Ende der Übung stelle dir vor, dass du deinen Kreis des Heimkehrens in dein Herzzentrum hinein auflöst, und verweile in der verbleibenden Liebesenergie, solange du möchtest.

10. Absolviere die Abfolge zum Abschluss einer Übung.

# 9

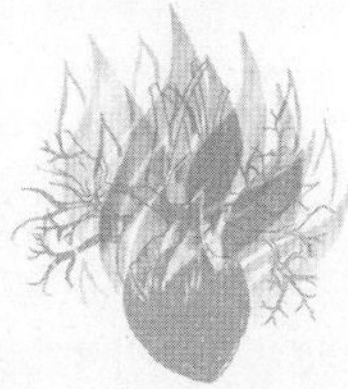

# FREUNDLICHKEIT

Ich selbst zu werden war problematisch, weil das Sitzen mit mir selbst bedeutete, dass ich, ganz gleich wie sehr ich gelernt hatte, nett, klug oder entgegenkommend zu sein, immer mehr ich selbst, immer mehr Schwarz wurde. Sobald ich gut darin wurde, Mensch zu sein, wurde ich zunehmend als Bedrohung wahrgenommen.

*Dr. Jasmine Syedullah*

Aus: Radikal lieben: Buddhismus, Antirassismus und Befreiung, w_orten & meer, 2021.

Mein Ziel ist es, immer aus einer Haltung der Liebe heraus zu handeln … aber für manche Leute musst du den Scheiß etwas herunterbrechen.

*RuPaul*

Ich verstehe Freundlichkeit als Ausdruck des Mitgefühls, das ich für mich selbst habe und das mir hilft, mich auf eine Art und Weise in der Welt zu bewegen, die sanft, weich und bewusst, zugleich aber auch direkt ist. Genauso wie wir stellvertretendes Trauma erfahren, wenn wir uns in der Nähe von Menschen aufhalten, die selbst ein Trauma erleben, das wir dann energetisch absorbieren, absorbieren wir auch mitfühlende Energie in Form von Freundlichkeit, und diese Freundlichkeit ist von Natur aus wohltuend. Sie ist wie das Gefühl von Sonne auf unserer Haut an einem kalten Tag. Die Sonne versucht nicht absichtlich, uns zu wärmen, wir werden vielmehr einfach dadurch gewärmt, dass die Sonne ganz natürlich sie selbst ist.

Ich hatte das Glück, Zeit mit einigen verwirklichten spirituellen Lehrpersonen verbringen und von ihnen lernen zu dürfen. Zu den besonderen Qualitäten des Sitzens mit diesen Wesen gehört auch, dass sie ein Feld sanfter Freundlichkeit um sich herum ausstrahlen. Ich glaube nicht, dass sie dies absichtlich tun – es scheint, als sei dies einfach ein natürlicher Ausdruck des Mitgefühls, das sie mit sich selbst haben. Einmal war ich bei einem Vortrag eines sehr bekannten spirituellen Lehrers. Am Ende des Vortrags drängelten sich viele von uns, um in seine Nähe zu kommen, ein paar Worte mit ihm zu wechseln und vielleicht ein Foto zu machen. Es war ein Chaos. Endlich bekam ich die Chance, in seinen persönlichen Raum zu gelangen, und als ich hineinkam, war es, als geriete ich ins Auge eines Hurrikans. Während um uns das Chaos tobte, wurde ich in seiner Nähe ruhig und entspannt. In diesem Augenblick begann ich zu verstehen, was es mit dieser stellvertretenden Freundlichkeit auf sich hat. Diese Freundlichkeit ist nicht persönlich. Sie hatte nichts damit zu tun, dass ich oder irgendeine andere Person in seinen persönlichen Raum kamen. Dieses Feld der Freundlichkeit und der

Frieden, den ich darin verspürte, hatten einzig und allein mit der Art und Weise zu tun, wie er Mitgefühl mit sich selbst praktizierte.

## Freundlichkeit und *w*eiße Menschen

Manchmal tue ich mich mit dem Wort *Freundlichkeit* schwer. Offen gesagt, erinnert es mich an all die *w*eißen Menschen in meinem Leben, die freundlich zu mir waren, mich aber verletzt haben, wenn diese Freundlichkeit den alten historischen und gewohnheitsmäßigen Bindungen ans *W*eißsein und seiner Dominanz über meinen Körper und Geist weicht. Meine Beziehung zur Freundlichkeit wurde hauptsächlich durch meine spirituelle Tradition und Gemeinschaften *w*eißer Praktizierender innerhalb dieser Tradition geprägt, die Lehre und Praxis der Freundlichkeit als Waffe benutzt haben. Wenn ich sage »als Waffe benutzen«, möchte ich damit deutlich machen, dass Freundlichkeit kein Ausdruck von Mitgefühl ist, sondern vielmehr eine Strategie, die wir einsetzen, um andere zu manipulieren oder dem Unangenehmen in einer Situation auszuweichen. In meiner Beziehung zu *w*eißen Menschen wird Freundlichkeit oft dazu benutzt, der Realität, dass in der Beziehung *w*eiße Vorherrschaft am Werk ist, auszuweichen oder mich davon abzulenken. Dass sie Freundlichkeit als Waffe benutzen, dient auch dazu, nicht nur ihre Bindung an die *w*eiße Vorherrschaft, sondern auch ihre Angst vor der Konfrontation mit ihrer Identität als *W*eiße weiter im Unbewussten zu halten. Ich bin sehr vielen *w*eißen Personen begegnet, die an ihrer Identität als gute oder freundliche Menschen festhalten, was es für sie schwierig macht, die gewaltvollen Teile ihrer Erfahrung zu erkennen. Letztlich ist Freundlichkeit, die als Waffe benutzt wird, eine Freundlichkeit, die sich zunächst vielleicht gut anfühlt, mich am Ende aber verletzt.

Ich denke dabei daran, dass ich im Süden aufgewachsen bin und wir dazu erzogen wurden, mit jedem Menschen zu »sprechen«. Das hieß, dass ich im Grunde alle Menschen grüßen musste, denen ich in der Öffentlichkeit begegnete, ungeachtet ihrer Rassifizierung. Wir mussten sogar mit Leuten sprechen, die wir nicht mochten! Insbesondere musste ich mit anderen Schwarzen Leuten sprechen, denn wenn nicht, würde es meiner Mutter zu Ohren kommen, und am Ende gäbe es eine »Moralpredigt«, in etwa folgendermaßen: »Die So-und-sos haben angerufen und mir gesagt, dass sie dich da und da gesehen haben, und du nicht mit ihnen gesprochen hast. Junge, grüß die Menschen gefälligst, wenn du sie siehst. Ich weiß nicht, warum du dich für was Besseres hältst und meinst, dass du nicht grüßen musst!« Wenn du andere Schwarze Leute nicht gegrüßt hast, fiel dies auf dein Elternhaus zurück und konnte heißen, dass du von deinen Eltern, Erziehungsberechtigten und anderen Familienmitgliedern nicht »richtig« erzogen wurdest. Ich tat mich aus zwei Gründen schwer, mit anderen Schwarzen Menschen zu sprechen. Erstens hielt ich mich tatsächlich für etwas Besseres und glaubte, nicht mit anderen Leuten reden zu müssen (ich glaube, dem bin ich inzwischen entwachsen). Und zweitens war und bin ich immer noch introvertiert. Ich habe ein tiefes Bedürfnis, in Ruhe gelassen zu werden! Es war eine Freude, als ich mit Mitte zwanzig in den Nordosten zog und durch die Straßen ziehen konnte, ohne mir Gedanken zu machen, dass ich irgendeine Person grüßen musste.

Ich wurde dazu erzogen, auch mit *weißen* Menschen zu sprechen. Mir ist klar, dass das Sprechen mit Schwarzen Personen eine

Methode war, ein Zugehörigkeitsgefühl zu pflegen. Wir mussten uns immer zeigen, dass wir einander erkennen, um uns sicher zu fühlen und zu vermitteln, dass wir in diesem Meer aus Rassismus nicht allein sind. Aber ich habe das Gefühl, dass die Art und Weise wie mir beigebracht wurde, mit *weißen* Personen so zu sprechen, aus der Art und Weise entstanden ist, wie Schwarze Menschen während der Sklaverei und in der Zeit der Segregation konditioniert wurden, *weiße* Menschen zu grüßen. Dieses Sprechen mit *weißen* Menschen diente weder einer Zugehörigkeit noch der Stärkung eines Gruppengefühls. Wir sprachen mit *weißen* Menschen, weil von uns verlangt wurde, dass wir sie in der Welt anerkennen und wahrnehmen, weil sie es verdienten, auf der Welt zu sein und Raum einzunehmen. Sie waren, und sind immer noch, die herrschende Klasse. Meine Vor*fahrinnen konnte es das Leben kosten, nicht mit *weißen* Personen zu sprechen. Diese Angst lebt als transhistorisches Opfer in meinem Nervensystem fort, und das macht jedes Mal einen kleinen Satz, wenn ich in der Öffentlichkeit an einer *weißen* Person vorbeikomme. Dann flüstert es mir zu: »Wenn du sie nicht grüßt, bringen sie dich vielleicht um.«

Aber meine Frage lautet: Wie authentisch freundlich können *weiße* Menschen zu mir oder jeder anderen Schwarzen Person oder Person of Color sein, wenn ihnen das Mitgefühl fehlt, sich ihre *weiß*-suprematistische Konditionierung einzugestehen? Wie freundlich können sie sein, wenn dieses fehlende Eingeständnis am Ende ihre Vorherrschaft über meinen Körper aufrechterhält?

So wie ich befinden sich viele Schwarze Menschen und People of Color immer noch in Situationen, in denen von uns Freundlichkeit verlangt wird, damit wir in der Nähe *weißer* Menschen sicher sind. Dies stellt eine Forderung nach Emotionsarbeit dar. Ich frage mich immer wieder, was das für die Personen unter uns bedeutet, die in *weiß* dominierte Räume eingebunden sind, in denen wir der Freundlichkeit *weißer* Menschen inzwischen misstrauen, weil wir uns so sehr anstrengen müssen, damit wir uns ausreichend sicher fühlen können. Ich denke an die spirituellen Gemeinschaften, in denen ich mich befunden habe, und daran, wie wütend und frustriert ich darüber bin, dass mir eine Freundlichkeit entgegengebracht wird, die angesichts der kulturellen und historischen Machtdynamik nicht authentisch sein kann.

Am häufigsten tue ich mich mit *weißen* Frauen und Freundlichkeit schwer. Ich bin mit *weißen* Frauen aufgewachsen und habe bei ihnen oft ein unterschwelliges Misstrauen erlebt. Als ich in der Schule *Wer die Nachtigall stört* lesen musste, lernte ich eine kulturelle Dynamik kennen, von der ich wusste, dass sie alles andere als fiktiv war. Meine *weißen* Freundinnen waren wunderbar, und wir hatten viel Spaß zusammen, aber ihre *weiß*-suprematistische Loyalität untereinander vermittelte mir immer das Gefühl, dass ich im Grunde entbehrlich war. Nur zu *weißen* Freundinnen, die in der Antirassismus-Arbeit engagiert waren oder versuchten, den Rassismus irgendwie zu bekämpfen, entwickelte ich vertrauensvollere Beziehungen. *Weiße* Frauen habe ich als Gatekeeperinnen erlebt, die sowohl die *weiße* Vorherrschaft als auch das Patriarchat aufrechterhielten. Es ist vertrackt, denn ich möchte darauf vertrauen, dass die Identifikation als weiblich in einer *weiß*-suprematistischen Kultur ausreicht, um die Komplexität und Verflechtung aller Formen von Unterdrückung über alle Identifikationen hinweg erkennen und verstehen zu wollen. Aber leider werde ich immer wieder enttäuscht.

Einmal war ich mit ein paar *weißen* guten Freundinnen im Auto unterwegs. Wir wollten in einen Club. Eine meiner Freundinnen, die vorne saß, wollte schon einmal ein wenig vorglühen und nippte an einer Flasche Wodka. Damit hatte ich kein Problem. Aber dann zog sie einen Blunt hervor, und ich flippte aus. In meinem Auto und wenn ich als Schwarzer Mann nachts in den Südstaaten auf einem Highway unterwegs bin, geht so etwas auf gar keinen Fall. Wenn wir angehalten würden und die Cops das fänden, käme ich geradewegs in den Knast. Die anderen Frauen spürten meine Not und sprangen mir bei. Meine Freundin gab nach und versteckte alles gründlich. Letztendlich war es keine große Sache. Ein paar Wochen später räumte ich mein Auto aus und fand den Blunt meiner Freundin. Wieder war ich verflucht nochmal außer mir. Blanke Wut! Mir dämmerte, wie sehr ihre Verantwortungslosigkeit mein Wohlergehen seit Wochen aufs Spiel gesetzt hatte. Keine Sekunde hatte sie daran gedacht, wie sehr ihr Privileg mein Leben in Gefahr brachte! Die meisten Erfahrungen direkter Diskriminierung, von Racial Profiling und Schikane in Geschäften bis dazu, dass wegen mir die Polizei gerufen wurde, kamen von *weißen* Frauen.

Diese Erfahrungen haben zu einem sich vertiefenden Mitgefühl mit mir selbst geführt. Ich habe mir beigebracht, mich in dem Moment, in dem ich Rassismus oder anderen Formen der Diskriminierung ausgesetzt bin, um meine Bedürfnisse zu kümmern. Sehr viele von uns, die solche Gewalterfahrungen machen, lassen sich von der Wut oder dem Drang ablenken, es der Person heimzuzahlen, die uns verletzt hat. Wesentlich nachhaltiger und nützlicher ist es, uns selbst das zu geben, was wir in diesem Moment brauchen. Sobald wir dies tun, fühlen wir uns besser gerüstet, die Situation anzupacken, die uns das Leid zugefügt hat.

## Nettigkeit und Freundlichkeit

Nettigkeit ist ein schwieriges Wort für mich. Es weckt Erinnerungen an Menschen, die mich anlächeln und angenehme Dinge sagen, während sie hinter meinem Rücken über mich lästern. Ich wurde zum Nettsein erzogen; aber als ich älter wurde, wich die Nettigkeit meiner Wut und meiner Enttäuschung, und ich musste meine Wertschätzung fürs Nettsein loslassen. Nettsein fühlte sich zu oberflächlich und unglaubwürdig an. Als ich dann Freundlichkeit und Mitgefühl kennenlernte, merkte ich, dass dies die Ausdrucksformen waren, die sich solide, echt und sehr ehrlich anfühlten. Nett zu sein war so, als wäre ich von meinen Erfahrungen abgekoppelt und wollte ihnen ausweichen, um vor anderen Menschen ein bestimmtes Bild abzugeben, damit sie nicht negativ über mich denken. Es fühlte sich so an, als ob es sich beim Nettsein nur darum drehte, eine Interaktion hinter sich zu bringen. Als ich anfing, mich mit Mitgefühl und Freundlichkeit zu beschäftigen, verschob sich dies für mein Empfinden in die Richtung, dass ich anerkenne, was ich in diesem Moment brauche, dass ich mir dieser Bedürfnisse bewusst werde und ihnen Raum gebe. Und als ich anfing, auf diese Weise für mich zu sorgen, wurde es viel leichter, an Ort und Stelle echtes Mitgefühl für andere Menschen zu üben.

### In der U-Bahn

Einmal wartete ich auf dem Bahnsteig auf eine U-Bahn. Als die Bahn einfuhr, stand ich hinter einer Gruppe junger Leute. Beim Einsteigen in ein öffentliches Verkehrsmittel erfordert die Etikette, dass wir zunächst abwarten, bis die Leute ausgestiegen sind, und dann erst einsteigen. Als die Bahn hielt und die Türen sich öffneten, stürmten die jungen Leute hinein, ohne zuvor die Handvoll Personen aussteigen zu lassen. Nachdem die jungen Leute drin waren, ließen wir übrigen Wartenden die Fahrgäste aussteigen, bevor wir selbst einstiegen und Platz nahmen. Kaum hatte ich mich ganz in der Nähe der kleinen Gruppe Jugendlicher, die so hereingestürmt waren, hingesetzt, trat eine Frau, die eben ausgestiegen war, zwischen die sich schließenden Türen und hielt sie mit einer Hand halb offen. Schnurstracks schaute sie die jungen Leute an, und zwar mit einer Direktheit im Blick, die von ihrer Wut kam, das wusste ich. Ich dachte: »Oh-oh. Gleich legt sie los und beschimpft die Jugendlichen nach Strich und Faden!«

Alle Fahrgäste in unserem U-Bahn-Abteil blickten aufmerksam zwischen ihr und den Jugendlichen hin und her und machten sich auf etwas gefasst. Meine Anspannung stieg aus mehreren Gründen.

Erstens waren sowohl die jungen Leute als auch die Frau People of Color, und mir graute davor mitzuerleben, wie People of Color an einem öffentlichen Ort aufeinander losgehen, denn wir machen einander ständig zur Zielscheibe für unser unausgesprochenes und unverarbeitetes Trauma, das in diesem Moment in der U-Bahn als Wut zum Ausdruck kommen würde.

Zweitens hatte ich vor meiner Meditationsausbildung die Angewohnheit, Spannungen und negative Emotionen in einem Raum aufzusaugen. Ich wusste, dass ich die Energie in dieser Auseinandersetzung absorbieren würde. Diese Energie würde den Raum mit den emotionalen Reaktionen aller an der Auseinandersetzung Beteiligten überschwemmen und sich in meinem Körper als Enge und Schwere manifestieren.

Drittens wusste ich, dass ich in mein altes Verhaltensmuster zurückfallen, mich mit den jungen Leuten identifizieren und sie beschützen wollen würde.

Endlich sprach die Frau die jungen Leute an: »Hört mal, ich wollte euch nur sagen, dass ich es nicht gut fand, wie ihr alle mich hier so überrannt habt. Ich fand das echt ignorant. Ich möchte euch sagen, dass ihr auf so etwas besser achten müsst, denn beim nächsten Mal reagieren andere Leute vielleicht auf eine Art, die euch nicht guttut.« Ihre Stimme klang unaufgeregt, stark, solide und treffsicher. Wut war da, aber diese Wut wurde durch etwas gemildert, das ich als Empathie mit den Jugendlichen empfunden habe. Die jungen Leute saßen da und starrten in verschiedene Richtungen, manchmal lachten sie nervös, aber ich wusste, dass sie zuhörten.

Sie fuhr fort: »Ihr könnt so viel lachen, wie ihr wollt, aber ich will euch nur sagen, was passiert ist, denn das war nicht richtig.« Das Ganze dauerte nicht einmal eine halbe Minute, und als sie ihren letzten Satz beendet hatte, trat sie von den Türen zurück, sodass sie sich schließen konnten. Die Bahn setzte sich in Bewegung. Die jungen Leute fingen an zu lachen und rissen Witze über die Frau. Wir anderen saßen schweigend da. Ich merkte, dass ich mich weder angespannt noch schwer fühlte. Was ich allerdings verspürte, war eine Mischung aus Ehrfurcht und Erleichterung.

Ich habe diese Situation deshalb nie vergessen, weil ich dadurch mitbekommen habe, wie Wut und Mitgefühl miteinander im Dialog sein können. Ich konnte spüren, dass die Frau sauer war, aber sie entschloss sich, noch einmal in die Bahn zu kommen, nicht nur um zu sagen, wie sie sich fühlte, sondern auch um irgendwie das künftige Verhalten der jungen Leute zu beeinflussen, die sie ansprach. Damit hat sie uns allen nicht nur Benimm beigebracht, sondern auch gezeigt, wie wir andere Menschen zur Verantwortung ziehen können, wenn wir sauer sind.

Als ich über dieses Erlebnis und seine Auswirkungen auf meine eigene Beziehung zu Wut und Mitgefühl nachdachte, wurde mir klar, wie viel Emotionsarbeit es erfordert, diese Spannung auszuhalten, der Wut im Allgemeinen und erst recht im Dialog mit jedem anderen Gefühl Raum zu geben. Diese Spannung ist der Widerstand, den wir dagegen verspüren, auf Wut so zu reagieren, dass weiterer Schaden entsteht. Gerade der Raum, den wir unserer Wut geben, trägt dazu bei, dass auch andere Gefühle da sein können, und er hilft uns, den Raum zu haben, eben auch Wut zu verspüren.

Zudem leistete diese Frau Emotionsarbeit für andere Fahrgäste, die sich durch die hereinstürmenden Jugendlichen verletzt fühlten. Auch für die jungen Leute, die nicht mit Aufmerksamkeit und Respekt reagierten und keine Verantwortung für den Schaden übernahmen, den sie angerichtet hatten, leistete sie Emotionsarbeit. Sie musste ihrer eigenen Verletztheit, weil ihr nicht zugehört wurde, Raum geben, oder vielleicht der Peinlichkeit, ihre Meinung zu sagen, oder womöglich sogar der Ablehnung, die wir ihr entgegenbrachten, weil sie die Abfahrt der Bahn verzögerte. Sie musste unseren Projektionen auf sie als noch so eine miesepetrige Person of Color Raum geben. Alledem gab sie Raum, und dabei zog sie auch noch die jungen Leute zur Verantwortung und wünschte ihnen, sie mögen frei sein von Schmerz.

Viele Menschen haben damit zu kämpfen, dass sie gemocht werden wollen. Dies kann eine Form des Leidens sein und uns davon abhalten, Risiken einzugehen oder die Wahrheit zu sagen. Manchmal nimmt dieses Bedürfnis, gemocht zu werden, die Form der Konfliktvermeidung an. Meine Erfahrung mit dem Bedürfnis, gemocht zu werden, kommt von meiner Erziehung, bei der gemocht zu werden dasselbe war, wie geliebt zu werden. Wenn du mich liebst, dann magst du mich und umgekehrt. Aber das ist nicht dasselbe. Lieben ist eine befreiende Praxis, die sich für mein Glück und das anderer Menschen einsetzt. Mögen hingegen ist vorübergehend und davon abhängig, dass ein anderer Mensch dafür sorgt, dass wir uns wohl fühlen, oder uns andere wertvolle Dienste leistet.

## Übung:

## Freundlichkeitsbad mit deinem Kreis des Heimkehrens

In dieser Übung dreht es sich darum, in der Energie der Freundlichkeit zu ruhen und uns von ihr halten zu lassen. Die Energie der Freundlichkeit in dieser Übung ist eine zusammengesetzte Energie, vermischt mit Mitgefühl, Liebe, Geduld und Aufmerksamkeit.

### Art der Übung

Diese Übung verwendet Achtsamkeit, Atemübungen und Visualisierung.

## DIE ÜBUNG

1. Beginne mit der Abfolge zu Beginn einer Übung und ende mit einer Atemübung.

2. Fahre mit dem Atmen fort und atme tief durch die Nase ein und durch den Mund aus. Versuche, so tief wie möglich sowohl ein- als auch auszuatmen. Tue dies ein paar Minuten lang und mache dann nach dem Einatmen durch die Nase zwei Sekunden Pause, bevor du den Atem durch den Mund hinauslässt. Lasse diese Pause nach und nach immer länger werden, bis zu fünf bis zehn Sekunden, oder solange es angenehm für dich ist. Achte in der Pause zwischen Ein- und Ausatmen auf den Raum und die Stille, die sich auftun. Wenn du kannst, versuche, in diesem Zwischenraum zwischen Ein- und Ausatmen auszuruhen. Ruhe weiterhin in diesen Pausen aus und versuche, sowohl das Atmen als auch die Pausen zu erleben. Lasse den Atem dich atmen und lasse dich dabei vom Atem in ein tieferes Empfinden von Freiraum und Ruhe versetzen. Übe mit den Atemzügen, solange du möchtest.

3. Nun gehe dazu über, deine Sieben Aspekte des Heimkehrens und deinen Kreis der Fürsorge anzurufen.

4. Stelle dir vor, dass dein Kreis die Energie der Fürsorge für dich erzeugt, und spüre, wie diese Energie den Raum um dich herum in Form von Wärme erfüllt. Spüre, wie diese Wärme dich sanft hält und umhüllt; und spüre langsam, wie diese Energie der Freundlichkeit, diese Wärme von den Wesen, die dir wohltun,

in deinen Körper einsinkt, unter die Hautschicht, hinein in die Muskeln, in die Knochen und in die Organe, als würdest du in dieser Energie der Freundlichkeit mariniert. Stelle dir beim Atmen vor, dass du diese Freundlichkeit in deinen Körper und in deine Lungen einatmest. Und wenn diese Freundlichkeit in deine Lungen kommt, dann stelle dir vor, dass diese Energie beginnt, im ganzen Körper zu zirkulieren, so wie Sauerstoff von den Lungen aufgenommen und in allen Körperzellen verteilt wird. Stelle dir vor, dass das Gleiche mit dieser Energie der Freundlichkeit geschieht, dass jede Zelle von dieser Energie gespeist wird. So wie du von der Energie der Erde gehalten wirst, lasse dich nun auch von der Energie der Freundlichkeit der Wesen halten, die dir wohltun. Entspanne dich, öffne dich und atme weiter.

5. Nun richte deine Aufmerksamkeit auf deinen Atem, und stelle dir vor, dass du aus deinem Herzzentrum heraus ein- und ausatmest. Stelle dir vor, dass du die Energie der Freundlichkeit um dich herum einatmest, was die Energie des Mitgefühls im Herzzentrum intensiviert. Stelle dir vor, dass vom Herzzentrum aus sogar noch mehr Freundlichkeitsenergie durch den Körper zirkuliert.

6. Mache so lange weiter, wie du kannst. Am Ende der Übung stelle dir vor, dass du deinen Kreis des Heimkehrens in dein Herzzentrum hinein auflöst, und verweile in der verbleibenden Freundlichkeitsenergie, solange du möchtest.

7. Vielleicht spürst du, dass ein gewisses Unbehagen hochkommt. Was du auch spürst, erlaube deinem Kreis der Fürsorge, es zu halten. Wenn es dir schwerfällt, überhaupt etwas zu spüren, dann entspanne dich einfach und erzwinge nichts.

8. Absolviere die Abfolge zum Abschluss einer Übung.

# 10

# LET'S TALK ABOUT SEX

In Teilen übernommen aus »Conscious Sex: An Interview with Lama Rod Owens« von Leslee Goodman, erschienen in der Zeitschrift *The MOON.*

Ich frag mich so: Bin ich schwul? Bin ich hetero? Und mir wird klar … ich bin einfach nuttig. Wo ist meine Pride-Parade?
*Margaret Cho*

Wir werden mit unseren Fragen nach der Sexualität nicht klein beigeben. Wir sind hier. Es reicht nicht, uns zu sagen, dass einer ein brillanter Dichter, Wissenschaftler, Pädagoge oder Rebell war. Wen hat er geliebt? Das macht einen Unterschied. Nur mit dem, was man mir vorsetzt, kann ich kein ganzer Mann werden: verwässerte Versionen Schwarzen Lebens in den USA. Ich muss die arschverfickte Wahrheit erfahren, damit ich etwas Reines habe, dem ich nacheifern kann, einen Grund, loyal zu bleiben.
*Essex Hemphill*

Oft werde ich gefragt, was Lama bedeutet. *Lama* ist der tibetische Begriff für das Sanskrit-Wort *Guru.* In der tibetischen Tradition bedeutet Lama also »Lehrperson«. Darin klingt ein gewisses spirituelles Gewicht oder eine spirituelle Würde an, die dir üblicherweise nach Abschluss eines dreijährigen Retreats von der Lehrperson verliehen wird, die dich durch das Retreat geleitet hat. Ich habe mein Retreat als Mönchsschüler oder Novize verbracht.

Die Leute denken, wenn sich ein Mensch aus der Welt zurückzieht, bedeutet das, dass er damit auch alle Instinkte, Begierden und Wünsche meidet. Dem ist nicht so. Tatsächlich gelangst du tiefer in das Wesen dieser Instinkte und Wünsche hinein. Als ich mich also ins Retreat begab, wurde ich mit meiner Sexualität konfrontiert. Der tantrische Buddhismus ist eine Tradition, die Vorstellungen von Gender und Sexualität mithilfe von Übungen hinterfragt, die dir helfen zu erkennen, dass diese Attribute, und auch Identität im Allgemeinen, ziemlich fließend und eigentlich ziemlich illusionär sind. Zu dieser Erkenntnis wirst du auf recht intime Weise gebracht und bist dann aufgefordert zu sitzen und zu erleben, wie sich Fluidität anfühlt. Du wirst damit konfrontiert, wie du versuchst, Sexualität und Gender zu festigen, und wie ernsthaft du daran glaubst.

Fluidität stellt dies alles in Frage. Immer wieder wird dir der Boden unter den Füßen weggezogen. Die Botschaft, die du erhältst, und die Erfahrung, die du machst, ist immer wieder: Nein, das ist nur eine Illusion. Du bist in Wirklichkeit gar nicht diese Vorstellung von einem Mann; du bist sehr viel mehr. Dein Leiden kommt manchmal daher, dass du verzweifelt versuchst, dich irgendwo zu verorten, damit du eine Identität hast. Das Dasein auf der Welt kann leichter werden, wenn du dich irgendwie benennen kannst.

In tantrischen Traditionen geht es nicht um Sex, und doch wird Lust dazu genutzt, Freiheit von dualistischem und binärem Denken imaginieren und erleben zu können. Wir versuchen zu unterbrechen, wie binäres Denken zu Ego-Bildung und Fixierung auf das Ego beiträgt. Eine Möglichkeit besteht darin, die Energie der Lust dazu zu nutzen, diesen Dualismus zu kippen. Eine andere markante Methode ist die Gottheitsübung. Dabei stelle ich mir vor, dass ich bestimmte Gottheiten bin, und versuche, ihre erleuchteten Eigenschaften zu verkörpern. Du kannst zu verschiedenen Gottheiten werden. Manchmal ist eine Gottheit weiblich, du wirst also zu einer weiblichen Gottheit. Es geht darum, das Ego zu kippen, zu erkennen, dass du nicht bist, wofür du dich hältst. Deshalb tust du so, als wärst du etwas anderes, und sei es nur eine Sekunde lang. Schon bald löst sich dadurch deine Fixierung auf das Selbst auf, das du zu sein glaubst.

Wenn du dich mit einer Gottheit verbindest und darum bittest, die Eigenschaften dieser Gottheit anzunehmen – sei es Mitgefühl, Liebe, Güte, Unbändigkeit, Gelassenheit oder was auch immer – wird deine eigene wesenhafte Fluidität sehr deutlich. Selbst als ich aus dem Retreat wieder herauskam, fiel mir auf, dass meine Anziehung, meine Sexualität breiter wurde. Auch meine Eigenliebe vertiefte sich. Wenn du immer mehr Einsichten in die Weite deiner wahren höchsten Natur erhältst, erkennst du: »Aha, der ganze Mist, den die Leute darüber erzählt haben, was ich eigentlich bin, und den ich geglaubt habe, ist in Wirklichkeit eine Lüge.« Dann machst du direkte, tiefere Erfahrungen mit deiner wahren Natur. Ich erkannte, dass meine Anziehung nach dem Retreat so viel vielfältiger und größer war, weil ich mich selbst genug liebte und mir selbst genug vertraute, um wertschätzen zu können, dass alle Menschen um mich herum in gewisser Weise attraktiv sind.

Ich glaube auch, dass die Eigenliebe, die ich im Retreat erlebt habe, meine Sexualität und mein Begehren nach und nach dekolonisiert hat. Davor empfand ich Menschen wie mich viele Jahre lang nicht als attraktiv. Häufig fühlte ich mich zu *weißen* Männern sowie zu schlanken, muskulösen Männern hingezogen, und nicht zu Schwarzen Männern mit einem kräftigeren Körper so wie ich. Das war etwas, wofür ich mich schämte. Aber im Retreat erkannte ich, dass die Idealisierung dieser einen maskulinen Gestalt auch nur so ein Aspekt meiner kulturellen Konditionierung war; sie besaß überhaupt keine eigene Realität für mich. Zum ersten Mal begann ich, meinen Körper und meine Sexualität wirklich zu lieben und wertzuschätzen.

## Sex und Wut

Manche von uns üben mit ihrer Ausdrucksform von Sexualität sehr viel Wut aus. Wir versuchen, unsere Sexualität im Streben nach Lust auszuüben, aber dies wird zu einem Ausweichen vor unserer Verwundung. Wenn wir nicht daran arbeiten, uns um unsere Verwundung zu kümmern, wird unser sexueller Ausdruck zum Vehikel unserer Aggression. Dies führt zu Gewalt gegen uns selbst und andere Menschen.

Ich betrachte mich als sexpositiv und genieße sexuelle Beziehungen, die auf Konsens und Klarheit beruhen. Meist macht es mir nichts aus, wenn ich als promiskuitiv bezeichnet werde. Ich versuche allerdings, in Zeiten, in denen ich sexuell aktiver bin, ehrlich zu mir zu sein. Ich frage mich: Nutze ich meine Sexualität, um mich vor etwas zu drücken, oder nutze ich sie wirklich, um Freiheit zu erleben? Ich glaube, dass es immer in Ordnung ist, Spaß zu haben, solange uns klar ist, dass wir auch eine Anhaftung ans Spaßhaben entwickeln können.

Beim Sex praktiziere ich Offenheit, Klarheit und Freiraum. Ich versuche, in meinem Erleben von Lust zu verweilen und zugleich Förderer der Lust meines Gegenübers zu sein. Ich bemühe mich, meinem Gegenüber die Energie von Glück, Frieden, Trost und Leichtigkeit zu senden. Ich frage mein Gegenüber währenddessen, ob es ihm Spaß macht, oder ob wir zusammen etwas tun können, falls es der Person keinen Spaß macht. Besonders wahrgenommen fühle ich mich dann, wenn mein Gegenüber auch bei mir nachfragt.

Auch Promiskuität und Sexpositivität sind nicht von Natur aus befreiend. Damit beides befreiend wird, muss Sexpositivität eine Haltung werden, die Sex und Sexualität als Tore zu Freiheitserfahrungen betrachtet und die Lust beim Sex nutzt, um diese höheren Bewusstseinsebenen zu erschließen. Sex und sexueller Ausdruck werden zu einer Methode, um höhere Bewusstseinszustände zu erreichen, die dazu beitragen, dualistisches Denken und auch die damit verbundene Gewalt zu verringern. Wenn wir nicht versuchen, uns zu befreien, verharren wir in den immer gleichen Erfahrungen von Lust, die dann verschwendet sind und uns nicht weiterbringen zu anderen Erfahrungen.

Um frei zu sein, muss alles geliebt werden, auch das nicht Liebenswerte. Wenn wir es mit der Freiheit wirklich ernst meinen, müssen wir lernen, sowohl das zu lieben, was uns Lust bereitet, als auch das, was uns missfällt. Um sexuelle Lust als Befreiungsweg zu wählen, müssen wir anfangen, unsere Lust zu lieben. Sie zu lieben, heißt, dass wir sie akzeptieren, und diese Akzeptanz lädt uns ein, mit ihrem wahren Wesen in Beziehung zu kommen. Meine Lust zu lieben, ist nicht dasselbe, wie an meiner Lust zu haften. Lust zu lieben, heißt, dass ich ihr erlaube, sie selbst zu sein. Ich genieße sie, wenn sie kommt, und ich lasse sie los, wenn sie geht. Wenn wir auf diese Weise in Beziehung mit unserer Lust sind, kann sie uns zur Erfahrung von Freiraum führen, und dieser Freiraum ist die Grundlage für Glück, Freude und Glückseligkeit.

Als ich als Jugendlicher beim Masturbieren meinen ersten absichtlichen Orgasmus erlebte, war das eine sehr intensive Erfahrung. So etwas wie die Lust, die mit meiner Ejakulation kam, hatte ich noch nie erlebt. Beim weiteren Experimentieren mit mir selbst entdeckte ich verschiedene Möglichkeiten, das Erlebnis zu intensivieren, darunter auch Sex mit anderen Männern. Im Laufe der Jahre lernte ich, dass der Orgasmus eine der tiefgreifendsten Erfahrungen ist, denn für viele von uns bleibt er eine der ganz wenigen Erfahrungen von Glückseligkeit, die wir überhaupt jemals machen. Aus meiner Perspektive ist die Erfahrung der Glückseligkeit ein Moment, in dem alles wegfällt und wir uns dem Wesen unseres Geistes gegenüberfinden, das klar und weit offen ist. Nach dieser Sekunde kommen wir dann in unser dualistisches Denken mit seinem Klammern und seinen Geschichten zurück. Ein Teil der Sexsucht besteht darin, immer und immer wieder den Drachen der orgasmischen Glückseligkeit zu jagen. Wenn wir eine authentische spirituelle Praxis entwickeln, schaffen wir eine Grundlage der Zufriedenheit, über die wir uns im Orgasmus bis zur Glückseligkeit erheben und auf die wir nach dem Orgasmus zurückfallen können, um vom festen Boden dieser Zufriedenheit gehalten zu werden. Spirituelle Praxis hilft uns, die Extreme in unseren Erfahrungen zu mäßigen, und sie hilft, jeder Erfahrung, die wir möglicherweise machen, Raum zu geben.

## Anziehung

Ich bin zu der Überzeugung gelangt, dass Embodiment zu den größten Gewinnen meiner Zeit im Retreat zählt – und vielleicht ist es die radikale revolutionäre Praxis unserer Zeit. Obwohl ich sagen würde, dass ich nicht hundertprozentig in meinem Körper zu Hause bin, bin ich doch weiter denn je auf dem Weg, in meinem Körper anzukommen. Mein Körper und mein Geist werden allmählich Partner; ich versuche, beide gemeinsam in jede Interaktion und jede Situation einzubringen. Das bremst mich eindeutig, aber es hält mich auch geerdet und gesund. Heute höre ich ebenso sehr auf meinen Körper wie auf meinen Verstand, denn mein Körper hat seine eigene Weisheit, und die ist genauso wichtig wie die meines Verstandes.

Durch meine Schulung im Retreat und das Embodiment, das aus meiner Praxis erwächst, kann ich nun Schönheit in Körpern aller Art erkennen – in allen Ethnien, in allen Körpertypen und in verschiedenen Formen von Genderausdruck und Gender Performativität. Letzten Endes muss ich mich aber auch damit auseinandersetzen, dass ich mich zu Maskulinität hingezogen fühle – zu jenem grundlegenden, unverfälschten Ausdruck von Maskulinität, der in allen möglichen Körpern zum Ausdruck gebracht werden kann: in cisgender Männern, in maskulin auftretenden Frauen, in transgender Männern. Ich liebe auch Femininität und fühle mich dazu hingezogen. Allerdings finde ich Maskulinität häufig erotisch, das heißt, ich finde sie sexuell begehrenswert und erregend. Wo immer maskuline Energie zum Ausdruck kommt, fühle ich mich dazu hingezogen. Aber um es deutlich zu sagen, diese Anziehung ist nicht immer sexuell.

Ich glaube, es ist wirklich wichtig zuzugeben, dass wir uns zu Menschen hingezogen fühlen. Als spiritueller Lehrer besteht meine Praxis zuallererst darin anzuerkennen und zu akzeptieren, dass ich mich zu vielen Menschen körperlich und sexuell hingezogen fühle. Als spiritueller Lehrer gibt es aber auch eine Ethik in Bezug darauf, wie ich mich gegenüber Körpern verhalte, zu denen ich mich hingezogen fühle. Als Buddhist lautet meine grundlegende Ethik, kein Leid zuzufügen; die Gewalt zu begrenzen, die ich mir und anderen antue. Konsens ist eine wichtige Praxis. Als Lehrer kann ich mich daher auf keinerlei sexuelle Beziehung mit Schül*erinnen oder Mentees einlassen, weil es in meiner Beziehung zu Schül*erinnen ein Machtgefälle gibt, das echten Konsens sehr schwierig, wenn nicht unmöglich macht. Wenn ich also sexuelle Beziehungen suche, dann immer außerhalb meiner spirituellen Gemeinschaften. Tatsächlich ist dies ein wesentlicher Teil der Grenzen, die ich gegenüber meinen Schül*erinnen wahre – dass ich ein befriedigendes Privatleben mit anderen Personen habe.

Ich finde, Anziehung ist komplex und vielschichtig. Ich kann mich zunächst zu einem Menschen hingezogen fühlen, dessen Werte und Moralvorstellungen sich mit meinen nicht decken, aber das wird nicht sehr lange halten. Wenn ich nur schnellen Sex will, ist mir das nicht so wichtig. Dann bemühe ich mich, während der Erfahrung kein Leid zuzufügen und Spaß zu haben und dazu beizutragen, dass mein Gegenüber ebenfalls Spaß hat. Doch in längerfristigen Beziehungen ist es das Wichtigste, dass die Ethik und die Vorstellungen vom Leben übereinstimmen. Eine bewusste Beziehung bedeutet für mich, dass ich nicht oft gegen dich ankämpfe oder dich erziehe. Wir müssen beide das Ziel haben, ein gerechtes Leben zu führen und auf gerechte Gemeinschaften hinzuarbeiten. Wenn das nicht der Fall ist, kann ich nicht vorbehaltlos kommunizieren; und wenn ich nicht vorbehaltlos kommunizieren kann, dann kann ich nicht mit dir zusammen sein.

Manche Menschen glauben, dass wir unsere politischen Überzeugungen nicht immer in eine Beziehung einbringen können. Ich finde, das müssen wir auf jeden Fall. Wenn unsere politische Einstellung uns wirklich wichtig ist, müssen wir mit Menschen zusammen sein, die sie verstehen und teilen. Sonst gibt es ethische Konflikte. Letzten Endes denke ich, wenn du dich darauf einlassen kannst, wirklich im Körper zu sein, und wenn du auf den Verstand und den Körper gleichzeitig hörst, erkennst du allmählich eine Art Wahrheit über Menschen oder über eine Beziehung. Je früher du in der Lage bist, auf deinen Verstand und zugleich auf deinen Körper zu hören, desto geringer ist die Wahrscheinlichkeit, dass du dich in einer Beziehung wiederfindest, die nicht zu dir passt. Und der sexuelle Ausdruck innerhalb einer Beziehung ist sogar noch erfüllender, wenn wir mit Menschen zusammen sind, die mit unserer politischen Einstellung, unserer Ethik und so weiter übereinstimmen.

Meine Retreat-Erfahrung hat mir auch geholfen, meine Sexualität und meinen sexuellen Ausdruck nicht mehr als etwas zu betrachten, das außerhalb meiner spirituellen Praxis liegt, auch wenn es außerhalb meiner spirituellen Gemeinschaft stattfindet. Alle meine Beziehungen werden zu einem Gefäß, in dem Mitgefühl und Fürsorge geübt werden können – auch wenn die Beziehung nur von kurzer Dauer und in erster Linie sexuell ist. So verstehe ich sexuelle Beziehungen – als Ausdruck von Mitgefühl und Fürsorge. Es geht mir ebenso sehr um die Lust meines Gegenübers wie um meine eigene Lust. Zu meinem Einverständnis gehört auch, dafür zu sorgen, dass mein Gegenüber das Erlebnis ebenso sehr genießt, wie ich es genießen möchte.

Sex ist für mich wichtig, aber kein Muss. Sexueller Ausdruck ist eine tiefgreifende Art, uns mit einer Person zu verbinden und ein Erleben von Körper und Geist miteinander zu teilen. Aber es ist nicht die einzige Art, wie ich auf der Welt Intimität erfahre. Ich denke, wenn wir in Gemeinschaften zusammenkommen, bauen wir im Idealfall eine Art Intimität auf, denn dazu gehört auch Verwundbarkeit. Auch sexueller Ausdruck basiert auf Verwundbarkeit; es geht darum, dich einem anderen Menschen zu öffnen und körperlich wie emotional Teile von dir zu zeigen, die du nicht allen Menschen zeigst.

## Dating-Apps

Ich mag Apps für unverbindlichen Sex und Dating-Apps. Die Leute reagieren oft merkwürdig, wenn ich das sage. Nach meinem dreijährigen Retreat war der Gedanke an solche Apps etwas Faszinierendes. In der Zeit meiner Abwesenheit hatte sich die Smartphone-Technologie sprunghaft weiterentwickelt. An dem Tag, an dem mein Retreat zu Ende war, saß ich mit ein paar Freunden und meiner Familie zusammen. Sie brannten geradezu darauf, mir ihre Handys und alles zu zeigen, was damit möglich ist. Damals zeigten mir meine schwulen Freunde meine erste Sexdate-App, und ich war völlig überfordert! Erstens wusste ich überhaupt nicht, was eine App ist oder kann. Zweitens konnte ich mir nicht vorstellen, wie sie alle schwulen Männer in meiner Umgebung anzeigen können sollte! Das kam mir vor wie Zauberei. Ich fragte mich, ob ich wohl auch in der App war. Nach kurzer Zeit kam ich wieder runter und begriff, dass die App GPS nutzte, um andere Menschen in meiner Nähe zu entdecken, die ebenfalls die App und ein Profil hatten. Das Ganze hatte etwas sehr Radikales und Befreiendes, beunruhigte mich zugleich aber auch.

Radikal erschien die Schaffung eines Raums, in dem alle möglichen Menschen über alle Identitäten hinweg zusammenkommen konnten, um sich zu verabreden und Sex zu haben. Das einzige Hindernis war anscheinend der Zugang zur Technik. Wenn du ein Smartphone und die App hattest, konntest du dich auf den Marktplatz begeben, um wahrgenommen zu werden und dir deine Bedürfnisse erfüllen zu lassen. Das Beunruhigende war und ist allerdings dieser Marktplatz selbst und wie Körper dort bewertet und abgewertet werden. Dieses Bewerten und Abwerten ist eine Kommerzialisierung unserer Körper, wobei jüngere, fitte Körper geschätzt und gekauft, andere hingegen ignoriert werden. Manchmal komme ich mir vor wie auf einem Sklav*innenmarkt, wo ich sowohl der Sklave als auch der Sklavenhalter bin. Auf die Bühne begebe ich mich zwar freiwillig, doch dort wird von mir erwartet, dass ich meinen Körper durch endlose Nacktfotos feilbiete. Andere tun dasselbe für mich, und am Ende beschließen wir vielleicht, uns gegenseitig zu kaufen. Dieses Tauschsystem hat meine Intimität mit anderen Männern auf eine Art und Weise beeinflusst, aus der ein starkes Einsamkeitsgefühl hervorgegangen ist. Diese Art von sexuellem Kapitalismus sagt mir, dass ich meine Menschlichkeit ausschalten und andere Menschen zum Objekt machen kann, um meine sexuellen Bedürfnisse zu befriedigen. Ich sehne mich nach der Intimität von Gesprächen und Begegnungen und versuche, einen Bezug zu meinem Menschsein herzustellen, damit ich auch einen Bezug zu dem meines Gegenübers herstellen kann. Ich liebe Sex und Lust, aber mir ist klar, dass es mich heute nur wirklich anmacht, wenn ich in einen dynamischen Raum kommen kann, weil ich weiß, dass der Mensch, mit dem ich Lust erleben will, ein echter Mensch mit Freuden und Ängsten ist, der liebt und geliebt wird, und der ebenfalls sicher und frei von Leid sein möchte.

Es gibt auch andere Formen von Gewalt, die damit zusammenhängen, dass der Markt Hierarchien und Machtsysteme aufrechterhält, die auf Rassifizierung, Klassismus, Körpertyp, Be_Hinderung und insbesondere auf dem HIV-Serostatus beruhen. Diese Apps können ziemlich rassistisch, ableistisch und misogyn sein, da Ausdrucksformen von Femininität marginalisiert werden. Der STI-Status wird jedoch als Reinheitssymbol verwendet, was die Stigmatisierung des Lebens mit einer Krankheit verstärkt und den Schmerz, den viele Menschen mit HIV und anderen sexuell übertragbaren Infektionen erfahren müssen, noch vergrößert. Diese Realität zeigt mir, dass selbst in queeren und schwulen männlichen Räumen, ob virtuell oder nicht, die Überschneidung von *W*eißsein und Patriarchat immer noch wächst und gedeiht und dafür sorgt, dass wir nie gut genug sind, um die Zuneigung, Lust und sogar Liebe, die wir von anderen bekommen können, auch wirklich zu erhalten.

Schwieriger wird es für mich, mit dem Raum nach dem Sex klarzukommen, wenn die Zärtlichkeit, die sich mir eröffnet, nicht anhält, und ich alleingelassen werde und mich schäme, weil ich verwundbar bin. Trotzdem bleibe ich in den Apps, weil es dort eine Community gibt, der ich angehören möchte. Ich mag den Raum, in dem Sex und Sexualität präsent sind und in dem wir uns damit beschäftigen. Ich glaube, dass es für queere und schwule Männer wie mich wichtig ist, Räume zu beanspruchen, in denen wir unsere Sexualität auf eine Art und Weise erkunden können, die uns in anderen Räumen verweigert wurde. Ich bin überzeugt, dass Lust ein Akt persönlicher und kollektiver Befreiung sein kann, wenn sie in Zusammenarbeit mit unserem Menschsein stattfindet. Insgesamt möchte ich vermitteln: Wenn wir unser ganzes Selbst in die körperliche Liebe einbringen, kann auch unser ganzes Selbst körperliche Liebe bekommen.

## Gemeinschaft

Ständig rate ich den Leuten: »Kommt dahin, wo ihr geliebt werdet.« Für die meisten von uns gibt es nicht viele Orte, die dafür in Frage kommen. Deshalb besteht ein so großer Teil meiner Arbeit in der Welt darin, Gemeinschaften zu schaffen, die von echter Liebe und Verwundbarkeit geprägt sind. Dazu muss ich vorleben, wie es ist, liebevoll zu sein, in mich selbst verliebt zu sein, in andere Menschen um mich herum verliebt zu sein, und verwundbar zu sein. Vor allem aber muss ich vorleben, was es bedeutet, der Verwundbarkeit anderer Menschen um mich Raum zu geben. Dies muss ich für Gemeinschaften und auch für meine Sexual- und Intim-Part*nerinnen tun.

Die Fragen, die mich am meisten interessieren, lauten: Wie können wir radikal offen sein? Wie können wir Risiken eingehen? Wie führen wir die Gespräche, durch die Gemeinschaften entstehen, in denen wir wirklich wir selbst sein können? Und wie verlassen wir

Gemeinschaften, in denen wir immer wieder verletzt werden? Wenn diese Art radikaler Offenheit und Verwundbarkeit in deiner Gemeinschaft nicht praktiziert wird, dann verlässt du sie und musst vielleicht deine eigene aufbauen.

Dasselbe müssen wir auch in intimen Beziehungen tun: Aufhören, uns mit dem ganzen Scheiß zu arrangieren. Wenn du immer wieder verletzt wirst, dann hau ab. Mir ist klar, dass dies sehr viel leichter gesagt als getan ist, wenn ich bedenke, wie ohnmächtig wir uns in bestimmten Fällen fühlen können, insbesondere in Missbrauchsbeziehungen. In diesen Fällen müssen wir unser Ichempfinden stärken und darauf hinarbeiten, dass wir fest davon überzeugt sind, dass wir es verdient haben, glücklich und frei von Leid zu sein. Wenn wir daran arbeiten können, dann suchen wir uns beim nächsten Mal eine Part*nerinnenschaft mit Menschen, die uns da abholen können, wo wir sind. Das ist nicht unmöglich, aber es ist schwierig. Und manchmal bedeutet es, dass du allein sein musst. Ich habe immer dann am meisten gelernt, wenn Leute aufgehört haben, sich mit meinem Scheiß zu arrangieren und mich verlassen haben. Das Verlassenwerden wirft mir alles wieder vor die Füße – als Arbeit, die ich zu tun habe.

Ich versuche, radikal zu sein, auch wenn ich nur unverbindlichen Sex mit einem Menschen habe. Ich kommuniziere immer so viel wie möglich, ich praktiziere so viel Liebe und Mitgefühl wie möglich, und ich habe Spaß. Wenn ich nicht Mitgefühl, Liebe und Verwundbarkeit zum Ausdruck bringen kann, dann macht es keinen Spaß, und ich kann es nicht durchziehen. Denn es geht nicht nur um Sex, sondern darum, diese Art von intimem Austausch zu erleben.

Gegenseitig unserer Verwundbarkeit Raum zu geben, in einer Gemeinschaft oder in einer sexuellen Beziehung jeglicher Art, bedeutet, dass wir miterleben, dass wir dabei sind, wenn ein Mensch sich öffnet. Wir zucken nicht zusammen, wir streiten nicht, wir urteilen nicht; wir erleben einfach mit. Im Grunde heißt das, wenn eine Person anfängt, etwas mitzuteilen, fängst du an zuzuhören. Du bereitest keinen Einwand vor, sondern du lädst zu weiterer Öffnung ein, indem du dich dafür interessierst, was sie Person zu sagen hat. Dahin müssen wir kommen: dass alle Menschen sich so sicher fühlen, dass sie etwas mitteilen können, ohne marginalisiert, beurteilt oder kritisiert zu werden. Das soll nicht heißen, dass andere Menschen kein Feedback geben können; aber zuallererst müssen sie dem Raum geben, dass eine Person ihre Erfahrung vorbringen kann. Wenn dies geschehen ist, können andere Personen ihre Erfahrungen mitteilen, und wenn die Erfahrungen unterschiedlich sind, muss es nicht zum Konflikt kommen. Es kann einfach nur so sein, dass Menschen denselben Raum miteinander teilen.

## Embodiment und Sex

Der Körper lügt nicht. Er sagt immer die Wahrheit. Wenn ich mich also durch die Welt bewege, nutze ich meinen Körper, um Signale zu erfassen, die mein denkender Verstand gar nicht erkennen kann. Was sagt mir mein Bauch? Was sagt mir meine Intuition, was ich da in meinem Körper spüre? Auf diese Information höre ich. Wenn ich mich in meinem Körper entspannt fühle, wenn ich mit einem Menschen zusammen bin, dann ist dies ein richtig gutes Zeichen. Wenn ich in meinem Körper und insbesondere in meinem Bauch eine Anspannung verspüre, wenn ich in der Nähe einer Person bin, dann ist dies vielleicht ein Hinweis darauf, dass irgendetwas für mich nicht stimmt.

Als ich anfing, auf meinen Körper zu hören, habe ich gelernt, mit welchen Partnern ich zusammen sein sollte und mit welchen nicht. Die Beziehungen, die wirklich wichtig für mich waren, haben damit begonnen, dass wir darüber geredet haben, wie wir über die Welt empfinden, über Gerechtigkeit, über Gender, darüber, was wir in unserem Leben dafür tun, ein besserer Mensch zu werden. In dieser Phase des ineinander Einfühlens haben sich mein Körper und mein Verstand ganz entspannt auf dieses Erleben einlassen können. Und die körperliche Anziehung hat sich vertieft, wenn ich erkannte, wie ähnlich wir uns in anderen Bereichen unseres Lebens waren. Ich glaube, sehr viele von uns finden sich mit etwas ab, weil wir glauben, »besser als das wird es eh nicht«. Ich habe immer geglaubt, dass ich wegen des Körpers, in den ich hineingeboren worden bin, und wegen anderer Umstände, nur bestimmte Arten von Beziehungen haben kann und mich mit dem zufriedengeben muss, was ich kriege. Dies kam von einem gravierenden Mangel an Selbstwertgefühl sowie an Liebe zu und Mitgefühl mit mir selbst. Ich hatte die energetische Mentalität, dass ich dankbar sein musste, wenn eine Person sich zu mir hingezogen fühlte, auch wenn sie überhaupt nicht zu mir passte, weil so viele andere Menschen sich nicht zu mir hingezogen fühlten.

Als ich anfing zu praktizieren und das Retreat durchlebte und wieder hinauskam in die Welt, lernte ich, diese Mentalität gründlich in Frage zu stellen und mir zu versichern, dass ich es verdient habe, mit einem Menschen zusammen zu sein, mit dem ich kompatibel bin. Vielleicht muss ich viel Geduld haben, aber das ist in Ordnung, denn ich habe auch einige der Aufgaben übernommen, die wir sonst gerne von unseren Part*nerinnen erwarten – zum Beispiel mich selbst wertzuschätzen und mich immer mehr zu lieben. Natürlich ist es wunderbar, wenn ein Mensch auftaucht und mich schätzt; aber ich brauche das nicht, weil ich es mir selbst geben kann. Jetzt suche ich Beziehungen, weil ich für einen Menschen sorgen und auch selbst umsorgt werden möchte. Ich möchte, dass es ein Gleichgewicht der Fürsorge gibt.

Als Lehrperson rutschst du sehr leicht in die Rolle des Gebens. Es kann förmlich zu meiner Werkseinstellung werden, was verhindert, dass für mich gesorgt wird. Es ist leicht, mein eigenes Bedürfnis nach Fürsorge kleinzureden. Ich habe jedoch gemerkt, dass mein Verstand mir zwar sagt: »Ach, du brauchst keine Hilfe«, mein Körper aber eher meint: »Eigentlich könntest du welche gebrauchen.«

Ein weiterer heikler Punkt ist für mich, wenn ich in einer Beziehung bin, in der ein*e Part*nerin Unterstützung und Fürsorge anbietet, die ich normalerweise nicht bekomme, und wir dann in Rollen verfallen. Ich gebe alle meine Fürsorge nach außen und erwarte dann von meiner intimen Beziehung, dass sie wieder auffüllt, was ich anderen Menschen gegeben habe.

Dann kann es für mich zur Übung werden, mir bewusst zu machen, auf welche Art und Weise ich Großzügigkeit von Part*nerinnen annehme. Das kann eine unglaubliche Lektion sein! Umgekehrt gehört dazu, dass ich lerne, wirklich darauf zu achten, wie ich Zuwendung erwidere. In bewussten Beziehungen sollten wir uns fragen: »Was brauche ich, und was braucht mein*e Part*nerin?« Und ihr sprecht miteinander. Vielleicht befindest du dich in einer Situation, in der du auf keinen Fall geben kannst, was dein*e Part*nerin braucht, und dann müsst ihr zusammen überlegen, ob bestimmte Bedürfnisse auch außerhalb dieser Beziehung erfüllt werden können.

Dies alles – das Kommunizieren und das Hören auf unseren Körper – wird zu einem Raum, in dem Erkenntnis stattfinden kann.

Ich glaube, nichtmonogame Beziehungen sind für mich wichtig. Ich habe erkannt, dass ich Bedürfnisse und Wünsche haben könnte, die mir wichtig sind und in der Hauptbeziehung vielleicht nicht erfüllt werden. Deshalb muss ich eventuell Möglichkeiten schaffen, meine Verbindungen zu anderen Menschen zu würdigen und auszuloten und gleichzeitig meine Hauptbeziehung zu schützen. Für eine gesunde Nichtmonogamie müssen wir kommunizieren, was unsere Bedürfnisse sind und wo unsere Grenzen liegen könnten, damit andere Beziehungen geschützt werden können.

Wenn Menschen wirklich solche Wünsche haben, ist es unglaublich wichtig, diese Gespräche zu führen. Damit will ich nicht sagen, dass alle Menschen in nicht-monogamen Beziehungen leben sollten. Diese Beziehungen erfordern ein unglaubliches Maß an Reife, und sie müssen auf Gegenseitigkeit beruhen; es kann nicht nur um die Interessen einer Seite gehen. Multiple signifikante Beziehungen erfordern Zeit und Kommunikation. Sie verlangen eine Offenheit, eine Verwundbarkeit und ein Verarbeiten, und all dies kostet sehr viel Energie. Du musst ehrlich sein in Bezug auf das, was du brauchst, und du musst ehrlich sein in Bezug auf das, was du bereit bist zu geben.

Wenn du nicht in einer Beziehung lebst, sondern nur gerne Sex mit verschiedenen Part*nerinnen hast, ist es dennoch wichtig, dass du dir darüber im Klaren bist, wie du Sicherheit definierst. Dies ist bei jeder Person anders. Auch in Bezug auf die Gründe, warum wir so leben, müssen wir ehrlich sein. Rühren sie von einem sexuellen Trauma oder einer Sexsucht her? Ganz gleich, wie du dich in Bezug auf den Ausdruck deiner Sexualität entscheidest, du musst ehrlich sein. Du musst dich fragen, warum du tust, was du tust. Dann kann Sex zu einer tiefgreifenden Möglichkeit werden, unseren Charakter und unser moralisches Selbst zu formen. Meine sexuellen Beziehungen haben mir geholfen, ein Gespür dafür zu entwickeln, was mir guttut, inwiefern ich mich wertgeschätzt oder abgewertet habe, und wie ich Entscheidungen treffen kann, um mich selbst und andere Menschen zu schützen und zu schätzen.

Sexpositivität ist ebenfalls wichtig. Die USA, wo ich aufgewachsen bin, sind überhaupt kein sexpositives Land, obwohl Sex überall ist. Wir sind sexgesättigt, aber nicht sexpositiv. Das kommt von einer Menge sexuellem Trauma und einer Menge Körperscham. Das Dharma hat mir geholfen, meine eigene Körperscham und auch meine Scham im Bereich der Sexualität kritisch zu betrachten und in beiden Bereichen Heilungsarbeit zu leisten. Und natürlich hat mich dies dazu gebracht, andere Menschen, die für sich selbst ebenfalls daran arbeiten, zu lehren und ihnen Ressourcen zur Verfügung zu stellen.

Manchmal kann ich gegenüber Menschen, die nicht über nichtmonogame Beziehungen nachdenken, voreingenommen sein. Es fällt mir leicht, Menschen abzutun, indem ich etwa sage: »Nun ja, du bist einfach von der *w*eiß-suprematistischen, heterosexuellen, körperlich leistungsfähigen, monogamen Kultur kolonisiert worden, und du musst aus dieser Kultur ausbrechen.« Das ist voreingenommen. Als spiritueller Lehrer versuche ich stattdessen, den Leuten zu helfen, dass sie die Entscheidung treffen können, die für sie in diesem Moment am besten ist. Ich möchte, dass diese Entscheidungen sie in ihrem Ethos unterstützen, und ich hoffe, dass es ihnen in ihrem Ethos darum geht, frei zu werden. Ich kann dir nicht sagen, was du tun oder welche Entscheidung du treffen sollst, aber ich kann dir helfen, eine Meditationspraxis zu entwickeln, eine Gewahrseinspraxis, und dadurch wirst du nach und nach erkennen, was für dich richtig ist.

## Predigt über meinen sexuellen Körper

Um der Erfahrung meines sexuellen Körpers eine Stimme zu geben, muss ich Erinnerungen und Erlebnisse aussprechen, die vielleicht noch nicht offenbart werden sollten, aber ich offenbare sie, um allen Wesen weitere Befreiung zu ermöglichen. Während ich dies tue, rufe ich meine Ahn*innen an, damit sie mich halten, und ich rufe die Erde unter mir an, damit sie stabil bleibt. Ich rufe die Liebe aller Wesen an, die mich geliebt haben und noch lieben. Möge ich aufgefangen werden, wenn ich falle.

Ich definiere mich als queerer Mann, der Nichtmonogamie praktiziert. Allerdings habe ich bis hierher einen weiten Weg zurückgelegt. Ich bin in den Südstaaten der USA aufgewachsen, in einem kleinen Ort namens Rome, nördlich von Atlanta, Georgia. Ich bin in einem sehr religiösen Umfeld groß geworden. Meine Mutter war und ist Predigerin. Mein Großvater war Prediger. Ich bin also in der Kirche aufgewachsen. Vor allem bin ich in der Schwarzen Kirche aufgewachsen. Es ist wichtig, das zu betonen. Denn wenn ich heute darüber nachdenke, habe ich gemerkt, dass mir als Heranwachsender eine ganz andere Beziehung zu meinem Körper vermittelt wurde als meinen *weißen* Freun*dinnen.

Ich bin als Schwarze Person aufgewachsen, die von Sklav*innen abstammt. Die Institution der Sklaverei war eine Institution, die Schwarzen Menschen die Verfügungsgewalt über ihren Körper raubte. Und dies war eine Art Trauma, das von Generation zu Generation als Abkopplung vom Körper weitergegeben worden ist.

Als ich also in meiner Gemeinde in der Kirche aufwuchs, wurde mir unter anderem immer wieder eingetrichtert, dass ich kein Recht auf meinen Körper habe, dass mein Körper immer noch im Besitz anderer, insbesondere *weißer* Menschen ist. Dies wurde durch die Art und Weise vermittelt, wie uns beigebracht wurde, es *weißen* Menschen immer recht zu machen, gegenüber *weißen* Menschen in unserem Umfeld stets entgegenkommend zu sein. Mir wurde beigebracht, nichts zu tun, was sie verärgern könnte, denn die Konsequenz wäre Gewalt. Und für alles, was ich mit meinem Körper machte, brauchte ich eine Erlaubnis. Vielleicht war es die Erlaubnis meiner Familie, aber ich musste auch immer genau darauf achten, wie *weiße* Menschen über den Gebrauch meines Körpers dachten und empfanden.

Und so gab es vieles, was ich als Heranwachsender erlebt habe und was von dieser Art der Abkopplung vom Körper herrührte. Dazu gehörte auch, besonders in meiner Gemeinde, das Auftreten bestimmter medizinischer Symptome wie hohe Cholesterinwerte, Bluthochdruck, Herzerkrankungen und Diabetes. Außerdem gab es eine hohe Schwangerschaftsrate unter jungen Frauen. Verbreitet war eine gewisse Angst vor der Schulmedizin und eine Angst vor psychiatrischen Einrichtungen.

Und auch das hat seinen Ursprung in der Sklaverei, als Sklav*innen von Medizin und Forschung missbraucht wurden. An Sklav*innen wurden Experimente durchgeführt, aus denen moderne medizinische Forschungsgebiete hervorgegangen sind, von denen heute viele Menschen profitieren. Es gab frühe Experimente an Sklavinnen, aus denen die moderne Gynäkologie hervorgegangen ist. Es gab das

Tuskegee-Experiment[4], das in den 1930er Jahren begann und bis in die 1970er fortgeführt wurde. Daraus erwuchs eine sehr berechtigte Angst vor allem, was mit unserem Körper, der Untersuchung unseres Körpers oder der Pflege unseres Körpers zu tun hat. Ich habe sehr viel Angst vor meinem Körper geerbt.

Ich kann mich nicht erinnern, dass ich je eine ordentliche Aufklärung über meine Sexualität oder einen Rat dazu erhalten hätte. Sex war etwas, das für mich keine Sprache hatte. Ich lernte, dass Sex etwas ist, woran wir nicht denken sollten, obwohl in Wirklichkeit sehr viele Menschen sexuelle Beziehungen unterhielten. In der Kirche wurde meinem Eindruck nach von mir erwartet, dass ich mein wachsendes Begehren nach Lust mit anderen Körpern ignorierte. Insbesondere wurde ich durch das Schweigen meiner Gemeinde dazu aufgefordert, mein wachsendes Verlangen nach dem Erleben von Körpern anderer Jungs wie mir zu ignorieren.

In der Schule war es auch nicht besser. Uns wurde wirklich nicht beigebracht, eine gesunde Beziehung zu unserem Körper zu entwickeln. Der Aufklärungsunterricht war eher eine Abschreckungstaktik, die uns vom Sex abhalten sollte. Die vorherrschende Botschaft lautete, uns zu schützen, uns bis zur Ehe aufzusparen, und die Eheschließung war dann der Moment, ab dem wir sexuell aktiv werden durften.

---

4 Mit der Tuskagee-Syphilis-Studie sollte der Verlauf einer unbehandelten Syphilis-Erkrankung beobachtet werden. Sie wurde an armen Schwarzen Landarbeit*erinnen ohne deren informierte Einwilligung und ohne, dass sie von ihrer Diagnose wussten, durchgeführt und auch dann nicht abgebrochen, als es wirksame Medikamente gab. Erst auf öffentlichen Druck durch die Presse wurde die Studie eingestellt und nach einem Gerichtsurteil den wenigen noch Lebenden eine Entschädigung gezahlt. (Anm. d. Ü.)

Natürlich enthielt diese Botschaft eine Doppelmoral, denn auch wenn wir nicht darüber sprachen, entdeckte ich doch, dass viele meiner Freunde sexuell aktiv waren und dass dies anscheinend in Ordnung war, wohingegen jungen Frauen in meinem Umfeld tatsächlich gesagt wurde, sie sollten keusch sein und bis zur Ehe auf Sex verzichten. Ihre Keuschheit sei Ausdruck ihrer Reinheit, die sie eines Tages einem Mann schenken würden. So ist unsere Beziehung zum Körper also geprägt von vielen Widersprüchen und Zweideutigkeiten.

Gegen Ende der Pubertät fürchtete ich mich zu Tode vor meiner Sexualität. Noch schlimmer wurde dies durch die Erkenntnis, dass ich schwul war und mich zu anderen Jungs hingezogen fühlte. Das hat alles sehr verkompliziert, besonders mein Verhältnis zur Religion und zu meinem Glauben. Vor allem hatte ich das Gefühl, dass ich wohl mein Leben lang damit zu kämpfen haben würde, wenn ich als Christ in der Kirche bleiben wollte.

Als junger Erwachsener ging ich fort und aufs College. Dort habe ich mich von der Kirche entfernt, was großartig war, denn endlich konnte ich an der sonntäglichen Brunchkultur teilhaben, was sehr schön war und was ich bis heute genieße. (Man könnte behaupten, der Sonntagsbrunch sei mein natürlicher Lebensraum!) Tatsächlich aber hat mir diese Distanz, die ich nun zur Kirche hatte, viel Raum gegeben, um an emotionalen Problemen zu arbeiten, die ich in Bezug auf Sexualität hatte.

Ich erinnere mich, wie ich eines Abends mit zwei Frauen zusammensaß, die gute Freundinnen von mir werden sollten, und die fabelhaft und kämpferisch waren. Sie waren so wie viele Frauen, die sich als hetero identifizieren und mit denen ich mich später anfreunden sollte, nämlich sehr loyal gegenüber ihren schwulen und queeren Freun*dinnen. Eines Abends saßen wir in einer öffentlichen Lounge und beobachteten einfach andere Stud*entinnen, die sich dort aufhielten. Da entdeckte ich einen Jungen, den ich sehr attraktiv fand. Ehe ich es so richtig merkte, platzte es aus mir heraus, wie heiß er war.

Und kaum war mir dieser Satz rausgerutscht, erstarrte ich, denn in meinem ganzen Leben hatte ich mein Begehren nach einem anderen Mann noch nie laut ausgesprochen, schon gar nicht vor anderen Leuten. Eine schreckliche Angst kroch in mir hoch, und ich schämte mich fürchterlich. Diese Scham, die ich verspürte, war die Angst, entdeckt zu werden und gesagt zu bekommen, ich solle verschwinden.

Ich hatte einfach echte Sorge, dass meine beiden Freundinnen mich anschauen und denken würden, ich hätte die Beherrschung verloren, dass es ihnen peinlich wäre und dass sie versuchen würden, mir vor Scham den Mund zu verbieten. Aber eine von ihnen schaute mich an und konnte erkennen, was für einen Kampf ich ausstand, und wie viel Angst und Entsetzen mich gepackt hatte. Sie sagte nur: »Nein, Rod. Das ist okay. Du kannst sagen, was du willst. Bei uns kannst du sein, wie du bist. Das ist in Ordnung.« Ich weiß noch, dass in dieser Sekunde etwas Hartes und Verkrustetes in meinem Herzzentrum zu schmelzen begann. Plötzlich bekam ich eine erste leise Ahnung davon, wie es sein könnte, mich in meinem Körper wohlzufühlen.

Aus dieser Erfahrung habe ich gelernt, dass es zu unserer Befreiung dazugehört, das auszusprechen, wovon uns gesagt wurde, dass wir es niemals aussprechen sollten. Das war das Erste. Zweitens habe ich erkannt, wie wichtig es ist, in Beziehung mit Menschen zu sein, die diejenigen Anteile von uns lieben und stärken können, die

Liebe und Stärkung brauchen. Bis heute sind sie für mich Wesen, die mir wohltun, und ihrem Beispiel verdanke ich es, dass ich weiter daran arbeiten konnte, mich zu outen und stolz darauf zu sein.

Damit begann also dieser ganze intensive und schöne Weg während meiner Zeit im College, auf dem ich mich von einer verschlossenen und verschwiegenen Person zu einer offenen und öffentlichen Person entwickelt habe. Am Ende meiner Studienzeit war ich Aktivist und habe Veranstaltungen zu LGBTQ+-Fragen organisiert, darunter zu Identität und Bildung sowie HIV- und AIDS-Aufklärung und Bewusstsein.

Wichtig war außerdem, dass ich mich immer mehr von der Bezeichnung *Christ* distanziert habe. Ich ging nicht nur nicht mehr regelmäßig in die Kirche, ich bezeichnete mich nicht einmal mehr als Christ, weil ich das Gefühl hatte, dass Gott im Grunde grausam ist, und weil ich Teil einer Praxis und eines Weges sein wollte, bei denen es um Liebe geht und nicht um Beschämung, Ausgrenzung oder Kritik. Und so habe ich mit Gott Schluss gemacht. Außerdem hatte ich das Gefühl, dass Gott bereits mit mir Schluss gemacht hatte. Für mich war es also, als hätte ich bloß den Mut, etwas zur Kenntnis zu nehmen, was bereits geschehen war. Und dies hat mir sehr viel Raum gegeben, ich selbst zu sein.

In diesem Moment verpflichtete ich mich unter anderem zu einem Weg des Dienens, des Aktivismus und der Fürsprache, um meinem Herzen zu folgen, Freundlichkeit und Mitgefühl zu üben und zu versuchen, in diesem Leben so vielen Menschen wie möglich zu helfen.

Danach war es mir scheißegal, ob ich »in die Hölle komme«, weil ich schwul bin – das hatte für mich keinerlei Bedeutung mehr. Dies half mir, die Person, die ich bin, auf eine Weise zu erleben, die liebevoller war und mich stärkte.

Nach meinem Studienabschluss zog ich nach Boston und lebte als ein Mensch, der sich vollständig geoutet hatte. Es war heilsam, in einem Raum zu sein, in dem ich nicht darum kämpfen musste, Raum für mein Schwulsein zu bekommen. Nun musste ich an meinem Kampf gegen die Körperscham arbeiten und sie überwinden. Diese Scham kam daher, dass ich kräftiger gebaut bin und mich daher zutiefst unattraktiv und hässlich und nicht sexy und erotisch gefühlt habe. Mich diesem Leid in mir zu stellen, war echt eine Herausforderung.

Außerdem merkte ich, dass ich stellvertretendes Trauma mit mir herumtrug, das auf die AIDS-Epidemie zurückzuführen war. Damals hatte ich eine Riesenangst vor HIV und AIDS. Sie saß sehr tief und ich hatte sie quasi als transhistorisches Trauma von anderen schwulen Männern in meinem Umfeld, von der schwulen Community als Ganzer und durch die Medien übernommen. Zusätzlich zu dem Gefühl, zutiefst unattraktiv zu sein, hatte ich auch noch mit der Angst vor Ansteckung zu tun.

Jetzt hatte ich also diese unglaubliche Freiheit, sowohl in der Welt als auch ganz ich selbst zu sein, aber plötzlich musste ich mich mit diesen schweren Realitäten auseinandersetzen. Und noch einmal, wenn ich von Befreiung spreche, dann meine ich Freiraum, und genau den hatte ich damals nicht. Was ich aber hatte, war eine sehr wichtige Gemeinschaft von Freun*dinnen, die an mich glaubten und mich liebten. Ich besaß Verwegenheit, ich hatte einen Willen, ich hatte ein Arbeitsethos, und ich weigerte mich einfach, mich von irgendetwas unterkriegen zu lassen. Damit begann eigentlich mein Weg ins Dharma.

Dies führte schließlich dazu, dass ich von einer Heilerin in meiner Community das Meditieren lernte, und diese Meditationspraxis führte zum formalen Studium des Buddhismus, insbesondere des tibetischen Buddhismus. Das war mir schon fast vorherbestimmt. Als ich offiziell zur Dharma-Praxis kam, war es, als würde der rote Teppich ausgerollt, als wäre ich schon immer Buddhist gewesen.

Und dann, in dem Moment, in dem ich anfing, Buddhismus zu praktizieren, gestand ich mir ein, dass ich schon immer Buddhist gewesen war. Damit begann diese große Öffnung, die mich dazu brachte, mich ganz direkt mit meiner Erfahrung der Depression auseinanderzusetzen. Nicht nur durch Meditation, sondern durch ein ganzes Spektrum an Maßnahmen, darunter Ernährung und Bewegung sowie eine Begrenzung der Gewalt und des toxischen Materials, das ich mir reinzog. Diese Arbeit konnte ich leisten, ohne Medikamente einnehmen zu müssen oder Ähnliches. Wobei – das kann ich nur immer wieder betonen – wir alle selbst herausfinden müssen, welches die richtigen Maßnahmen für uns sind. Manchmal gehören dazu eben auch Medikamente. Deshalb müssen wir eine Vorgehensweise finden, die zu uns passt.

Ich musste keine Medikamente nehmen, aber andere Menschen müssen das. Und wenn du Medikamente nimmst, bist du trotzdem noch ein guter Mensch, ein*e Meditierend*er, eine Person, die Achtsamkeit praktiziert, und Buddh*istin. Letzten Endes bedeutet es, dass du weise bist und etwas Kluges tust, um gut für dich zu sorgen. Es ist wirklich wichtig, dies zu verstehen.

Aber was ich in meiner anfänglichen buddhistischen Praxis kennenlernte, war die Praxis von Liebe und Güte, von mettā, von Mitgefühl mit mir selbst und Liebe zu mir selbst. Und dies war der Beginn dieses intensiven Weges zur Befreiung. Eigentlich war es der

Beginn von etwas, was mich auf diesem Weg rasant angetrieben hat, nämlich daran zu arbeiten, mich der Vergangenheit zuzuwenden und zurückzudenken an den ganzen Selbsthass und wie dieser sich in Form von Angst vor meinem Körper, Angst vor Krankheiten und Angst vor Sexualität manifestiert hatte. Ich fing an, diese Ängste ganz direkt wahrzunehmen, war dabei aber tief eingehüllt in Liebe.

Ich hatte mich verpflichtet, mich in meinem Kloster in ein dreijähriges Retreat zu begeben, und dies hat mich in eine tiefere Beziehung zur tantrischen Praxis gebracht. Ein besonders wichtiger Teil der tantrischen Praxis war für mich die Gottheitspraxis. In der Gottheitspraxis arbeitest du daran, zu der Gottheit zu werden, du stellst dir vor, du seist die Gottheit. Und durch die Vorstellung, du seist die Gottheit, unterbrichst du tatsächlich die Art und Weise, wie du dich aufs Ego im Allgemeinen sowie auch auf bestimmte Teile des Egos fixierst.

Als ich mich nun also auf diese tantrische Gottheitspraxis einließ, konnte ich mein Klammern an meine Identitäten allmählich lockern. Ich klammerte mich an meine Abkopplung vom Körper, ich klammerte mich an diese Angst, ich klammerte mich an meine Angst vor HIV und AIDS und so weiter. Und dieses Klammern löste sich nach und nach auf. Während es sich auflöste, öffnete sich in meinem Erleben allmählich ein Gefühl, Raum zu haben. In diesem Raum verspürte ich nach und nach tatsächlich ein Gefühl des Glücks oder der Zufriedenheit. Und diese Zufriedenheit konnte allen Erfahrungen Raum geben, die für mich in meinem Leben ein Quell des Leidens gewesen waren.

Nicht, dass alles verschwunden wäre, aber ich hatte mehr Raum. Und dieser Raum, der war immer schon da gewesen, aber jetzt konnte ich ihn wahrnehmen und in diesem Raum ruhen, und ich konnte den Raum nutzen, um tatsächlich allem Raum zu geben. Dadurch wurde alles weniger heftig, mein Körper wurde weniger heftig, meine Angst vor Krankheit wurde weniger heftig, meine Angst vor der Welt wurde weniger heftig, und ich fing an, mich zu entspannen. Und ich begann, mich zu öffnen, und ich begann, in dieser Energie der Liebe zu mir selbst, der Güte für mich selbst und des Mitgefühls mit mir selbst zu ruhen.

Nach dem Abschluss meines dreijährigen Retreats fühlte sich die Rückkehr in die Welt wie ein Neuanfang an, aber ich hatte immer noch viel Arbeit vor mir. In meiner Praxis nach dem Retreat ging es also wirklich darum, mich weiter damit auseinanderzusetzen, inwiefern ich durch Sexualität tief verwundet war, inwiefern ich in bestimmten Bereichen meines Lebens immer noch irgendwie von meinem Körper abgekoppelt war. Aber es ging auch darum, mit der Entwicklung einer wahrhaft befreienden Sexpositivität in Kontakt zu kommen.

Für mich war es sehr wichtig, den Wert und die Wichtigkeit sexueller Beziehungen zu verstehen, aber auch das Potenzial für Leid und Missbrauch in der Sexualität zu erkennen. Wenn ich sage, dass ich sexpositiv bin, dann meine ich damit, dass wir das Recht haben, mit unserem Körper zu machen, was wir wollen, aber wir haben auch die ethische Verantwortung, das Leid zu begrenzen, das Leid zu verringern, das wir uns selbst und anderen Menschen zufügen. Sexpositiv zu sein, heißt für mich, dass ich authentischen, freudigen Konsens praktiziere und daran glaube. Ich glaube außerdem daran, dass wir das Recht haben, für uns selbst zu definieren, was Sicherheit bedeutet, und dies für uns klar und deutlich zu äußern.

Sexpositivität bedeutet auch, dass ich meine Absichten und auch meine Gründe, warum ich eine sexuelle Beziehung eingehe, stets kritisch hinterfrage sowie dass ich mich einem Ethos der Verringerung von Leid verpflichte, was für mich konkret bedeutet, dass ich mich verpflichte, in jeder sexuellen Beziehung, in der ich mich befinde, Mitgefühl, Liebe und Respekt zum Ausdruck zu bringen, sei es für unverbindlichen Sex oder eine dauerhafte Beziehung.

Traumaarbeit und die Vorstellung von Traumafreiheit bedeuten, dass ich das Trauma sogar lieben muss. Deshalb praktiziere ich unter anderem, selbst das zu lieben, was nicht liebenswert ist. Wenn ich sage, dass ich mein Trauma liebe, bedeutet dies, dass ich meine traumatischen Erfahrungen akzeptiere und sie dann da sein lasse, sie annehme, ihnen Raum gebe. Und indem ich ihnen Raum gebe, habe ich die Möglichkeit, unterschiedlich mit dem Trauma umzugehen und mich auf Methoden einzulassen, dieses Trauma aufzulösen. Das ist wirklich wichtig für mich.

Und natürlich bedeutet mein Weg zur Freiheit von Sex- und Körperscham zum Teil auch, dass ich über Sexualität, Körper und Gender spreche und lehre, so oft ich kann. Als Lehrer und Geistlicher ist dies unglaublich wichtig. Als Geistlicher weiß ich, dass ich für die Menschen ein Auslöser tiefer Scham und großer emotionaler Gewalt sein kann. In diesem Punkt bin ich sehr feinfühlig. Deshalb möchte ich das aussprechen, worüber viele Lehrpersonen und Geistliche lieber nicht reden. Ich tue dies, weil ich mir wünschte, meine spirituellen Führungspersonen hätten mehr darüber gesprochen, als ich am Boden war und am meisten gelitten habe. Und wenn ich heute mit Menschen auf dem Weg arbeite, besteht ein Großteil meiner Arbeit darin, Vorbild zu sein: ich selbst zu sein. Ich bekenne mich zu einem Ethos des Verringerns von Leid.

Und in meinen Beziehungen als Lehrer habe ich die ethische Verantwortung, niemals eine Beziehung zu Schül*erinnen einzugehen oder meine Position als Lehrer dazu zu nutzen, sexuelle Beziehungen herbeizuführen. Dies tue ich zuallererst, indem ich Beziehungen außerhalb meiner spirituellen Gemeinschaften, außerhalb von Sanghas habe. Dies bedeutet, dass nicht alle meine Freun*dinnen Buddh*istinnen sind. Ich hänge mit anderen Menschen ab, von denen einige sich einen Dreck um Buddhismus scheren, was ich sehr schätze. Ich glaube, es ist wichtig, insbesondere für Lehrpersonen, eine Identität außerhalb des Dharma zu haben, wo ihre Bedürfnisse erfüllt werden können.

Ich glaube, am schwierigsten war für mich in der Vergangenheit die Vorstellung, dass alle meine Bedürfnisse von der Sangha und der spirituellen Gemeinschaft erfüllt würden. Dies kann mich auf einen Weg führen, auf dem ich möglicherweise Leid zufüge, weil ich mich dazu auf Dinge einlassen muss, die in der Sangha unangemessen sind. Zudem kann ich mir aufgrund meiner Position als Autoritätsperson, die in der Sangha eine gewisse Macht hat, bestimmte Bedürfnisse leichter erfüllen lassen, auch wenn dies nicht angemessen, auch wenn es unethisch ist.

Deshalb habe ich zuallererst die Verantwortung, dafür zu sorgen, dass ich in der Sangha und unter meinen Schül*erinnen kein Leid verbreite, indem ich verlange, dass bestimmte Bedürfnisse befriedigt werden. Das ist nicht angemessen. Daher habe ich Beziehungen außerhalb der Sangha. Ich habe Freun*dinnen, die nicht praktizieren. Ich habe sexuelle Beziehungen mit anderen Part*nerinnen, die sich nicht in buddhistischen Sanghas abspielen und die auf Konsens, Offenheit und Kommunikation und Dialog beruhen. Und das ist wirklich wichtig.

Und ich kann mein Ethos, kein Leid zuzufügen, in jede sexuelle Beziehung einbringen, insbesondere wenn ich klar und bewusst bin und aus dem Wunsch heraus agiere, dass mein Gegenüber die Verringerung von Leid erfahren möge, ebenso wie ich eine Verringerung von Leid erfahren möchte. Auf diese Weise prägt Sexpositivität mein Leben. Mein Ethos im Zusammenhang mit Sexpositivität ist für mich ein Ausdruck von Freiheit.

Ich versuche so offen wie möglich zu sein. Ich ermutige Menschen in verschiedenen Gemeinschaften wirklich mit mir im Dialog zu sein. Ich bin im Dialog mit Leuten, die praktizierende Buddh*istinnen sind, ebenso wie mit Mitgliedern transgressiver sexueller Communities, Kink-Communities, BDSM-Communities, Gruppensex-Communities und Fetisch-Communities. Ich kenne Praktizierende, die auch verschiedene Formen von Sexarbeit leisten. Ich glaube, es gibt ein Narrativ, dass Leute bestimmte Dinge nicht tun, wohingegen es in Wirklichkeit lebendige, dynamische Gemeinschaften von Praktizierenden gibt, die sehr wohl andere Sexualpraktiken leben und die den Buddhismus und das Dharma wollen und brauchen, um das, was sie lieben, so zu tun, dass Leid und Gewalt verringert werden. Ich denke, dies gehört zum Projekt eines zeitgenössischen radikalen Buddhismus und Dharma.

Ein weiterer Punkt der Befreiung, den ich als Letztes erwähnen möchte, ist der Weg der Lust. Der tantrische Buddhismus war für mich wichtig, um eine offene Beziehung zur Lust zu entwickeln und eine befreiende Lust zu erleben, an der ich nicht festhalte, sondern die ich einfach in meinem Erleben zulasse. Ein Lusterleben, das über Freiraum verfügt, spiegelt uns unser wahres Selbst. Ich bin überzeugt, dass alles geliebt werden muss, auch die Lust und auch das Leid. Es ist leichter, die Lust dem Leid vorzuziehen.

Noch einmal, mit Liebe meine ich, dass wir alles akzeptieren. Und dadurch, dass wir es akzeptieren, merken wir, dass wir nicht so sehr auf etwas fixiert sein müssen, dass wir es einfach da sein lassen können. Lust ist für mich etwas, auf das ich sehr leicht fixiert sein kann. Aber wenn ich meine Lust liebe, dann bedeutet dies, dass ich sie einfach da sein lasse, dass ich sie akzeptiere, dass ich mir Raum verschaffe, um da zu sein, und in diesem Raum kann ich mich entspannen und dem Lusterleben Raum geben. Diese Lusterfahrung kann mich in tiefere Ausdrucksformen von Bewusstsein führen. Und dies führt uns im Wesentlichen zu unserer wahren Natur. Ich muss also nicht stecken bleiben bei der Reproduktion von Lust als etwas, das ich dazu benutze, Unangenehmes zu vermeiden. Ich nutze sie vielmehr als Weg, um zu erfahren, wer und was ich wirklich bin.

# 11

# APOCALYPSE RIGHT NOW

Ein Gespräch mit Ravi Mishra für die Awaken-App.

**Ravi Mishra:** Sprechen wir über die Apokalypse.

**Lama Rod Owens:** Ich werde ständig gefragt, was eigentlich los ist. Und ich denke wirklich darüber nach, dass viele große Religionen und spirituelle Wege Schriften und Prophezeiungen haben, die uns zu verstehen helfen, in was für eine Zeit wir da gerade hineinkommen. In der christlichen Theologie nennen wir sie die Apokalypse, in tantrischen Traditionen des Hinduismus nennen wir sie das Kali Yuga, und im Buddhismus bezeichnen wir sie als das Dunkle Zeitalter, das Zeitalter, in dem die Lehren des Buddha abzusterben beginnen. Wenn wir an die Apokalypse denken, insbesondere auch im Verbund mit dem Kali Yuga, dann bedeutet sie ein Wegbrechen, ein Offenlegen, bei dem zum einen die Wahrheit enthüllt wird, wir aber zum anderen an die Grenzen unserer Fähigkeit stoßen, die Wahrheit zu ertragen. Das erinnert mich an das berühmte Zitat aus dem Film *Eine Frage der Ehre*: »Sie können die Wahrheit doch gar nicht vertragen!« Ich glaube, genau das sagen wir auch, dass nämlich sehr viele Menschen die Wahrheit gar nicht vertragen können. Das ist die Wahrheit. Will heißen, so haben wir miteinander gelebt, so haben wir so viele Probleme vertuscht, und jetzt können wir sie nicht mehr vertuschen. Und dass alles, was wir bisher nicht getan haben, uns jetzt tatsächlich zur Rechenschaft ruft, seien es soziale Fragen, sei es die Umwelt.

**RM:** Möchtest du näher auf einige konkrete Bereiche eingehen, in denen du diese Vorstellung von der Apokalypse beobachtest?

**LRO:** Für mich ist das ganz klar die Politik. Ich denke, die Wahl von Donald Trump ist wirklich ein deutliches Anzeichen dieses Zerfalls! Sie ist der Eintritt des Chaos und die Demontage, die Erschütterung von Dingen, die wir für sicher und stabil gehalten haben. Jetzt erkennen wir, dass sie in Wirklichkeit gar nicht so stabil sind, denn das, was wir als die us-amerikanische Regierung auffassen, wurde in Wahrheit mit sehr viel Korruption, mit großer Instabilität aufgebaut. Jetzt erkennen wir dies aus nächster Nähe. Wir erkennen das auch am Klimawandel. Wir erkennen es an der Zunahme vieler Naturkatastrophen überall auf der Welt, an den steigenden Temperaturen. Wir erkennen es am Aussterben vieler Pflanzen- und Tierarten, am Abschmelzen der Polkappen, an der Überbevölkerung in bestimmten Regionen der Welt, an der Umweltverschmutzung. Ich habe mich noch einmal mit dem Werk von Octavia Butler beschäftigt, insbesondere mit ihren beiden Romanen *The Parable of the Sower* (dt.: *Die Parabel vom Sämann*, d. Ü.) und *The Parable of the Talents.* Sie erzählen ganz direkt von dem, was wir gerade erleben. In den Büchern erkundet Butler das Ende des Kapitalismus. Sie befasst sich also mit dem Zusammenbruch der Wirtschaft, dem Zusammenbruch der Politik, dem Zusammenbruch sozialer Beziehungen. In ihrem Buch gibt es eine Trump-ähnliche Figur mit dem Slogan »Make America Great Again.« Sie beschreibt, wie sich Menschen um diesen Mann herum erheben. Und sie spricht darüber, wie es für die Menschen ist, den Aufstieg einer rechtsextremen fundamentalistischen Bewegung erleben zu müssen, und wie dies sehr viele Menschen in Gefahr bringt. Genau das können wir jetzt ganz eindeutig beobachten. Das ist echt unheimlich.

Wenn wir das buddhistische Konzept des Dunklen Zeitalters betrachten, verstehen wir, dass das eine Zeit ist, in der unsere Gefühle scheinbar sehr stark werden. Unsere Gefühle beginnen, eine Realität für uns zu erschaffen, insbesondere die sogenannten verletzenden Gefühle, nämlich Wut und Begierde, Verlangen, Hass. Sie werden also richtig stark, und wir geben ihnen hemmungslos nach. So wird Hass zu einer Art und Weise, wie wir unsere Beziehungen miteinander gestalten. Hass ist auch die Triebkraft hinter unserem Unwillen, miteinander zu kommunizieren und einander Grenzen zu setzen. Es findet ein heftiges Othering statt. In unserer eigenen Erfahrung erleben wir sehr starkes Leiden, und dieses Leiden ist für uns nur ein pauschaler Begriff, mit dem wir tiefstes Unbehagen beschreiben.

Unbehagen erleben wir auf verschiedenste Weise, von Angst und Hass bis zu Wut, Verzweiflung, Traurigkeit, Depression, Grauen. Das ist bei jedem Menschen anders. Wir verlieren also die Fähigkeit, diesem Leiden Raum zu geben. Deshalb werden unser Ärger und unsere Wut, die uns helfen zu erkennen, dass wir verletzt sind, zu einer Energie, auf die wir nach eingefahrenen Mustern reagieren und die anfängt, uns selbst und anderen Personen Schaden und

Gewalt zuzufügen. Um mit dem arbeiten zu können, was in diesem Moment mit uns geschieht, müssen wir uns wirklich wieder unseren tiefen Verletzungen zuwenden.

Hier ist unbedingt das Satipatthāna zu nennen. Das Satipatthāna, oder die vier Grundlagen der Achtsamkeit, ist die Lehrrede, mit der der Buddha eine grundlegende Methode eingeführt hat, um Gewahrsein und Aufmerksamkeit zu entwickeln. Wenn du dich mit der Lehrrede beschäftigst, bist du in der Lage, diese Strategien der Aufmerksamkeit für das, was in unserer Natur auftaucht, was in unseren Gefühlen auftaucht, was in unserem Körper auftaucht und was in unserem Verstand auftaucht, tatsächlich umzusetzen. Wir verlieren die grundlegende Fähigkeit, bei dem zu sein, was auftaucht, und wir entwickeln große Angst vor unserem Emotionalkörper und unserer emotionalen Realität. Je mehr wir uns vor unserer emotionalen Realität fürchten, desto größer wird unsere Abkopplung vom Körper; je größer unsere Abkopplung vom Körper, desto mehr verlieren wir die Kontrolle. Wir verlieren uns also in der Wut und in der Begierde und im Verlangen und fangen an, Dinge zu tun, die ungeheuer selbstgefällig sind, und das fordert einen gewissen Tribut von unserem Körper, unserem Geist und unseren Beziehungen. Dieser Aspekt steht in direktem Zusammenhang mit dem Kali Yuga, in dem sich die Menschen zum eigenen Schaden tief auf diese Gefühle, auf diese psychischen Erfahrungen einlassen. Auf einmal ist es okay, jeglichem Akt der Begierde, den du willst, nachzugeben, ohne an die Konsequenzen zu denken. Wir beginnen, andere Menschen zum Objekt zu machen. Wir verlieren die Empathie füreinander. Empathie beginnt bei uns selbst. Sie beginnt damit, dass wir mit unserem grundlegenden Erleben in Berührung kommen. Dies wiederum vermittelt uns Erkenntnisse, sodass wir mit dem Erleben anderer in Berührung kommen können. Wenn also all das zusammenbricht, dann beginnt das Chaos.

RM: Was das Empfinden dieser starken Emotionen anbelangt, woher wissen wir, wann wir ihnen nachgeben können und wann nicht?

LRO: Wir müssen mit einer grundlegenden Akzeptanz beginnen und sagen: »Okay, ja, die Dinge sind außer Kontrolle.« Du atmest ein, kehrst zum Atem zurück, kehrst zum Körper zurück und fängst an, alles zu beobachten und wahrzunehmen, was in deinem Inneren geschieht. Und sobald du etwas Klarheit darüber hast, was in deinem Erleben geschieht, kannst du dich auf eine wesentlich stabilere und nachhaltigere Art und Weise wieder der Welt zuwenden.

Aber selbst dann heißt das nicht, dass du irgendeinen Menschen rettest. Es heißt nicht, dass du irgendetwas aufhältst. Und auch das ist Teil der Apokalypse: dass nicht alle Menschen überleben werden. Bei dem ganzen Apokalypse-Gerede denken die Leute immer, es ginge ums Ende der Welt. Es geht nicht ums Ende der Welt – es geht um das Ende einer Denkweise, eines Glaubens, und es tut weh, das loszulassen. Daher kommt die Metapher von Feuer und Schwefel und dem Ende der Welt. Sie hat ihren Ursprung in dieser grundlegenden Spannung und Angst davor, dass wir das, was wir einmal waren, loslassen müssen, um dem Platz zu machen, was als Nächstes kommt. Was als Nächstes kommt, ist beängstigend, weil wir nicht wissen, was es ist. Es ist ein Mysterium. Wir wissen, dass wir uns im Moment mit unserer Dummheit und unserer Unordnung ganz wohlfühlen. Aber wenn wir gebeten werden, das loszulassen und über eine neue Art des Seins nachzudenken, ist das echt beängstigend. Besonders beängstigend ist es für das Ego, denn das Ego überlebt durch Stabilität, durch Hegemonie, durch Bequemlichkeit. Damit das Ego überleben kann, muss alles an seinem Platz sein. Das Ego weiß nicht, was es mit dem Mysterium anfangen soll. Außerdem haben wir dieses us-amerikanische Ego: Das sind wir als USA. Aber das sind wir nicht. Wie schaffen wir eigentlich den Raum, neu zu definieren, welche und was wir sind?

Unsere gemeinsame Arbeit soll uns helfen zu verstehen, dass wir ethisch dazu verpflichtet sind, das, was wir für uns selbst tun, auch für andere zu tun. Dass Liebe und Mitgefühl Blödsinn sind, wenn wir nicht tatsächlich etwas tun, was anderen Menschen zugutekommt. Wir sprechen also nicht davon, uns einfach von allem abzuwenden und in der Ecke zu sitzen und uns in Liebender Güte oder Mitgefühl für uns selbst zu üben und lediglich zu versuchen, uns richtig gut zu fühlen.

**RM:** Ich bin neugierig darauf, was du zu den verschiedenen Machtbereichen meinst, die wir uns zurückholen oder die wir anders zu definieren lernen.

**LRO:** Wir lernen gerade, wie wir echte Erfahrung darin entwickeln können, welche wir sind, und wie wir dann der Welt mitteilen können, welche wir sind. Dabei nehme ich sehr viele Menschen wahr, die diese grundlegende Handlungsfähigkeit nicht haben. Ich zum Beispiel bin ein cisgender Mann, also hat das Patriarchat mir gesagt, wer ich bin, und damit bin ich ganz und gar nicht einverstanden. Um als cisgender Mann das Patriarchat abzubauen, muss ich dem Patriarchat die Definitionsmacht entziehen und neu definieren, wer und was ich bin, und zwar auf eine Art und Weise, die tatsächlich weniger gewaltvoll ist und mir und anderen Menschen weniger schadet. Es ist, als ob diese Systeme auf Autopilot wären und wir einfach ins Auto springen und irgendwohin fahren.

**RM:** Da hätte ich die Frage: Wie kommen wir individuell und kollektiv aus dieser Situation heraus? Du hast über einige Übungen gesprochen, aber ich möchte noch einmal auf das große Ganze zurückkommen, was in der Welt los ist.

**LRO:** Ich glaube, wir sind ein hoffnungsloser Fall! Das Großartige an diesen Prophezeiungen über die Apokalypse ist aber, dass sie nicht ewig dauert. Sie ist nur eine Phase, die wir durchmachen, und wie die Bibel sagt, hat alles seine Zeit. Für uns ist jetzt also die Zeit, in der wir uns durch die Finsternis wühlen. Und das ist schwer. Es soll auch schwierig sein. Es sollen nicht alle Menschen überleben. Es gibt eine grundlegende Realität, die wir akzeptieren müssen. Und diese grundlegende Realität ist, dass nicht alle von uns in den Himmel kommen. Ich kenne keine spirituelle oder religiöse Tradition, die besagt, dass alle Menschen am gleichen Ort landen. Und deshalb musst du das … akzeptieren. Aber indem du das akzeptierst, kultivierst du auch Bodhicitta, das heißt, das Bestreben, die Wesen vom Leiden zu befreien, wie wir auch selbst daran arbeiten, frei zu werden. Das heißt aber nicht, dass wir alle Menschen befreien werden. Es heißt, dass wir versuchen, für die Menschen in unserer Umgebung Verantwortung zu übernehmen. Und wenn die Menschen, für die wir verantwortlich sind, sich verpflichten, für andere Menschen in ihrem Umfeld verantwortlich zu sein, entsteht daraus eine Kettenreaktion. Ich finde, das ist ein wirklich schöner und kraftvoller Gedanke. Ich muss mich also nicht in der Sorge darüber verzehren, wie ich zahllose Wesen befreien soll. Du wirst zum Katalysator für große Veränderungen um dich herum, weil du der Ungerechtigkeit in der Gesellschaft mit offenen Augen und mit Tatendrang begegnest.

**RM:** Irgendwelche abschließenden Gedanken zur Apokalypse?

**LRO:** Nun, ich glaube nicht, dass die Apokalypse ein negatives Wort oder eine negative Vorstellung ist. Ich finde, sie ist total spannend, denn sie ist das Wegbrechen von Scheiß, den wir nicht brauchen.

Ich glaube, wir erleben gerade, dass sehr viele Menschen das jetzt begreifen. Die Leute stellen Fragen, die sie noch nie gestellt haben. Sehr viele Menschen verfügen über ein Vokabular, um über soziale Ungerechtigkeit zu sprechen, das sie bisher nicht hatten. Sehr viele Menschen fühlen sich tatsächlich so unwohl wie nie zuvor. Ich finde, es ist ganz erstaunlich, das zu beobachten. Zugleich bringen mich die Menschen, denen das immer noch scheißegal ist, echt zur Verzweiflung. Und das sind eine Menge Leute. Es kommt zu einer kognitiven Dissoziation, bei der die Menschen, egal, was sie wahrnehmen, egal, was sie direkt mitbekommen, immer wieder auf ihre uninformierten Glaubenssysteme zurückgreifen.

Das ist die physische Gewalt, die entsteht, wenn diese Spannung zwischen den Menschen, die glauben, und den Menschen, die nicht glauben, zu groß wird.

**RM:** Und eine Vorstellung von der Post-Apokalypse, eine Vorstellung davon, was eine Welt definieren könnte, in der alle Wesen, oder so viele, wie wir uns nur vorstellen können, in der Lage sind, eine Gesellschaft und eine Welt zu erschaffen, die für alle funktioniert oder die radikal weniger Schaden zufügt: Wie stellt die sich für dich dar?

**LRO:** Ich glaube, die stellt sich als Ende des Kapitalismus dar. Dazu müssen wir uns eine andere Art des Miteinander-in-Beziehung-Seins erträumen und vorstellen, die nicht durch ein System von Bewerten und Abwerten vermittelt wird. Und dazu müssen wir unsere Aufmerksamkeit wieder auf uns selbst richten und sagen: »Also gut, wie entwickle ich ein Gefühl der Liebe zu mir selbst?« Denn das ist für mich der Schlüssel, das Gefühl von Selbstliebe, das Gefühl, dass ich gut genug bin, dass ich es verdiene, glücklich zu sein, dass ich es verdiene, in Sicherheit zu sein. Wie träumen wir über dieses Gefühl der Schlechtigkeit des Menschen hinaus, über das Gefühl, dass ich nicht genug habe, dass ich immer und immer wieder so viel wie nur möglich konsumieren muss, weil mir ständig gesagt wird, dass ich nicht genug bin, dass ich nicht genug habe? Solange wir nicht die Übungen machen, um das zu ändern, sind wir auf diese externen Systeme angewiesen, damit sie uns ein Gefühl von Wert vermitteln.

**RM:** Ich finde es toll, wie das formuliert ist. Solange wir diese Arbeit nicht leisten, sind wir darauf angewiesen, dass diese Systeme sie für uns tun. Und diese Abhängigkeit, diese Sucht, ist eine der tiefen Ursachen des Leidens.

**LRO:** Ich denke über Massen-Inhaftierungen nach. Wir verlassen uns praktisch darauf, dass die Gefängnisse diese Arbeit für uns tun. Anstatt dass wir selbst einen Sinn für Restorative Justice[5] entwickeln, was bedeutet, dass wir tatsächlich die Verantwortung für Liebe, Mit-

---

5 Konflikttransformation durch Wiedergutmachung. Entsprechende Praktiken finden sich in vielen indigenen Kulturen der Welt. Auch die Rechtsordnungen westlicher Länder enthalten mittlerweile Elemente der Restorative Justice, in Deutschland z. B. der Täter-Opfer-Ausgleich, in Österreich der Tatausgleich. (Anm. d. Ü.)

gefühl, Vergebung und Dialog mit Menschen übernehmen müssen, die uns verletzen. Weil wir diese Arbeit nicht allein leisten können und weil es keine Menschen gibt, die uns dabei unterstützen, schieben wir einfach alles ab ins Strafrechtssystem, was überhaupt nicht funktioniert. Auch hier gilt, dass ein System nichts an uns in Ordnung bringen kann, was wir selbst in die Hand nehmen müssen.

RM: Stimmt. Welche Praktiken sind deiner Meinung nach in diesem Moment, bei Erkenntnis der Apokalypse erforderlich? Ich weiß, dass du schon ein paar erwähnt hast. Gibt es noch andere, die dir einfallen oder auf die du besonders hinweisen möchtest?

LRO: Es ist sehr wichtig, dass wir lernen, einen Bezug zu unserem Unbehagen zu entwickeln, anstatt es ständig zu vermeiden. In unseren Erfahrungen gibt es Traumata, die wirklich sehr schwer auszuhalten sind, aber wir können lernen, eine offenere Beziehung zu diesen Traumata zu entwickeln, indem wir lernen die Stärke oder die Kraft aufzubauen, wie wir mit der Zeit immer länger bei ihnen sein können. Natürlich ist die Übung der liebenden Güte oder mettā, also eine Methode, uns selbst das tiefe Gefühl des Wohlbefindens zu wünschen, grundlegend. Achtsamkeit ist ebenfalls eine absolut grundlegende Übung, weil sie uns hilft zu erkennen, was wir gewohnheitsmäßig vermeiden, und zu lernen, dem Freiraum zu geben, was wir dauernd als unangenehm bezeichnen. Und dann eher praktische Dinge, wie dass wir uns mit Menschen umgeben müssen, die uns bewusst machen, dass wir gut sind für die Welt – dass wir nicht sind, was die Welt uns einreden will. Wir müssen mit Menschen zusammen sein, die sich für unsere Selbstfürsorge und Selbstliebe einsetzen, die sich dafür einsetzen, dass wir weniger Gewalt gegen uns selbst und in unseren Beziehungen zu anderen Personen ausüben.

Ich selbst arbeite in meiner Praxis mit Ahn*innen, ich mache mir die positiven Eigenschaften bewusst, die in meiner Familie von Generation zu Generation weitergegeben worden sind, und versuche zutiefst, Eigenschaften wie Resilienz, Gemeinsinn und Selbstfürsorge zu verkörpern. Wir brauchen Rituale der Selbstfürsorge und der Selbsterhaltung. Viele von uns wissen gar nicht, wie wir für uns sorgen können. Selbstgefällig sein, das können wir supergut. Aber Selbstfürsorge (und zwar in dem Sinne, wie Audre Lorde von Selbstfürsorge spricht, nämlich als Selbsterhaltung) heißt, uns selbst zu unterstützen und daran zu arbeiten, dass wir uns am Ende wieder auf die anderen Menschen um uns herum einlassen können. Selbstgefälligkeit führt zu Selbstisolation. Im Sinne sozialer Gerechtigkeit verstanden, bedeutet Selbstfürsorge, dass wir uns selbst unterstützen müssen, um unsere Gemeinschaften zu unterstützen. Selbstgefälligkeit und Selbsterhaltung können sich also sehr ähneln. Sie beinhalten vielleicht sogar dieselben Praktiken. Was sie aber voneinander unterscheidet, ist die Absicht, die dahintersteht.

Ich bin zum Beispiel sehr gern im Nagelstudio. Ich lasse mir gerne die Nägel machen. Auch ein bisschen Shoppen mag ich sehr. Ich neige ein bisschen zum Kapitalismus. Das ist sehr komplex, aber ich tue das, weil ich weiß, dass es mir den Freiraum verschafft, um wieder zurückzukommen und am Aufbau gerechter Gemeinschaften mitzuwirken.

# 12

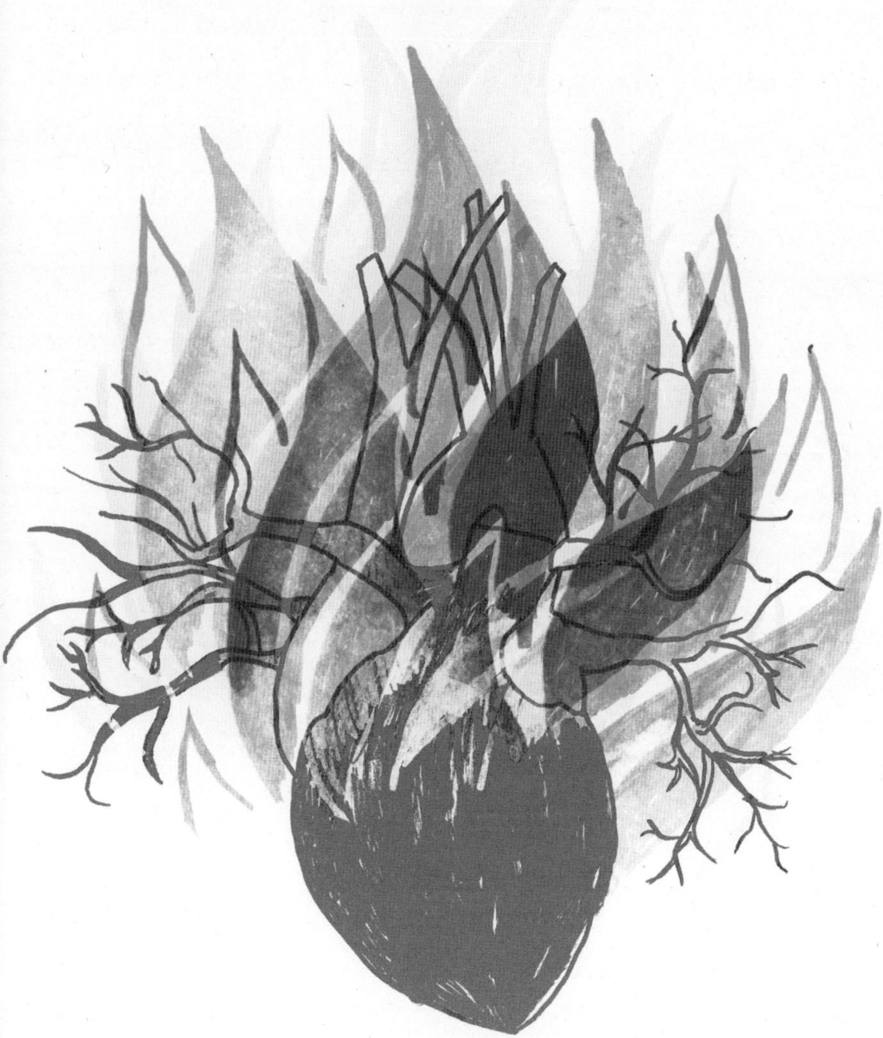

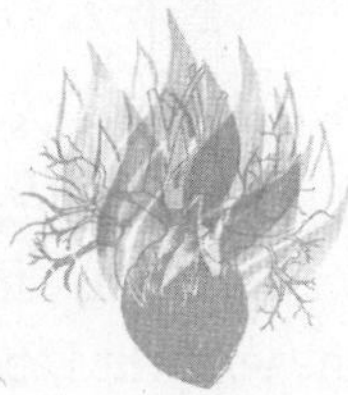

# HERZBRUCH

In Wahrheit müssen wir unsere Wunden in unser Verständnis von uns selbst und von dem, wozu wir tatsächlich fähig sind, integrieren, damit wir ganze Menschen sein können. Nur von hier aus können wir den Prozess beginnen, die Zerrissenheit, das gebrochene Herz in uns zu heilen. Und dieser Prozess bildet dann wiederum die Grundlage für den Beginn der Heilung all dessen in einem größeren gesellschaftlichen Rahmen.
*Rev. angel Kyodo williams*
Aus: Radikal lieben: Buddhismus, Antirassismus und Befreiung, w_orten & meer, 2021.

Bin ich in der Lage, Leiden zu ertragen, mich dem Martyrium zu stellen? Und das alleine?
Wieder die lange Einsamkeit, die es auszuhalten gilt.
*Dorothy Day*

Du glaubst, dein Schmerz und dein gebrochenes Herz sind beispiellos in der Geschichte der Welt, aber dann liest du.
*James Baldwin*

Zunächst einmal muss ich gestehen, dass ich dieses Kapitel nicht schreiben wollte. Ich wollte mein Leiden nicht in Worten niederschreiben, weil das bedeutet, dass ich es eingestehen muss. Ich werde den Worten dadurch noch viel mehr Leben geben als sie ohnehin bereits haben. Und kann ich mir wirklich noch mehr Leiden leisten? Kann das überhaupt irgendein Mensch? Eine Stimme in meinem Kopf sagt mir dauernd, dass ich der Lehrer bin und das alles eine Falle für mich ist. Nichts von alledem ist ungefährlich. Es ist nicht angemessen.

Dann denke ich, dass gerade durch dieses fehlende Eingeständnis meines Leidens Systeme von Macht und Missbrauch aufrechterhalten werden. Es führt zu großer Gewalt, wenn wir vor unserem Leiden ausweichen, weil wir dann in die Falle geraten, immer darauf reagieren zu müssen, während wir andere als den Grund für unseren Schmerz ausmachen. Deshalb sind unsere Wut und unser Zorn gefährlich. Es liegt nicht an der Erfahrung der Wut als solcher, sondern an unserer starken Reaktion darauf. Eine Reaktion ist es auch, wenn wir vermeiden wollen, dass wir das Erleben der Wut erleben. Aber weiche ich meinem Schmerz aus? Ich will das wirklich nicht schreiben.

Meine Wut fühlt sich an wie eine warme Decke, die mich über der Eiseskälte des Schmerzes darunter sicher und geborgen hält. Meine Wut war sehr hilfreich. Sie war wie ein großer Bruder, der mich davon abgehalten hat, in das Land des Unbehagens vorzudringen, und der mich zugleich dazu angestachelt hat, zu reagieren und Dummheiten zu machen.

Dies sind nur einige der Fragen, die mich umtreiben: Wann bin ich endlich gut genug, damit meine Verzweiflung verschwindet? Welche Menschen lieben mich noch, wenn sie erkennen, wer ich wirklich bin? Und was ist dann mit den vielen Stunden, in denen ich mit den Schatten und Erinnerungen sitzen muss, die am schwersten auszuhalten sind? Wer wird mich halten? Warum sorge ich immer wieder dafür, dass alle vor mir Reißaus nehmen? Überlebe ich noch eine Nacht allein? Werde ich an dem Schweigen ersticken, das sich für mich manchmal so gewaltvoll anfühlt? Sind Tränen zu mehr gut als nur zum Weinen?

Wie drücke ich mich heute Abend bloß vor diesem gebrochenen Herzen? Noch ein Song von Beyoncé? Ein Drink? Ein paar Mal wischen auf Grindr? Oder ziehe ich mitten in der Nacht durch die Straßen wie damals, als die Depression am schlimmsten war, und wünsche mir, dass die Schatten mich mit Haut und Haar verschlingen?

Verzweiflung ist Hoffnungslosigkeit. In meiner buddhistischen Tradition sprechen wir zumeist nicht gern über Hoffnung, weil sie etwas ist, das uns aus dem gegenwärtigen Moment in die Zukunft bringt. Aber für uns, die wir gegenwärtige Momente großen Schmerzes und tiefer Verzweiflung überleben müssen, ist Hoffnung das Einzige, was wir haben. Uns auf eine Zukunft zu freuen, die ein bisschen weniger düster, ein bisschen glücklicher und befreiter ist, neue Möglichkeiten zu erträumen, nicht das zu sein, was ich jetzt bin. Dies ist möglich durch den Grundsatz der Unbeständigkeit. Alles verschiebt sich und dreht sich und springt hierhin und dorthin; alles ist Bewegung, ein Durchmischen, ein dynamischer, drängender Grundbeat, der die Schwingung von Atem und Leben heraushämmert.

## Wie spreche ich über Leiden?

Schmerz. Leiden. Verwundung. Verletzung. Trauma. Herzbruch. Dies alles sind Worte, die ich abwechselnd verwendet habe, um über mein tiefes Unbehagen zu sprechen, während ich mich in diesem Körper durch die Welt bewege. Hier möchte ich nun ein klareres Verständnis dafür vermitteln, wie ich diese Begriffe verwende.

Wenn ich von Schmerz spreche, dann meine ich entweder das nackte Empfinden von körperlichem Schmerz, gegen den ich eine Abneigung habe, oder emotionales Unbehagen, mit dem ich mich nicht beschäftigen will. Schmerz ist keine bewusste Entscheidung. Ich werde vieles erleben, das unangenehm ist. Wenn ich zum Beispiel Kopfweh habe, dann gibt es zunächst die grundlegende Empfindung des Schmerzes. Schmerz ist unangenehm, und ich hätte lieber nichts damit zu tun. Mit unangenehm meine ich, dass er meine Versuche stört, mich wohlzufühlen oder locker zu sein. Meine Lockerheit ist der Ausdruck meiner Fixierung auf angenehme Erfahrungen. Der Kopfschmerz stört meine Lockerheit, und deshalb bin ich unglücklich.

Wenn ich unglücklich bin, möchte ich wieder glücklich werden und verstricke mich in dem Versuch, die Kopfschmerzen zu vermeiden; ich wende alle möglichen Strategien an, um Abstand zwischen mich und die schmerzhafte Empfindung zu bringen. Ich nehme vielleicht Medikamente oder versuche, den Schmerz auf andere Weise zu lindern, aber bis diese Methoden wirken, kann es ein wenig dauern. Bis dahin wird Wut zu einer dieser Strategien. Wut entsteht aus der Anspannung, die wir empfinden, weil wir die schmerzhafte Empfindung beenden wollen, aber eigentlich nicht davon loskommen können. Wir verstricken uns in der Wut, und es kommt uns so vor, als ob wir dem Schmerz ausweichen würden. In gewisser Weise tun wir das auch; aber wir müssen uns darüber im Klaren sein, dass die Wut durch die Anspannung geschürt wird, die wir bei dem Versuch verspüren, vom Schmerz loszukommen. Tatsächlich geht es mir jetzt also viel schlechter, als wenn ich nur Kopfschmerzen hätte. Diese neue Erfahrung heißt Leiden. Leiden ist die mentale Schicht der Abneigung, die über dem körperlichen und dem emotionalen Schmerz liegt.

Die Kopfschmerzen verschwinden also vielleicht irgendwann. Mir bleiben aber die Erinnerung an die Kopfschmerzen sowie meine Beziehung zu diesen Erinnerungen. Mir graut davor, wieder Kopfschmerzen zu bekommen, aber ich weiß, dass dies unvermeidlich ist. Sehr wahrscheinlich werde ich darunter leiden, dass mir vor dem Leiden graut, das ich wegen der Schmerzen eines künftigen Kopfwehs erleben werde. Auch wenn ich im Moment keine Kopfschmerzen habe, fühle ich mich schlecht, wenn ich an künftige Kopfschmerzen denke. Diese Fixierung auf die Möglichkeit künftigen Leidens wird als Beklemmung bezeichnet. Sie ist ein Beispiel für eine Verwundung oder Verletzung. Verwundung und Verletzung sind in meiner Praxis sehr ähnliche Begriffe. Ich meine damit das Gefühl, dass sich das Leiden im Zusammenhang mit den Dingen, mit denen ich mich auseinandersetzen musste und die der Auslöser für den Schmerz waren, den ich erlebt habe, so anfühlt, als ob es etwas aus mir herausgeschabt hätte. Es fühlt sich an, als ob eine Narbe geblieben wäre. Diese Narbenbildung ist die Verwundung oder Verletzung.

## Herzbruch

Meiner Erfahrung nach gibt es auch ein Schmerzerleben, das eine vibrierende, aktive Energie ist. Es scheint die Lebenskraft meines Leidens zu sein. Dieser Schmerz fühlt sich langsam, schwer und graublau an wie ein Herbststurm. Im Inneren dieses Schmerzes gibt es jedoch etwas, das ich nur schwer erklären kann. Ich bezeichne es als Herzbruch.

Ich definiere Herzbruch als einen vom Körper abgekoppelten Ausdruck einer schweren Enttäuschung, die sich nach Fürsorge sehnt. Mit diesem Verständnis des gebrochenen Herzens meine ich nicht den Kummer oder die Traurigkeit, die ich nach Trennungen oder Enttäuschungen jeglicher Art empfinde. Ich meine etwas, was sich sehr viel älter und ursprünglicher anfühlt. Ich meine damit, dass sowohl mein Körper als auch mein Geist die Summe des Leidens bilden, das von meinen Ahn*innen und meiner Familie an mich weitergegeben wurde und das durch mein eigenes Leiden in dieser Welt noch verstärkt wird. Dieses mehrschichtige Leiden hat dazu geführt, dass ich aus meinem Körper verdrängt wurde, weil ich nie die Mittel hatte, dieses Leiden zu verarbeiten. Wonach ich mich vor allem sehne und was ich unbedingt brauche, ist die Rückkehr in meinen Körper, zu meinem Leiden, um mich darum zu kümmern, so wie auch ich umsorgt werden muss, damit ich diese Arbeit leisten kann. Außerhalb meines Körpers erlebe ich eine tiefe Enttäuschung, die ich nur schwer benennen oder erkennen kann.

Ich bin so enttäuscht. Vielleicht ist das das Gefühl, das mich immer schon begleitet hat. Ich war noch nie nicht enttäuscht. Ich erinnere mich, dass mir als Kind in der Kirche beigebracht wurde, dass diese Welt nicht unser Zuhause ist, dass diese Welt, die Millionen Schwarzer Körper beherbergt, grausam ist. Uns wurde beigebracht, dass die Welt uns nicht will. Uns wurde beigebracht, dass wir so sind wie die Israeliten, die Kinder Israels, die vierzig Jahre lang in der Wüste umherwanderten, bis sie ins gelobte Land einziehen durften. Gott prüfte sie. In der Kirche wurde mir beigebracht, dass die ganze Welt die Wüste ist und dass wir unser ganzes Leben lang geprüft werden. Unser gelobtes Land ist der Himmel. In den letzten Jahren bevor ich 20 wurde, konnte ich diesen Unsinn nicht mehr ertragen. Ich habe es verdient, mein gelobtes Land jetzt sofort zu bekommen.

Wut durchdringt den Herzbruch in Form von Groll. Ich frage mich: Warum muss ich mich damit auseinandersetzen? Ich verließ die Kirche im Zorn und fragte mich, ob wir wirklich nichts Besseres tun konnten. Warum konnten *weiße* Menschen ihren Himmel anscheinend schon hier und jetzt genießen? Als ich in der Kirche saß und hörte, dass wir dieses Leben ertragen müssen, um in den Himmel zu kommen, begriff ich allmählich, dass mir damit beigebracht wurde, *weiße* Menschen einfach gewähren zu lassen. Ich konnte mich des Eindrucks nicht erwehren, dass unsere Religion uns darauf konditioniert, bessere Opfer des systematischen Rassismus zu sein. Und anscheinend gab es *weiße* Menschen, die nur deshalb überzeugte Unterstütz*erinnen Schwarzer Kirchengemeinden waren, weil die Schwarze Kirche uns lehrte, den Rassismus zu verinnerlichen. Daraus ergab sich für mich ein Dilemma. Einerseits war die Schwarze Kirche eine Möglichkeit für mich und viele andere Schwarze Menschen, systematischen Rassismus zu überleben, andererseits gewann ich den Eindruck, dass das Schwarze Christentum ein Instrument war, das Schwarzen Menschen gereicht wurde, um zu verhindern, dass wir die Überlegenheit der *W*eißen insgesamt in Frage stellten.

## Liebe und Herzbruch

Wir müssen lernen, sogar unser gebrochenes Herz zu lieben. Das heißt nicht, dass wir die Erfahrung des Unbehagens feiern oder uns darüber freuen. Es heißt, dass wir die Realität unseres gebrochenen Herzens akzeptieren müssen. Wir müssen unseren Schmerz lieben und akzeptieren, um ihn befreien zu können. Wenn wir in der Schwarzen Community aufwachsen, wird uns unter anderem beigebracht, dass unser Leben schwer wird. Systematischer Rassismus hat die Bedingungen dafür geschaffen, dass wir mit sinnloser Gewalt zu kämpfen haben. Ich wurde dadurch so sehr darauf konditioniert, mich mit dem Leiden am Schwarzsein zu identifizieren, dass ich schließlich überzeugt war, dass Schwarzsein Leiden bedeutet. Auf den kontemplativen Weg hat mich unter anderem gebracht, dass ich es leid war, so stark mit Leiden assoziiert zu werden. Diese Assoziation war Ausdruck eines tiefen Festhaltens am Leiden. Ich musste diese Identifikation durchbrechen, weil ich wusste, dass ich sie nicht überleben würde. Und angefangen habe ich mit dem Durchbrechen dieser Identifikation, indem ich das Leiden und das Schwarzsein liebte. Dabei stellte ich fest, dass ich ruhiger wurde und Zugang zu dem Freiraum fand, der dieses Unbehagen umgab. Dieser Raum half mir, entspannter zu werden und die Identifikation loszulassen, und er bot mir die Handlungsfähigkeit, neu zu definieren, was Schwarzsein sein könnte.

Ich musste lernen, mein gebrochenes Herz an meinen Tisch einzuladen. Es ist sinnlos, jetzt abzuhauen. Mein gebrochenes Herz ist keine Verurteilung und kein Verbrechen. Es ist ein detaillierter Bericht darüber, wie ich versucht habe, der Gewalt der Welt mit so viel Offenheit wie möglich zu begegnen. Es ist ein Zeugnis dessen, was mir bei diesem Versuch gelungen ist und woran ich gescheitert bin, und es ist ein Anzeichen dafür, dass ich immer weitermachen werde.

Ich muss lernen, mit meinem Herzen zu führen. Aber wenn ich das tue, werde ich ständig verletzt.

Seit einiger Zeit weiß ich, dass ich Liebe immer missverstanden habe. Liebe war ein Wort, das ich gebraucht habe, um mich von meinem Herzen zu distanzieren. Liebe war ein Wort, das mir geholfen hat mich vor der Einsicht zu drücken, dass mein Herz gebrochen ist.

Ich richte meine Aufmerksamkeit auf meinen Atem und merke, dass ich in der Gegenwart einatme und dabei in die Zukunft hinein atme. Solange ich mich nicht auf der Stelle auflöse, wird jedes Einatmen mit einem Ausatmen enden. Ich mag mir dessen bewusst sein oder auch nicht, ich mag da sein, um diesem schönen Ausatmen zu begegnen oder auch nicht, aber es wird da sein, und es ist etwas, worüber ich mich freuen kann. Irgendwie haben meine Lehrpersonen und meine Ahn*innen zusammengearbeitet, um mich damit zu segnen, dass ich meinen Atem feiern kann.

All das erscheint unbedeutend, aber diesen Atem wahrzunehmen heißt, mir bewusstzumachen, dass meine Lehrpersonen und Ahn*innen mit mir atmen. Und wenn ich weine, dann weinen sie mit mir. Es erfordert nur die Entstehung eines einzigen Gedankens, um meine

Leute zu mir zu rufen. Es erfordert nur einen Sekundenbruchteil des Erinnerns.

Und welche werden mich erkennen und als die Person lieben, die ich bin, und nicht als die, die ich in der Öffentlichkeit oder in den sozialen Medien zu sein scheine? Sehr viele Menschen lieben den Lama, aber welche lieben eigentlich Rod? Welche würden sich zu Rod hingezogen fühlen, wenn es den Lama nicht gäbe? Welche erkennen mich als den manchmal strauchelnden Menschen, der versucht, seine Gewalt gegen sich selbst und andere Personen zu überwinden? Welche lassen mich Mensch sein und welche lassen mich Mensch sein und erkennen dabei, dass ich dir gerade *in* meiner Beziehung zu meiner eigenen Menschlichkeit am besten zeigen kann, wie du frei sein kannst? Welche nehmen mich in den Arm, wenn es Nacht wird?

Mein emotionaler Schmerz ist wichtig, weil er meiner ist, und ich brauche ihn, damit er mir sagt, wie ich heilen kann.

## Depression und Wut

Schon seit einiger Zeit interessiere ich mich für die Beziehung zwischen Depression und Wut. Ein paar Monate vor meinem 25. Geburtstag bekam ich Kontakt zur Erfahrung der Depression. Im Jahr zuvor hatte ich eine Therapie gemacht, nicht wegen Depressionen, sondern zur Unterstützung bei Ängsten. Für mich war Angst ein Ausdruck von Furcht und Sorge um die Zukunft. Mein Leben als armer Schwarzer Aktivist war sehr besorgniserregend! Ich empfand mich jedoch nicht als depressiv.

Erst im Jahr darauf merkte ich nach der Rückkehr von einer mehrmonatigen Auslandsreise, dass ich nicht mehr so oft aus dem Bett kam, wie ich eigentlich wollte. Ich merkte, dass die einstige Freude und Fröhlichkeit völlig verschwunden waren. Wenn ich heute an diese Zeit zurückdenke, dann war es, als bestünde das Leben nur noch aus Grautönen. Ich kapselte mich immer mehr ab und hatte zu nichts mehr Lust, außer in meinem Zimmer zu bleiben und traurige Musik zu hören. Irgendwann dämmerte mir die schmerzliche Erkenntnis: Ich war depressiv. Scheiße!

Ich glaube, meine Depression hatte mehrere Gründe, auch ein biochemisches und energetisches Ungleichgewicht. Ich glaube, sie hatte auch etwas mit Wut zu tun. Irgendeine Person hatte damals gesagt, dass Wut, die sich nach innen richtet, Depressionen fördert. Meine Unfähigkeit, mit meiner Wut so in Beziehung zu sein, dass sie offen zum Ausdruck kommt, und mein fehlender Kontakt zu dem Schmerz hinter der Wut, frustrierten und blockierten die Energie der Wut. Wenn Wut blockiert wird, bleibt sie in unserem Kopf und in unserem Körper, und es fällt schwer, emotional einigermaßen fluide zu sein, was sich wiederum auf unser Selbstwertgefühl auswirken kann.

Depression ist mehr als bloß traurig zu sein – sie ist eine längere Phase, in der wir uns ausgelaugt, isoliert, zermürbt und weit entfernt von einem Gefühl von Glück, Geduld und Zufriedenheit fühlen. Als ich aufwuchs, haben wir, soweit ich mich erinnern kann, nie über Depressionen oder andere psychische Erkrankungen gesprochen. In unserer Gemeinde gab es einen Mann, der ständig auf den Straßen herumstreunte. Wenn ich heute daran zurückdenke, glaube ich, dass er schizophren war, aber damals sagten wir einfach, er sei verrückt und mache auf psychisch krank, damit er jeden Monat seine Stütze bekomme. »Verrückt« war in unserer Gemeinde die einzige Kategorie für abweichende Realitäten psychischer Gesundheit. Entweder du warst »bei Verstand« oder du warst verrückt. So etwas wie Depressionen gab es nicht. *W*eiße Menschen waren depressiv. Wir waren Schwarz, als ob Schwarzsein ein Ausdruck für ständige Erschöpfung und Wut wäre. Wenn du traurig warst, dann lag das nur daran, dass dein Schwarzer Arsch Schwarz war. So etwas wie Psychotherapie gab es nicht. Unsere Therapie waren Gebet und Durchhaltevermögen.

Ich beschloss, eine Therapie zu beginnen, weil sehr viele Menschen in meinem Umfeld Therapie machten und ihnen diese Arbeit anscheinend echt guttat. Damals lebte ich in Boston, und dort gab es Angebote und Programme, die auch Menschen wie mir mit sehr geringen Mitteln eine Therapie ermöglichten. Die Entscheidung fiel mir unglaublich schwer. Ich merkte, wie sehr ich der Therapie misstraute. Ich hatte Angst um meine seelische Gesundheit, weil ich wusste, dass es in meinen Erfahrungen sehr viele Verwundungen gab, und meinte, dass ich mit ihnen nur arbeiten könnte, wenn ich mich auf die Modalitäten einließe, denen zu misstrauen mir von klein auf beigebracht worden war. Dieses Misstrauen rührte daher, wie Schwarze Menschen im Gesundheitssystem der Vereinigten Staaten missbraucht und manipuliert worden waren.

Gegenüber meiner Familie merkte ich, dass ich aus meiner Therapie ein wesentlich größeres Geheimnis machte als aus meiner Sexualität. Als ich mit der Therapie begann, hatte ich mich meiner Familie gegenüber noch nicht geoutet, aber mit der Hilfe meiner therapeutischen Begleitung begann ich den Prozess des Coming-outs, zunächst bei meiner Mutter. Wenn ich heute daran zurückdenke, wird mir klar, dass sich die Therapie wie ein Eingeständnis anfühlte, dass ich nicht stark genug war, um durchzuhalten. Widerstandsfähigkeit, so war mir beigebracht worden, war das Einzige, was ich vor allem anderen schätzen und mir mit großem Einsatz aneignen musste. Damit sollte offenbar vermittelt werden, dass Widerstandsfähigkeit der Grundpfeiler des Schwarzseins ist. Sie war die Fähigkeit, trotz der Gewalt und Brutalität des systematischen Rassismus immer weiterzumachen. Therapie bedeutete, aufzugeben und dir von *weißen* Menschen das ausreden zu lassen, was uns als Schwarze Personen ausmachte, was unser Zugehörigkeitsgefühl zur Gemeinschaft begründete. Da ich inzwischen aus der Kirche ausgetreten war, befürchtete ich zusätzlich, meine Therapie könnte als Zeichen dafür gewertet werden, dass ich die Kirche tatsächlich brauchte und dass meine instabile psychische Gesundheit darauf zurückzuführen war, dass ich sie ablehnte. Ich beschloss, mich in Therapie zu begeben, weil ich lernen wollte, widerstandsfähig und gleichzeitig gesund zu sein.

Ich blieb vier Monate in Therapie. Dann hörte ich auf, weil ich einige Monate außer Landes reisen wollte und auch das Gefühl hatte, dass das Ziel einer verringerten Angst erreicht worden war. Diese wenigen Monate haben mir tatsächlich die Möglichkeit einer Selbstbefragung aufgezeigt, die mich bei der Bewältigung meiner Depression unterstützt und mir die Tür zu kontemplativer und spiritueller Praxis geöffnet hat. Ich musste nicht bloß kämpfen und Gewalt ertragen und hoffen, dass ich nach meinem Tod in den Himmel käme. Ich konnte hier und jetzt Modalitäten der Befreiung anwenden, die mir helfen konnten, systematischer Gewalt mit Weisheit und Mitgefühl zu begegnen und sie dadurch zu verwandeln. Dieses Ziel öffnete mich innerlich dafür, Unterstützung von anderen Menschen anzunehmen, die mich lehrten, mein Inneres zu verstehen. Und das war meine Befreiung.

Bei allem Nachdenken über meinen Weg mit der Depression ist es mir sehr wichtig, darauf hinzuweisen, dass wir uns alle sorgfältig darüber klar werden müssen, wie wir unsere Befreiung verstehen. Mein Weg stützte sich stark auf lebensstilverändernde Maßnahmen, Meditation und andere spirituelle Übungen, um meine psychische Erkrankung zu bewältigen. Für viele Menschen sind Medikamente und andere Behandlungsformen unerlässlich. Dies müssen wir immer selbst herausfinden. Wir Menschen sind alle verschieden, deshalb müssen wir auch verschiedene Wege einschlagen.

## Gedanken über das Wort *N***

In so einer Dating-App chattete ich zwanglos mit einem *w*eißen Mann. Wir tauschten Bilder aus. Obwohl ich mich zu ihm hingezogen fühlte, hatte ich zu dem Zeitpunkt kein Interesse an einem Treffen. Er war frustriert und fühlte sich höchstwahrscheinlich zurückgewiesen. Als ich mich dafür entschuldigte, dass ich ihn enttäuscht hatte, schrieb er zurück: »Schon okay. Bist eh bloß ein N**«

Ein anderes Mal kam ich von einem zehntägigen intensiven Meditationsretreat zurück. Ein möglicher Effekt einer solchen Erfahrung ist eine Art Hochgefühl. Ich bezeichne das als Flitterwochen-Phase. Mein Herz ist offen, ich fühle mich inspiriert und bin bereit, der Welt mit Mitgefühl und Liebe zu begegnen. Damals wohnte ich in einem Wohnprojekt. Eines unserer kollektiven Projekte war der Betrieb einer Suppenküche. Ich war am Abend zuvor nach Hause gekommen und hatte mich nach dem Frühstücksgottesdienst auf den Weg zu den Räumen unserer Küche gemacht. Am Haupteingang zur Küche fiel mir ein älterer *w*eißer Mann auf und ich beschloss, zu ihm zu gehen und nachzufragen, ob er etwas brauchte. Ich öffnete die Tür, und er stand da und bemerkte mich anscheinend gar nicht. Tat er aber doch. Er fing an, etwas vor sich hin zu murmeln. Zunächst habe ich es nicht verstanden, aber als ich genauer hinhörte, entpuppte sich das Gemurmel rasch als Sturzbach rassistischer Beleidigungen. Nur an zwei kann ich mich erinnern: Affe und N**

Ein paar Jahre lang habe ich immer mal wieder in einem Kindergarten gearbeitet. Die Kinder waren meistens *w*eiß und zwischen drei und fünf Jahre alt. Ich mochte die Arbeit, weil Kinder so direkt und ehrlich sind. Das Ganze war im Süden. Es gab zwei Brüder, blonde, blauäugige kleine Jungs. Der Jüngere war ein echter Wildfang voller liebenswertem Schalk und Charme, was bedeutete, dass er sich sehr viel erlauben konnte. Eines Tages saß er ganz alleine irgendwo und murmelte etwas vor sich hin. Dabei starrte er mich an. Ich kam näher und schnappte auf, was er sagte: N**

Als ich als Jugendlicher in London unterwegs war, fuhr ich einmal mit einem deutschen Ehepaar im Aufzug. Ich stand vor ihnen und versuchte beiläufig, ihrem Gespräch zu folgen, denn ich hatte ein wenig Deutsch gelernt und fand die Sprache interessant. Die Fahrt dauerte kaum 30 Sekunden, aber es brauchte auch nicht mehr als 30 Sekunden, damit ich als N** bezeichnet wurde.

Irgendwann in meinem Leben habe ich wirklich geglaubt, ich sei ein N**. Ich glaubte, dass ich als N** geboren worden war und mit zweitem Namen N** hieß und dass ich natürlich als N** sterben würde. Das Wort war die Verkörperung vieler Jahrhunderte purer Erniedrigung, und in ihm brodelte ein Trauma, das meinen Glauben an Licht, Freude und Freiheit erstickte. Das Wort war sowohl das Gefängnis als auch die Person mit dem Beil, sowohl der Strick als auch der Mensch, der ihn um den Hals legt.

Ich spreche nie mit anderen Schwarzen Menschen darüber. Ich spreche nie über die lähmende Wirkung dieses Wortes, insbesondere wenn *weiße* Personen das Gespräch darauf lenken. Wir sprechen nie darüber, dass viele von uns tief in ihrem Innersten – dort, wo uns streng verboten wurde, jemals hinzuspüren – glauben, dass wir N** sind. Es sind nicht viele Worte erfunden worden, die so effektiv eine große Gruppe von Menschen aus der Welt ausschließen.

Jedes Mal, wenn ich als N** bezeichnet wurde, war ich gezwungen, mich allem zu stellen, wovor ich abgehauen war, nämlich dem Trauma, immer und immer wieder durch ein Wort verletzt zu werden, das nur geschaffen wurde, um mir meine Menschlichkeit zu rauben. In Abwesenheit meiner Menschlichkeit wuchs die Wut. Um zu verhindern, dass *weiße* Menschen herausfinden, dass ich wütend bin, lernte ich, mich selbst zu hassen; und vor lauter Selbsthass lernte ich, mich selbst zu beschämen, denn dies war die effizienteste Methode, dafür zu sorgen, dass meine Wut auch weiterhin verborgen blieb. Dann fing ich an, alle Menschen zu hassen, die so aussehen wie ich, denn jede Schwarze Person spiegelte mir nur meinen grundlegenden Herzbruch. Das Trauma meines Glaubens, dass ich ein N** bin, bedeutete, dass ich mich gegenüber Schwarzen Menschen von meiner schlechtesten Seite zeigte, weil mein Schmerz mich dazu zwang, mich gegenüber *weißen* Menschen, die mich doch am meisten verletzten, von meiner besten Seite zu zeigen, und dies in dem Glauben, dass meine beste Seite ihre Gewalt irgendwie unterbrechen würde. Das war der Herzbruch, den mir meine Meditationspraxis freundlicherweise zu verstehen half. Letzten Endes ist dies das Geheimnis, das ich zuerst mir selbst und dann anderen Schwarzen Menschen offenbaren musste.

Ich bin auch kein Fan davon, dass Schwarze Menschen versucht haben, sich das Wort *N*** in der abgewandelten Form *N**a* als Kosewort oder Selbstbezeichnung zurückzuholen. Ich glaube zwar an die Macht und die Notwendigkeit, sich Sprache zurückzuholen und sie zu reinigen, insbesondere Begriffe, die früher zur Erniedrigung und Beschämung benutzt wurden, aber ich glaube auch, dass die beste Methode, die Gewalt bestimmter Begriffe zu neutralisieren, darin besteht, diese Begriffe komplett abzuschaffen. *N**a* können wir uns nur zurückholen, wenn wir aufhören zu glauben, dass wir N** in dem Sinne sind, wie die *w*eiß-suprematistische Kultur diesen Begriff verwendet und beibehält, um unsere Menschlichkeit zu unterdrücken. Ich erinnere mich, dass ich bereits Ende der 1990er die Wendung »mein N**a« gehört habe. Das hat mir immer zu schaffen gemacht, denn meine Reaktion war stets, dass ich keines Menschen N**a bin. Ich bin nicht davon überzeugt, dass wir, wenn wir einander beim Kosewort *N**a* nennen, unser Trauma nicht unterschwellig als Waffe benutzen und es dabei als Ritual der Zuneigung und der Zugehörigkeit zur Gemeinschaft tarnen. Wenn wir den Begriff aus Wut verwenden, dann führen wir unser Trauma auf jeden Fall noch einmal auf und setzen es als Waffe gegeneinander ein. Unabhängig davon, wie er benutzt wird, ist der Begriff immer dann gewaltvoll, wenn er von einer Person kommt, die sich nicht als Schwarz oder von afrikanischer Abstammung identifiziert.

Hier kommt mein Heilmittel dagegen: Wenn du mich N** nennst, weiß ich nicht mehr, was du meinst. Ich orientiere mich nach allen Seiten und versuche herauszufinden, mit welcher Person du sprechen könntest. Das Wort gehört nicht mehr zu meinem Wortschatz. Es ist, als ob du versuchst, dich an die Bezeichnung von etwas zu erinnern, das du einmal gehört hast, oder als ob du eine alte Geschichte nacherzählst, die schon alt war, als du sie zum ersten Mal gehört hast. Und jetzt erzählst du sie nach, weil es die einzige Geschichte ist, die du kennst, und weil du nicht den Mut hast, eine neue zu erfinden, denn das würde ja bedeuten, dass du dich dem schmerzlichen Narrativ über dich selbst stellen müsstest.

# 13

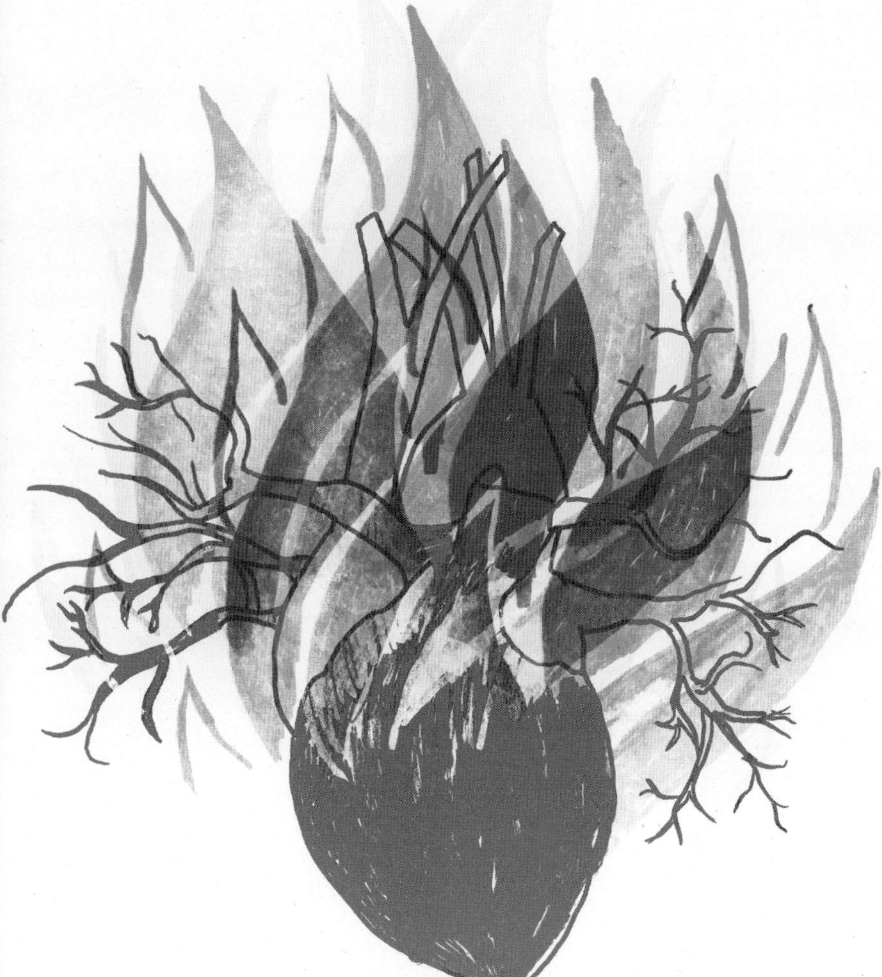

# TRAUMA

Wir können keine geheilte Gesellschaft haben, wir können keinen Wandel haben, wir können keine Gerechtigkeit haben, wenn wir den menschlichen Geist nicht zurückholen und wiederherstellen.
*Rev. angel Kyodo williams*
Aus: Radikal lieben: Buddhismus, Antirassismus und Befreiung, w_orten & meer, 2021.

Ich hoffe, dass wir im Jahr 2020 die Zeile »Ich bin nicht meine Ahn*innen« streichen können. Wenn unsere Ahn*innen so schwach wären, wären unsere Schwarzen Ärsche nicht hier.
*Morgan Jerkins*

Wenn ich von Trauma spreche, meine ich eine gewaltvolle oder belastende Erfahrung, die unser mentales, emotionales und körperliches Gleichgewicht stört. Wenn diese Störung anhält, ohne dass wir zu einem angemessenen Gleichgewicht zurückfinden, erleben wir eine posttraumatische Belastungsstörung oder PTBS. »Trauma« und »PTBS«

werden häufig falsch gebraucht, insbesondere der Begriff Trauma, wenn wir eine Form des Leidens zu beschreiben versuchen. Ein traumatisches Ereignis stört unseren Selbstbezug und kann daher bei einer erneuten Begegnung mit dem Erlebnis, das die ursprüngliche Störung ausgelöst hat, zu einem veränderten Verhaltensmuster führen. Ein Trauma kann entweder körperlich oder emotional sein. Ein traumatisches Erlebnis kann uns aus unserem Körper herausschleudern und eine Rückkehr in den Körper sehr erschweren. Der Körper und seine Empfindungen sind für uns nicht mehr sicher, weil sie uns an das ursprüngliche traumatische Ereignis erinnern.

*Ich hätte nie gedacht, dass ich eine Person bin, die mit einem Trauma zu kämpfen hat, bis im Sommer 2014 Michael Brown getötet wurde und seine Leiche stundenlang auf der Straße lag. Diese Bilder haben mich getriggert. Es war derselbe Sommer, in dem Israel den Gazastreifen schwer bombardierte. Die Bilder von Michael Brown und von Bomben, die auf Palästinenser niedergingen, haben mich eine ganze Zeitlang innerlich aus dem Gleichgewicht gebracht. Ich war hyperparanoid, häufig erschöpft und wütend. Ich empfand eine heftige Verzweiflung, die ich eigentlich nicht verstehen konnte. Ich irrte umher und hatte nie das Gefühl, dass meine Füße den Boden berührten.*

Es gibt verschiedene Arten von Trauma. Ich denke oft über transhistorisches Trauma nach und habe auch häufig damit zu kämpfen. Transhistorisches Trauma wiederholt sich von Generation zu Generation, bis es unterbrochen und aus der Ahn*innen-Reihe oder dem Kollektiv herausgelöst wird. Bei den meisten Schwarzen US-Amerikan*erinnen ist die Wurzel des transhistorischen generationenübergreifenden Traumas zurückzuführen auf die mörderische und brutale transatlantische Verschleppung von Menschen aus Subsahara-Afrika, die gemeinhin als Sklavenhandel bezeichnet wird, insbesondere in der Zeit des sogenannten transatlantischen Dreieckshandels. Dieser wird heute weithin als historisches Artefakt einer abgeschlossenen Vergangenheit gelehrt und auch aus dieser Perspektive wissenschaftlich untersucht.

## Transhistorische Wut

Für die meisten Schwarzen Menschen ist sauer sein das Eine, Wut aber etwas ganz anderes. Ich habe meine Wut als ein Ringen mit transhistorischer Wut, dem Schatten des transhistorischen generationenübergreifenden Traumas, erlebt. In anderer Form können wir uns dies auch so vorstellen, dass Schwarze Wut auf dem Atem des transhistorischen Traumas reitet. Zusammen bilden die beiden ein hochfunktionales und destruktives Paar. Sowohl Trauma als auch Wut sind Bestandteil meines Verhältnisses zum Schwarzsein. Ich glaube zwar, dass Schwarzsein mit großer Freude verbunden ist, aber ich gebe auch zu, dass es von einem mächtigen Leid erfüllt ist. Trauma und Wut leben im Kern dieses mächtigen Leids.

Ich definiere »Schwarze Wut« als einen vom Körper abgekoppelten Ausdruck tiefer Enttäuschung, der sich nach Zuwendung sehnt. Diese tiefe Enttäuschung ist nicht nur mein Leiden in diesem Leben, sondern das Leiden aller meiner Ahn*innen. Der Weg der Heilung ist die Praxis des Embodiment, des Heimkehrens in alle unsere Körper, und die sehr schwere Arbeit, das Trauma zu lieben und es, eben dadurch, dass wir es lieben, allmählich aus unserem Körper zu befreien. Die Wut ist der Zorn, der sich Generation für Generation im Kampf um unsere Unversehrtheit in Rassismus, Patriarchat und Kapitalismus aufgestaut hat, der nicht nur Schwarze Menschen, sondern alle Menschen ihrer Lebenskraft, ihrer Zukunftsperspektive, ihres Atems und ihres Freiraums beraubt. Die Wut ist auch die Frustration darüber, dass wir nie das Gefühl haben, dass für uns genug vorhanden ist, während es andere Menschen gibt, die viel mehr haben, als sie wahrscheinlich je brauchen werden.

*Schon die meiste Zeit meines Lebens tue ich mich mit der Polizei schwer. Ich wurde nie dazu erzogen, den Gesetzeshüt*erinnen zu trauen, und dieses Misstrauen entstand aufgrund meiner persönlichen Beobachtungen. Sobald bei irgendetwas die Polizei im Spiel war, wurde anscheinend immer ein Mensch verletzt, entweder ich selbst oder eine Person, die ich liebte, sei es, dass wir auf der Straße angehalten oder in Geschäften oder beim Spazierengehen streng überwacht wurden. Wenn ich an Polizis*tinnen vorbeikomme, steigt meine Beklemmung, flammt mein Zorn auf und ich versuche, mir mit aller Kraft klar zu machen, dass diese Person ein Mensch ist wie ich. Sie sind keine schlechten Menschen, aber sie repräsentieren etwas, das ich ausschließlich mit Schmerz in Verbindung bringe. Unterdessen kommen mir die Bilder von gewalt-*

*tätigen Polizis*tinnen in den Kopf, angefangen bei all den Bildern der Gewalt gegen friedliche Demonstrierende während der Bürg*erinnenrechtsbewegung, über Rodney King, der mit Stockschlägen und Fußtritten traktiert, und Eric Garner, der erstickt wurde, bis zu den vielen Fällen, in denen meine Freun*dinnen und ich von der Polizei schikaniert wurden.*

*Besonders voreingenommen bin ich gegenüber Schwarzen Beamten und Beamten of Color und insbesondere gegenüber Beamtinnen of Color. Meine Übung besteht darin, die Menschlichkeit dieser Beamt*innen wahrzunehmen und mir Mühe zu geben, zu glauben, dass diese Menschen ihre Arbeit aus einem Grund tun, der nichts damit zu tun hat, dass sie Macht über andere Personen ausüben oder ein System aufrechterhalten wollen, das unverhältnismäßig oft Menschen bestraft, die so aussehen wie sie. Ich möchte glauben, dass sie mich nicht verraten haben, dass ich ihnen vertrauen kann. Ich möchte ihnen vertrauen, denn ich kann einfach nicht noch mehr Geheimagenten weißer Vorherrschaft ertragen, die Schwarz oder of Color sind. Das fällt mir schwer. Mir wurde beigebracht, Schwarzen Menschen zu vertrauen. Aber ich kann nicht allen Schwarzen Menschen vertrauen.*

*Immer wenn ich an der Polizei vorbeikomme oder an Polizeiautos vorbeifahre oder auch nur Polizeisirenen höre, teilt mein Körper mir mit, wie es mir geht – Brust und Kehle schnüren sich zu, Augen und Stirn werden angespannt, und ich spüre die Wut. Ich weiß, dass ich die Gesetzeshüt*erinnen als Echo von Halt*erinnen und Aufseh*erinnen versklavter Menschen wahrnehme, und als Menschen, die auch die Interessen derer schützen, die mächtiger sind und über mehr Mittel verfügen. Genau darin liegt hier das Trauma, etwas Altes aus früheren Generationen, die sich* *nie geschützt gefühlt haben, nicht einmal von denen, die behaupten, sie beschützten alle Menschen. Es gibt also nicht nur die transhistorische Erfahrung, es gibt auch meine persönlichen Erfahrungen in diesem Leben.*

Transhistorische Rage ist die Rage, die von Generation zu Generation weitergegeben wird und ihre Wurzeln in der historischen Zeit und dem historischen Ort des ersten großen Traumas sowie in der Wut hat, die durch dessen Auswirkungen entstanden ist. Während Wut aus der Spannung zwischen Verletztwerden und dem Ringen um ein Bewältigen dieser Verletzung entsteht, bedeutet Rage den Verlust des Selbst und den Verlust der Fähigkeit, mit dieser Wut umzugehen, was wiederum Auswirkungen auf unser Gefühl hat, etwas wert zu sein. Bei vielen Schwarzen Menschen erlebe ich jedoch, dass unsere Wut nicht nur unsere eigene ist. Ich glaube zwar, dass Liebe als eine Erfahrung, die uns mit unseren Ahn*innen verbindet, von Generation zu Generation weitergegeben werden kann, aber dasselbe lässt sich auch von der Rage sagen.

*Ich war 18, und es war der Sommer, bevor ich mit dem College begann. Einmal machte ich nachmittags früher Feierabend und beschloss, an einer Tankstelle anzuhalten und mir etwas zu trinken zu kaufen. Ich erinnere mich, dass ich in den Shop ging und die Kassiererin (eine* weiße *Frau) anlächelte. Widerwillig lächelte sie zurück. Zehn Minuten vergingen, während derer ich durch den Laden schlenderte und überlegte, was ich nehmen sollte. An der Kasse hatte sich eine Schlange gebildet, daher hatte ich es nicht eilig. Mehrmals sah ich auf, und jedes Mal guckte die Kassiererin schnell weg. Ich dachte mir nicht viel dabei. Als ich zum letzten*

*Mal aufsah, war sie am Telefon. Ich dachte mir immer noch nicht viel dabei.*

*Schließlich nahm ich einen Saft und ging zur Kassiererin um zu bezahlen. Sie war herzlich und freundlich. Als sie mir mein Wechselgeld aushändigte, warf ich einen kurzen Blick zur Glastür und sah, dass zwei Polizisten davorstanden und die Tür blockierten. Ich schaute wieder zur Kassiererin. Sie lächelte nicht mehr.*

*Ich kann mich nicht mehr an viel erinnern, außer dass ich draußen mit den beiden Polizisten sprach. Ich weiß, dass es Fragen und offensichtliche Verdächtigungen gab, etwa warum ich dort sei, ob ich etwas gestohlen hätte und »Auf Sie passt die Beschreibung von …«, »Wo wohnen Sie?«, »Wo arbeiten Sie?«, »Wo ist Ihr Fahrzeug?« Nach einer Weile konnte ich ihnen nicht mehr in die Augen sehen, denn mein Blick hatte sich mit irgendetwas getrübt, vielleicht mit Tränen. Ich wollte nur noch wegrennen, mein Auto stehenlassen, die Stadt verlassen. Aber ich konnte nicht. Schließlich sagten sie mir, ich solle sauber bleiben. Ich murmelte gerade noch: »Okay«, dann waren sie weg.*

*Ich fuhr nach Hause. An die Fahrt kann ich mich eigentlich nicht mehr erinnern, nur noch daran, dass ich irgendwann ankam. Ich weiß noch, dass ich ins Haus ging und alle Türen und Fenster zusperrte, mich schließlich in meinem Zimmer einschloss, wo ich an der Tür saß und darauf wartete, dass irgendein Mensch etwas Falsches daran fand, dass ich mich in meinem Zuhause versteckte, und die Polizei rief.*

*Der vielleicht größte Vorteil des nachträglichen Betrachtens ist, dass sich dann eine Wahrheit zeigt, die im Moment des Erlebens nicht erkennbar war. Damals hatte ich keine Ahnung, was da passierte. Heute weiß ich, dass ich mich zu Tode gefürchtet hatte, unkontrollierbar zitterte, vollkommen durcheinander und verzweifelt war. Ich wusste, dass ich paranoid war und vermutete, alle Polizisten in der Stadt glaubten, dass ich in der Tankstelle irgendein Verbrechen begangen hätte, und würden jetzt kommen und mich verhaften.*

*Einige Zeit später stand ich endlich vom Boden wieder auf und erkannte, dass* über *mich etwas entschieden worden war, worauf ich absolut keinen Einfluss hatte. In Bezug auf mein Verhalten und meinen Charakter war etwas vermutet worden, und ich hatte keine Chance, es zu entkräften. Von allen Menschen an dieser Tankstelle war ich die einzige Person of Color; deshalb galt ich als der verdächtigste.*

*Ich bin es leid, diese Geschichte zu erzählen. Aber ich werde sie einfach nicht los.*

Wenn ich Wut verspüre, weiß ich, dass ich die Wut aller meiner Ahn*innen verspüre. Wenn ich Liebe erlebe, dann erlebe ich auch die Liebe aller meiner Ahn*innen. Diese transhistorische Liebe, die oft als Resilienz empfunden wird, hält mich und viele von uns am Leben. Und wenn wir uns tief in diese Liebe, die uns mitgegeben wurde, fallen lassen, dann beginnen wir aufzublühen, und dieses Aufblühen bringt Gewaltsysteme zum Kippen, die nur geschaffen wurden, um uns zu vernichten. Wir bringen diese Systeme zum Kippen, weil wir sie überleben, weil wir unsere ganze Freude zusammennehmen und in unser Aufblühen hineintanzen. Ein Gewaltsystem, das uns nicht umbringt, ist gescheitert. Ich bin die kühnsten Träume meiner Ahn*innen, weil ich aufblühe.

Unser Trauma und die damit verbundene Wut begannen mit der gewaltsamen Gefangennahme, Versklavung und Verschleppung von

– so schätzt die Geschichtsforschung – zwischen zehn und 15 Millionen Afrikan*erinnen, von denen mehrere Millionen während eines Teils dieser Erfahrung starben. Meine Ahn*innen wurden angekettet und in den Bauch von Frachtschiffen gepfercht, wo sie einer überwältigenden Vielfalt an körperlichen und psychischen Leiden ausgesetzt waren. Diejenigen, die das Trauma der Überfahrt überlebten, lernten eine jahrhundertelange gewaltsame Versklavung kennen, was tiefe und brutale Auswirkungen auf den Schwarzen Körper und die Schwarze Psyche hatte. Doch der transatlantische Dreieckshandel war viel mehr als die Verschleppung Schwarzer Körper über einen Ozean – er war und ist immer noch das unerforschte und ungelinderte Trauma von Entscheidungen, die über die Köpfe der Betroffenen hinweg gefällt wurden. Er hat einen Kontext geschaffen, der nicht den tiefsten Wunsch privilegiert, heimzukehren und die eigene Handlungsfähigkeit und den eigenen Körper zu bewohnen, sondern der eine Abkopplung vom Körper auslöst, die Körper, Geist und Seele Schwarzer Menschen eine Bedeutung zumisst, die den Absichten einer rassistischen kapitalistischen Vorstellungswelt entspricht. So wird Trauma in diesem Kontext zu einer zyklischen Erfahrung ständiger unfreiwilliger räumlicher Bewegung, während es Schrecken, Verzweiflung, Hoffnungslosigkeit und Unverbundenheit aufrechterhält. Es ist eine Reise, die nie in einem Hafen festmacht, sondern in der Schwebe gehalten und nicht erforscht wird.

*Ich bin in einer Schwarzen United Methodist Church*[6] *aufgewachsen. Viele Schwarze Menschen in meiner Heimatstadt waren Baptisten, gehörten der African Methodist Episcopal (AME),*

6 Entspricht der evangelisch-methodistischen Kirche. (Anm. d. Ü.)

*der Church of God in Christ oder dem Holiness Movement an, oder sie waren Heiden. In meiner Familie waren alle Baptisten, außer meiner Mutter und mir. Als ich Jugendlicher war, wurde meine Mutter Predigerin der United Methodist Church. Ich ging gern in die Kirche, nicht um etwas über Gott oder Jesus zu erfahren oder um die Predigt zu hören, sondern weil ich mit dieser Form, Gemeinschaft und Zugehörigkeit zu erleben, aufgewachsen bin. Ich liebte das Singen und war gern im Chor, und offen gesagt, welche schwulen und queeren kleinen Jungs sangen nicht gern (oder alberten mit anderen Jungs im Kirchenkeller herum)! Der Chor war der Ort, an dem wir eine Show abziehen und alles rauslassen konnten!*

*Meine Kirche war anscheinend keine, in der Leute »vom Geist ergriffen« oder »beseelt« wurden. Manchmal hatte ich sogar den Eindruck, dass dies auch nicht sonderlich geschätzt wurde. Einmal wurde eine ältere Person während des Chorgesangs vom Geist ergriffen. Sie stand ruhig auf, rief aber laut: »Amen. Danke, Jesus!« Mehr hätten wir in unserer reservierten Gemeinde wahrscheinlich auch nicht ertragen. Unsere Gemeindedien*erinnen waren nicht geschult, überschwängliche Ausrufe oder Tänze zum Lobpreis aufzufangen. So eine Schwarze Kirche waren wir anscheinend einfach nicht.*

*Manchmal ging ich in andere Schwarze Kirchen, in denen der Heilige Geist wehte. Um ehrlich zu sein, mir machte dieses ganze Treiben Angst. Es wirkte heftig und peinlich. Einmal saß ich bei so einem Besuch einer anderen Kirche neben einer Freundin der Familie, die vom Geist ergriffen wurde – sie sprang von ihrem Platz auf und begann, mit den Händen herumzufuchteln, und ich saß da und betete, dass sie mich nicht schlagen würde! Nach diesem Er-*

*lebnis war ich froh um unsere kleine reservierte Gemeinde, und ich vermute, dass ich mich deshalb zur Stille von Gruppenmeditationen hingezogen fühle.*

*Mir wurde beigebracht, dass wir uns, wenn wir vom Geist ergriffen werden, der göttlichen Freude und der Gnade Gottes öffnen, wie sie im Heiligen Geist, Seiner beseelenden Energie, zum Ausdruck kommt. Vom Geist ergriffen zu werden, war unser Embodiment und unser Ausdruck dieses Embodiments. Eine Älteste sagte mir einmal, sie glaube, mit unseren Jubelschreien würden wir unserer afrikanischen Vor*fahrinnen und ihrer Art des Gottesdienstes mit Trommeln und Musik gedenken. Ich fand diese Theorie einleuchtend und sie hat mich viele Jahre begleitet. Als ich älter wurde und mehr Verständnis für die Überschneidungen zwischen spiritueller Praxis und Trauma entwickelte, entdeckte ich eine andere Theorie für das Geschrei: Anscheinend sammelten sich bei Schwarzen Menschen beträchtliche Mengen an Trauma und auch Wut an, wenn sie versuchten, in einer brutal rassistischen Kultur zu überleben und sogar aufzublühen. Wir verstanden nicht, was Trauma war, aber intuitiv begriffen wir, wie sich Trauma abbauen lässt. Und mit der Zeit betrachtete ich unser Geschrei als informellen, doch ritualisierten Traumaabbau durch Bewegung und die Praxis mitfühlender Freude. Im klassischen Sinne ist mitfühlende Freude eine buddhistische Praxis, bei der es darum geht, Freude oder Glück zu erleben und uns vorzustellen, dass wir es absichtlich weitergeben. Ich glaube jedoch, dass wir uns mit dem Jubelgeschrei unbewusst der Freude zuwenden, die in unserer Erfahrung verborgen ist. Dieses Verständnis passt zum Gebiet der körperorientierten Traumaarbeit, also der Praxis, den Körper einzubeziehen, um Trauma, das sich im Nervensystem festgesetzt hat, abzubauen. Das ist zwar nur* *eine Theorie, aber sie hat mir geholfen, diesen wichtigen Teil meiner Kultur und meiner Ursprungsreligion wertzuschätzen und zu feiern.*

Dieses Trauma, das Afrikan*erinnen erfahren haben, wurde an nachfolgende Generationen durch die Praxis des Geschichtenerzählens, durch Übertragung von Glaubensinhalten und Werten und durch ein Verhalten weitergegeben, das wiederum Auswirkungen darauf hatte, welchen Bezug jede Generation zu ihrem Körper, zu ihrem Geist und zu anderen Gruppen entwickelte. Transhistorisches, generationenübergreifendes Trauma lässt sich daher als Waldbrand beschreiben. Der sogenannte transatlantische Dreieckshandel ist der Traumafunke, der in der Vergangenheit ausgelöst worden ist; der Brand ist die PTBS; Schwarze US-Amerikan*erinnen sind der Wald; die trockenen Materialien sind die retraumatisierenden Faktoren (z. B. Jim Crow, Lynchkultur, Polizeibrutalität und Mikroaggressionen); und systematisierte Unterdrückung und Rassismus sind der Wind, der dafür sorgt, dass das Feuer sich immer weiter ausbreitet.

*Ich erinnere mich, dass ich als Jugendlicher in meiner Heimatstadt zwei Exkursionen ins Bezirksgefängnis mitgemacht habe. Erst als ich älter war, wurde mir klar, dass Exkursionen in Strafvollzugseinrichtungen gelinde gesagt beschissen und völlig daneben sind. Ich erinnere mich, dass ich beide Male durch die offenen Bereiche ging, wo die männlichen Gefangenen durch große Glaswände von uns getrennt waren. Die meisten Männer waren Schwarz, und weil meine Stadt klein war, kannten und erkannten bei beiden Exkursionen ein paar Freunde von mir mehrere Männer. Für manche von uns war das eher wie ein Familientreffen! Ich war darauf gefasst, einen meiner Onkel zu sehen, der in dieser Zeit anscheinend immer wieder einmal im Gefängnis war. Diese Besuche blieben mir im Gedächtnis, und ich wusste, dass die Masseninhaftierungsbranche sich darauf spezialisiert hatte, Schwarze Männer wie mich ins Visier zu nehmen.*

*Ein anderes Mal war ich dabei, als mein Vater von der Polizei angehalten wurde. Der Beamte war ein älterer weißer Mann, und mein Vater war Anfang dreißig. Ich erinnere mich an diesen Zwischenfall nur deshalb, weil ich es mich so getroffen hat, wie herablassend der Beamte war, als spräche er mit einem Teenager. Damals schon hatte ich das Gefühl, dass das ganz selbstverständlich so vorgesehen war, dass es gar nicht anders sein konnte und dass es für diesen weißen Beamten völlig in Ordnung war, so respektlos mit meinem Vater zu sprechen.*

Darüber hinaus bedeutet Abkopplung vom Körper das Unvermögen, ein integriertes Bewusstsein für die eigene emotionale Realität und ihre Auswirkungen auf den physischen Körper zu entwickeln. Ein anderer Begriff, den wir für Abkopplung vom Körper verwenden, ist *Dissoziation.* Auch sie bedeutet, dass unser Körper für uns nicht mehr sicher ist, weil Empfindungen uns an eine traumatische Erfahrung erinnern können. Für versklavte Menschen aus Afrika und ihre Nachkommen wie mich entstanden und entstehen immer noch Überlebensstrategien, indem wir einen psychischen Raum außerhalb des Erfahrungskörpers bewohnen, eines Erfahrungskörpers, der gespickt ist mit dem emotionalen Trauma von Sklaverei und systematischer Unterdrückung. In den Körper zurückzukehren mit dem Gefühl, selbst entscheiden zu können, was wir mit unserem Körper machen, und dabei Freiraum zu haben, ist für uns der Kern einer beginnenden Bewältigung des Heilungsprozesses.

*Ich habe Angst davor, in der Öffentlichkeit alleine unterwegs zu sein, weil ich befürchte, dass irgendein Mensch wegen mir die Polizei rufen könnte, bloß weil ich in der Öffentlichkeit Schwarz bin.*

*Vor Kurzem kam ich auf dem Gehweg an einem Mann vorbei. Es war dunkel, und ich war wie üblich ganz in Schwarz gekleidet. Ich grüßte ihn. Er schaute mich nur an; und aus dem Augenwinkel sah ich, dass er mich merkwürdig ansah. Ein kurzer Blick über die Schulter zeigte mir, dass er hinter mir langsamer geworden war. Mein erster Gedanke war, dass er vielleicht versucht, mich aufzureißen oder abzuschleppen. Der zweite, weniger angenehme Gedanke: Vielleicht ruft er wegen mir die Polizei.*

*Ich gehe mit Angst so um wie mit jeder anderen Erfahrung auch, die mich offenbar einschränkt oder potenziell überfordert. Ich versuche, sie zu lieben; und indem ich zumindest versuche, sie zu lieben, kann ich ihr ein wenig Raum geben, damit ich eine gewisse Entscheidungsfreiheit habe, wie ich auf sie reagieren möchte.*

*Wenn ich glaube, dass eine weiße Person wegen mir die Polizei ruft, habe ich keine Angst mehr. Genau wie mein Lehrer es mich gelehrt hat, lasse ich alles geschehen, was geschieht. Jetzt habe ich den Freiraum und die Liebe, um die Last eines Schwarzen Lebens in der Welt zu leben.*

Das ist mein Trauma:

*Als Trayvon Martin ermordet wurde, habe ich aufgehört, schwarze Hoodies zu tragen. Als Tamir Rice ermordet wurde, habe ich darüber nachgedacht, wie ich auf meine Hände verzichten könnte, damit mir nicht unterstellt werden kann, ich halte etwas fest. Als Renisha McBride ermordet wurde, schwor ich mir, nie wieder an fremde Türen zu klopfen. Als Sandra Bland und Walter Scott ermordet wurden, achtete ich übergenau darauf, jede verdammte Verkehrsvorschrift einzuhalten. Als Eric Garner erstickt wurde, wurde mir klar, dass wir alle um Luft rangen. Nachdem Akai Gurley getötet wurde, versuchte ich herauszubekommen, wie ich immer Lärm machen kann, damit ich nur ja keinen Menschen mehr überrasche. Nach der Ermordung von Freddie Gray dachte ich, es müsse doch ganz bestimmt eine Möglichkeit geben, nicht mehr Schwarz zu sein. Nachdem Charles Kinsey erschossen worden war, fragte ich mich, warum ich überhaupt noch irgendeinem Menschen helfen sollte, wenn dann doch nur die Polizei kommt und mich einfach über den Haufen schießt.*

Und das ist mein Trauma:

*Ich bin das kleine Mädchen am Meeresgrund. Ich bin der Jugendliche im Bauch des Schiffes. Ich bin das kleine Mädchen, das auf dem Versteigerungspodest zur Schau gestellt wird. Ich bin die Großmutter, die Lieder über den Gott anderer Leute singt. Ich bin der Vater auf den Feldern mit Tabak und Baumwolle. Ich bin die Frau, die von ihrem Master vergewaltigt wird. Ich bin das Baby, das aus dieser Gewalt hervorgegangen ist. Ich bin der Ehemann, der zum*

*Zuschauen gezwungen wird. Ich bin derselbe Ehemann, der von der Frau seines Masters vergewaltigt werden wird. Ich bin der Junge, der von seinem Sklavenhalter vergewaltigt wird. Ich bin die Mutter, die ihre Kinder nie wiedersehen wird. Ich bin der Großvater, der nie erfahren wird, dass er Großvater ist. Ich bin die Person, die in einem anonymen Grab liegt. Ich bin die Person, die mich jagt.*

## Die Sieben Aspekte des Heimkehrens zur Traumaarbeit nutzen

Diese Übung nutzt wieder die Sieben Aspekte des Heimkehrens, um ein liebevolles Behältnis zu schaffen, auf das wir uns verlassen können, um schwierige Traumaerfahrungen zu verarbeiten.

### Art der Übung

Diese Übung nutzt Atemübungen und Visualisierung.

**DIE ÜBUNG**

1. Beginne mit der Abfolge zu Beginn einer Übung.

2. Rufe dann deinen Kreis des Heimkehrens an.

3. Folge der Übung bis dahin, wo du dir vorstellst, dass die Energie der Fürsorge von den Wesen, die dir wohltun, ausstrahlt, und absolviere die Phasen, in denen diese Fürsorge in deinen Körper einsickert und du in dieser Energie badest.

4. Nun wende deine Aufmerksamkeit den Traumaerfahrungen zu. Doch vergiss nicht, wenn du dich bewusst mit einem Trauma beschäftigst, dann zwinge dich nicht, Empfindungen oder Gefühle wahrzunehmen, die dich überfordern oder zu heftig sein könnten. Wenn du spürst, dass es heftig wird, dann versuche, dich zu entspannen, richte deine Aufmerksamkeit auf den Boden, auf deine Füße oder deine Hände, und lasse dich von der Energie der Fürsorge halten, die dein Kreis des Heimkehrens ausstrahlt.

5. Stelle dir vor, dass die Energie in deinen Körper einzusinken beginnt und ihren Weg dahin findet, wo diese Traumaerfahrung bei dir sitzt. Lasse zu, dass diese Fürsorgeenergie das Trauma aufnimmt.

6. Wenn die Empfindung oder das Gefühl nicht zu heftig ist, stelle dir vor, dass du das Material in Gestalt einer dunklen Nebelwolke aus deinem Körper hinaus in deinen Kreis des Heimkehrens gibst. Nutze die Tonglen-Übung: Atme tief durch die Nase ein und stelle dir vor, dass du mit dem Ausatmen durch den Mund den dunklen Traumanebel aus deinem Körper hinaus in den Kreis schickst. Bete in deinen Kreis hinein, dass er dieses Trauma aufnehmen und sich darum kümmern möge. Stelle dir vor, dass die Energie der Fürsorge beginnt, in die Traumawolke

einzudringen. Sitze einfach und erlebe, was geschieht. Verweile in Ruhe.

7. Am Ende der Übung stelle dir vor, dass die Energie der Fürsorge aus deinem Kreis die verbleibenden dunklen Traumanebel vollständig auflöst. Dann löse den Fürsorgekreis in weißes Licht auf und kehre mit deiner Aufmerksamkeit wieder zur Erde und zu der Tatsache zurück, dass du von der Erde gehalten wirst.

8. Absolviere die Abfolge zum Abschluss einer Übung.

## Erdberührung zur Traumaauflösung

Diese Meditation ist eine achtsamkeitsbasierte Übung. Sie nutzt den Atem zur Verbindung mit der Energie der Erde, um ein Gefühl der Stabilisierung zu erzeugen.

**DIE ÜBUNG**

1. Beginne mit der Abfolge zu Beginn einer Übung.

2. Lenke nun deine Aufmerksamkeit auf das Gefühl deines Körpers auf dem Sitz. Wenn du stehst, lenke deine Aufmerksamkeit auf das Gefühl deiner Füße auf dem Boden; oder wenn du liegst,

lenke deine Aufmerksamkeit auf das Gefühl deines Körpers auf dem Boden. Nimm einfach die Empfindungen wahr, auch das Gewicht deines Körpers und den Sitz oder Boden unter dir. Falls du sitzt, richte deine Aufmerksamkeit auf den Boden unter deinem Sitz. Falls du auf einem Stuhl sitzt, nimm wahr, wie deine Füße den Boden berühren. Wenn du auf einem Kissen sitzt, nimm das Gefühl wahr, dass dein Kissen auf dem Boden liegt. Der Boden ist die Erde. Lasse deine Aufmerksamkeit die Erde berühren.

3. Nimm die Energie der Erde wahr. Benenne die Energie. Die Erdenergie kann als Energie der Stabilität, der Festigkeit, der Solidität, der Beständigkeit, der Nachhaltigkeit oder anders zum Ausdruck kommen. Versuche, Verbindung zu der Energie aufzunehmen, die dich am stärksten anspricht.

4. Nun wende deine Aufmerksamkeit wieder dem zu, was du in deinem Körper als Trauma wahrnimmst. Stelle dir vor, dass die Erdenergie, mit der du dich verbunden hast, nun beginnt, dieses Trauma nach unten zu ziehen, aus deinem Körper heraus und durch deine Fußsohlen in die Erde hinein. Während dies geschieht, lasse zu, dass du entspannt bleibst, und lasse das Unbehagen in die Erde hinein los.

5. Wenn du das Gefühl hast, mit dieser Übung fertig zu sein, absolviere die Abfolge zum Anschluss einer Übung.

# 14

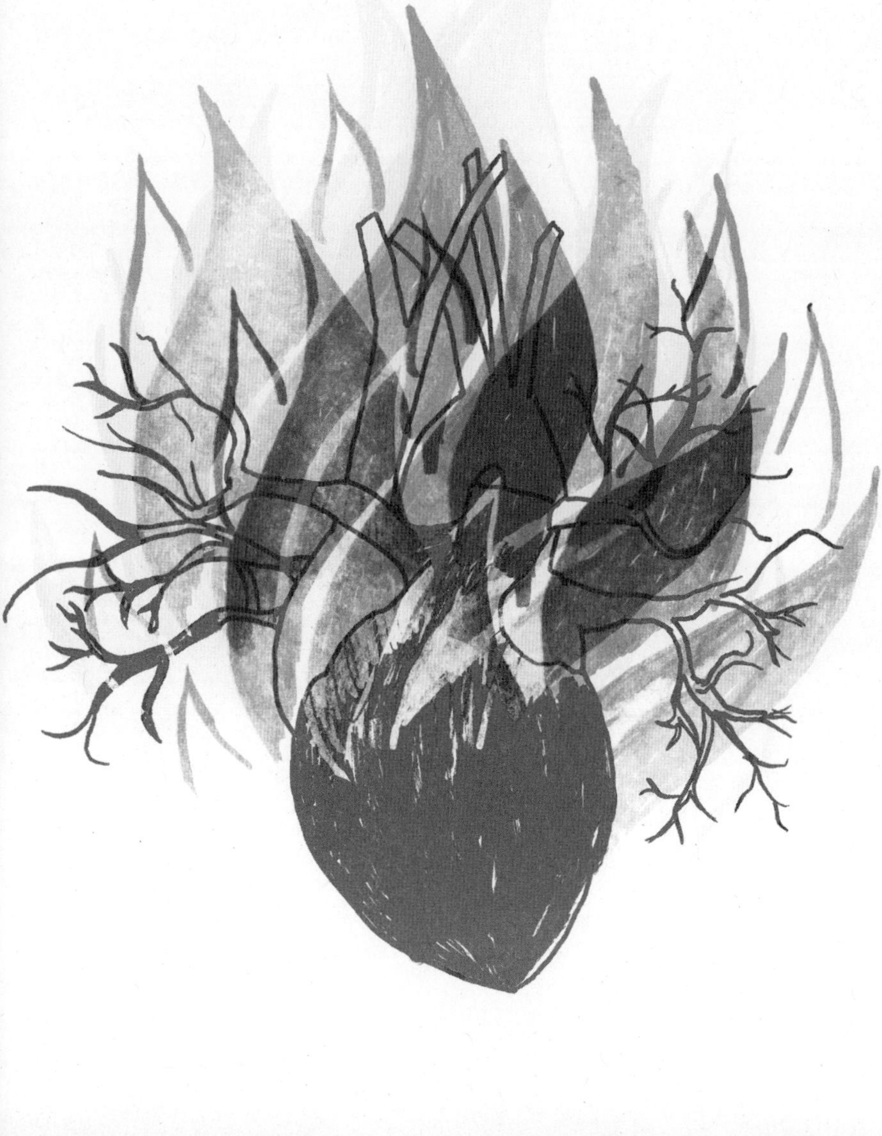

# KLUGES TRAUERN

Im Zuge meiner Heilung trauere ich auch. Manchmal bin ich verzweifelt. Trauer und Verzweiflung sind etwas sehr Intimes. Sie sind meine Anerkennung, dass es Leiden gibt. Sie sind meine Würdigung meines Unwohlseins sowie des Unwohlseins aller anderen Menschen auf der Welt.

*Lama Rod Owens*

Aus: Radikal lieben: Buddhismus, Antirassismus und Befreiung, w_orten & meer, 2021.

Das Trauma sagte: »Schreib diese Gedichte nicht. Kein Mensch möchte hören, wie du über die Trauer in deinen Knochen weinst.«

*Andrea Gibson*

Aus: The Madness Vase, Write Bloody Pub, 2011.

Viel von meiner Freiheit und meiner Freude ist an meine Fähigkeit zum Trauern gebunden. Trauern ist mein Versuch, den Herzbruch anzuerkennen, ihn zu akzeptieren und ihm in meiner Erfahrung Raum zu geben, damit er seine Aufgabe erfüllen kann, mich zu lehren und durch mich hindurchzufließen. Wann immer ich diese Energie spüre, lasse ich sie zu; und ich ermutige auch andere dazu. Wenn wir mit einer Person sitzen, ist es ein Ausdruck von Mitgefühl, ihr Raum zu geben, dass sie sich durch ihren Herzbruch hindurchbewegen kann.

In meiner Praxis, versuche ich, mit meinem Herzbruch an der Macht zu sein. Das bedeutet, dass ich meiner Verwundung, meinem Unbehagen, mit einer Art Freundlichkeit begegne. Diese Freundlichkeit ist eine Ausdrucksform von Liebe und diese Liebe ist die Energie, die den Freiraum um das Unwohlsein herum öffnet.

## Mit einer Krise arbeiten

Wenn wir über einen Menschen, den wir lieben, eine schlechte Nachricht erhalten, fühlen wir uns zunächst vielleicht sehr angespannt oder mental verkrampft. Es ist, als wären wir schockiert. Danach haben wir die Chance, uns in die Krise hinein zu entspannen, auch wenn sich dies echt heftig anfühlt. Dieses Entspannen ist kein Ausdruck von Gleichgültigkeit. Es ist kein Ausdruck von Apathie. Es ist vielmehr ein Ausdruck dafür, dass wir versuchen, in Weisheit zu sein oder Weisheit und Klarheit zu erfahren, was uns hilft, die besten Entscheidungen zu treffen, um mit dieser Krise in Beziehung zu sein oder die Krise wirklich zu bewältigen.

Das streben wir an, und es ist ziemlich unbequem. Wenn wir in etwas hineingeworfen werden, ist es, als würden wir untergehen, und das ist schwer. Es ist eine ziemlich interessante Weisung, wenn uns gesagt wird: »Wenn du das Gefühl hast, dass du in dem untergehst, was in einer Krise alles hochkommt, dann entspann dich einfach. Geh noch ein bisschen weiter unter.« Dieses Entspannen hilft uns, über der Sache oder um sie herum zu schweben. Die Sache selbst verschwindet ja nicht. Aber nun gibst du ihr Raum, und genau da erleben wir andere Möglichkeiten.

Jetzt bestimmt die Krise nicht mehr alles. Wir werden zu einem Kraftquell für andere Menschen.

## Einfache Trauerübung

Die Grundlage dieser Übung ist Raum, Raum geben und zulassen, dass wir Trauer erleben. Wenn wir in diesem Freiraum Trauer erleben, können wir zulassen, dass die Trauer durch unsere Erfahrung zieht, und mit der Zeit können wir allmählich eine Befreiung von dieser Energie erfahren.

### Art der Übung

Diese Übung nutzt die Sieben Aspekte des Heimkehrens, Erdberührung, Atemübungen und andere Visualisierungen.

## DIE ÜBUNG

1. Beginne mit der Abfolge zu Beginn einer Übung und ende mit einer Atemübung.

2. Fahre mit dem Atmen fort und atme tief durch die Nase ein und durch den Mund aus. Versuche, so tief wie möglich sowohl ein- als auch auszuatmen. Tue dies ein paar Minuten lang und mache dann nach dem Einatmen durch die Nase zwei Sekunden Pause, bevor du den Atem durch den Mund hinauslässt. Lasse diese Pause nach und nach immer länger werden, bis zu fünf bis zehn Sekunden, oder solange es angenehm für dich ist. Achte in der Pause zwischen Ein- und Ausatmen auf den Raum und die Stille, die sich auftun. Wenn du kannst, versuche, in diesem Zwischenraum zwischen Ein- und Ausatmen auszuruhen. Ruhe weiterhin in diesen Pausen aus und versuche, sowohl das Atmen als auch die Pausen zu erleben. Lasse den Atem dich atmen und lasse dich dabei vom Atem in ein tieferes Empfinden von Freiraum und Ruhe versetzen. Übe mit den Atemzügen, solange du möchtest.

3. Nun gehe dazu über, deine Sieben Aspekte des Heimkehrens und deinen Kreis der Fürsorge anzurufen.

4. Stelle dir vor, dass dein Kreis die Energie der Fürsorge für dich erzeugt, und spüre, wie diese Energie den Raum um dich herum in Form von Wärme erfüllt. Spüre, wie diese Wärme dich sanft hält und umhüllt; und spüre langsam, wie diese Energie der Freundlichkeit, diese Wärme von den Wesen, die dir wohltun,

in deinen Körper einsinkt, unter die Hautschicht, hinein in die Muskeln, in die Knochen und in die Organe, als würdest du in dieser Energie der Freundlichkeit mariniert. Stelle dir beim Atmen vor, dass du diese Freundlichkeit in deinen Körper und in deine Lungen einatmest. Und wenn diese Freundlichkeit in deine Lungen kommt, dann stelle dir vor, dass diese Energie beginnt, im ganzen Körper zu zirkulieren, so wie Sauerstoff von den Lungen aufgenommen und in allen Körperzellen verteilt wird. Stelle dir vor, dass das Gleiche mit dieser Energie der Freundlichkeit geschieht, dass jede Zelle von dieser Energie gespeist wird. So wie du von der Energie der Erde gehalten wirst, lasse dich nun auch von der Energie der Freundlichkeit der Wesen halten, die dir wohltun. Entspanne dich, öffne dich und atme weiter.

5. In deiner Erfahrung gibt es in diesem Moment Wohlbefinden ebenso wie Unbehagen. Wenn wir uns dem Unbehagen zuwenden, was bezeichnest du in diesem Moment als Unbehagen? Ist es körperlicher Schmerz? Ist es emotionales Unbehagen? Ist es Traurigkeit? Ist es Frustration? Ist es Wut? Ist es Verzweiflung? Ist es ein gebrochenes Herz? Nimm das Unbehagen wahr und stelle dir einfach vor, dass du die Energie der Freundlichkeit der Wesen, die dir wohltun, in die Erfahrung dieses Unbehagens leitest. Du kannst dir vorstellen, dass diese Energie das Unbehagen in sich aufnimmt. Vielleicht kannst du dir vorstellen, dass diese Energie versucht, das Unbehagen aufzulösen, oder du kannst dir vorstellen, dass du diese Energie mitten ins Zentrum des Unbehagens leitest und versuchst, es mit der Freundlichkeit der Wesen, die dir wohltun, zu erfüllen; dass du versuchst,

dieses Unbehagen auf genau dieselbe Art und Weise mit der Energie der Freundlichkeit zu erfüllen, wie diese deinen Körper erfüllt.

6. Kannst du dich im Kontext dieser Freundlichkeit, die du von den Wesen, die dir wohltun, erfährst, ein kleines bisschen weiterwagen und diesem Unbehagen in deiner Erfahrung Raum geben? Kannst du es akzeptieren? Kannst du es da sein lassen? Kannst du dich mit dieser Energie der Freundlichkeit weiterhin darum kümmern? Kannst du zulassen, dass du dieses Unbehagen erlebst, und kannst du dich von der Energie der Freundlichkeit halten lassen, während du es erlebst? Oder kannst du dich hineinfallen lassen in das Gehaltenwerden von dieser Freundlichkeit, während alles in dir zerbricht?

7. Nimmst du deine Erfahrung als Erfahrung wahr und nicht als das, was du wirklich bist? Atme weiter. Du kannst sogar anfangen, die Energie der Freundlichkeit an einen Moment, in eine Zeit zu schicken, als du verletzt wurdest und nicht wusstest, wie du diesen Schmerz bewältigen sollst.

8. Nun denke an dich selbst, als du noch jünger warst, in dem Alter, in dem du in irgendeiner Form tief verletzt wurdest, und in dem dieser Teil von dir aufgehört hat zu wachsen. Wende dich dieser früheren Version deiner selbst zu und schicke ihr diese Energie der Freundlichkeit, hilf ihr, dem Ganzen Raum zu geben, es zu erleben und sogar die alten Verletzungen loszulassen, und lasse dich dabei die ganze Zeit in die Gewissheit hineinfallen, dass du von der Energie der Wesen, die dir wohltun,

gehalten wirst. Lasse dich zur Erde und ins Gehaltenwerden von der Erde zurückfallen.

9. Wenn du noch in der Vergangenheit bist, dann lasse zu, dass du nun wieder in die Gegenwart zurückkommst. Wende deine Aufmerksamkeit von deinem Unbehagen ab und dem Kreis der Wesen, die dir wohltun und um dich sind, zu. Stelle dir vor, dass sich der Kreis der Wesen, die dir wohltun, in die Energie von Freundlichkeit, Mitgefühl und Liebe hinein auflöst, die dich umgeben hat. Stelle dir vor, dass du alle verbleibende Energie in dein Herzzentrum aufnimmst. Kehre wieder zum Gehaltenwerden durch die Erde zurück, und während du mit einem Teil deiner Intention in der Erde verankert bleibst, lenke die übrige Aufmerksamkeit wieder auf deinen Atem und atme einfach so, wie es sich für dich jetzt gut anfühlt.

10. Absolviere die Abfolge zum Abschluss einer Übung.

## Der Verlust des Zaubers

Ein großer Teil meiner Trauer kommt von dem Gefühl, dass ich meinen Zauber verloren habe. Ich meine den Zauber der Rituale und Beziehungen, auf die sich meine Ahn*innen verlassen haben, um sowohl mit der materiellen als auch mit der unsichtbaren Welt in Verbindung zu bleiben, sowie den Zauber von Kreativität, Leidenschaft, Freude und Resilienz.

Mich beunruhigen Menschen, die Angst davor haben, sich in Erinnerung zu rufen, dass es verschiedene Möglichkeiten gibt, sich Gott oder das Göttliche vorzustellen. Das würde eine Reise in unser unbewältigtes Trauma und unsere Abhängigkeit von Machtsystemen, einschließlich *weißer* Vorherrschaft, Patriarchat, Queerfeindlichkeit und Kapitalismus, bedeuten.

Ich möchte mir meinen Zauber wieder vergegenwärtigen. Ich möchte mir in Erinnerung rufen, wie ich die Zukunft vorhersagen, die Vergangenheit wiederaufleben lassen und in der Gegenwart tanzen kann. Ich möchte wieder die Karten, Knochen, Teeblätter und den Wind lesen können. Ich möchte mit dem Wetter und den Bäumen sprechen. Ich möchte Zaubersprüche sprechen und neue Rituale schreiben. Ich möchte zur Erde zurückkehren und sie darum bitten, dass sie mich lehrt, wie ich mich selbst und andere Menschen um mich herum heilen kann. Ich möchte mich an die geheimen Namen uralter Kreaturen erinnern, die gelernt haben, sich vor der Moderne zu verstecken. Ich möchte mich an die Gottheiten erinnern, an die Riten des Blutes und des Erwachsenwerdens. Ich möchte mich an die Zeremonien für Sonne, Mond und Wasser erinnern. Ich möchte den Geier und das Pferd anrufen. Ich möchte Macht über Dämonen haben. Ich muss mir wieder bewusst machen, dass es den Tod nicht gibt. Ich möchte mir wieder bewusst machen, dass ich ein Recht darauf habe, frei zu sein.

Mein Zauber wurde mir entrissen, und alles, was ich in kontemplativen und tantrischen Übungen unternommen habe, um meinen Geist zu verstehen, war ein Versuch, mir eine Magie wieder anzueignen, bei der Unterdrückungssysteme bestimmt haben, dass ich mich vor ihr zu fürchten habe. Aber systematische Unterdrückung übt einen anderen Zauber aus, einen der finsterer und unheimlicher ist. Das Patriarchat hat einen Zauber gesprochen, der mich gelehrt hat, Frauen, Queerness sowie alle und alles zu hassen, was nicht starr, brutal, still und gewaltvoll ist. Die *weiße* Vorherrschaft hat meinen Ahn*innen ihre Gebete, Gottheiten und Rituale entrissen und uns eine Theologie gegeben, die dazu diente, uns zu versklaven. Der Kapitalismus hat mich in seinen Bann geschlagen und mich gezwungen zu glauben, dass alles käuflich oder verkäuflich ist, dass unser Körper einen Preis hat, und dass ich arbeiten und etwas »tun« muss, um wertgeschätzt zu werden.

Ich möchte auch andere lehren, sich ihren Zauber wieder zu vergegenwärtigen. Ich möchte andere lehren, Zauber zu erschaffen und zu sprechen, durch die sie wieder so werden, wie ihr Geist war, bevor die systematische Realität begonnen hat, uns neu zu ordnen und zu definieren – was im Wesentlichen der gewaltsame Akt war, uns in kleinste Teile zu zerstückeln, sodass wir unsere Ganzheit und damit unsere Heiligkeit vergessen konnten.

Erinnern ist ein revolutionärer Akt. Es ist Widerstand gegen das Vergessen. Authentisches Erinnern ist das Wachrufen unseres wahren Selbst – nicht unseres rassifizierten Selbst oder unseres traumatisierten Selbst, sondern die Wiedererinnerung an die, welche wir sind, was der essenzielle Ausdruck von Freiheit ist. Diese Art der Wiedererinnerung ist vielleicht der mächtigste Zauber, den wir für uns sprechen könnten. Und anderen Menschen zu helfen, diesen Zauber zu sprechen, ist der wichtigste Dienst, den wir ihnen erweisen können.

# Gespräch über Heilung und Resilienz mit Sarah Beasley

Ein Interview für den Artikel »Lama Rod Owens on Social Justice, Rest and Resilience« (Lama Rod Owens über soziale Gerechtigkeit, Ruhe und Resilienz) von Sarah Beasley, erschienen im buddhistischen Online-Magazin *Buddhistdoor Global*.

**Lama Rod Owens:** Resilienzarbeit ist mir wirklich sehr wichtig. Ich bin damit aufgewachsen. Ich bin in der Schwarzen Community in den Südstaaten aufgewachsen, also im Kernland von jeder Menge Segregation, Vorurteilen und Gewalt. Und meine Familie hat dies über Generationen hinweg überlebt, indem sie nach Rückschlägen immer wieder aufgestanden ist. Wir haben einfach weitergemacht, egal, was passiert. Die Inspiration dazu entnahm meine Community dem Christ*innentum. Es lehrte uns, dass Güte und Tugendhaftigkeit in der Welt bedeuten, dass wir Leid erfahren müssen, genau wie Jesus. Leiden ist zu erwarten, und wenn wir uns in diesem Leben zutiefst in Tugend und Widerstandsfähigkeit üben, werden wir nach dem Tod mit dem Himmel belohnt. Ich habe mir natürlich gedacht: »Nein, ich will nicht bloß leiden und dann fürs Leiden belohnt werden.« Ich habe einfach nicht ans Leiden geglaubt.

**Sarah Beasley:** Und dann wurdest du Buddhist?

**LRO:** Richtig. Ich glaube, der ausschlaggebende Punkt war, dass ich das Gefühl hatte, es müsse eine Lösung für das Leiden geben. Ich fand es einfach nicht fair, dass ich leiden muss, bloß weil ich als Schwarzer Mensch geboren worden bin. Als ich älter wurde, dachte ich mir: »Ich glaube nicht, dass du von Natur aus marginalisiert werden und Schmerz erleben musst, bloß weil du mit bestimmten Merkmalen geboren worden bist.« Das wollte mir einfach nicht in den Kopf. Und dies hat tatsächlich mein Interesse an sozialer Gerechtigkeit geweckt. Als Jugendlicher hatte ich das große Glück, eine Mutter zu haben, die mich zu Gemeinsinn ermutigt hat. Meine Mutter organisiert ständig irgendwas. Sie veranstaltete Gesundheitsmessen und richtete Mentoring-Gruppen für junge Frauen ein. Sie hat mir geholfen zu begreifen, dass wir eine Verpflichtung haben, anderen Menschen zu dienen.

**SB:** Wenn du von der Schwarzen christlichen Community sprichst, dann kann es nicht nur heißen: »Mach für dich selbst weiter«, sondern: »Mach für uns alle weiter.« Stimmt's? Im Namen aller anderen Menschen.

**LRO:** Ja, das stimmt. Wir helfen einander. Wenn ein Mensch in einer Wohnungskrise steckt, nehmen wir ihn auf. Wenn eine Person Geld braucht, treiben wir Geld auf. Wenn sie Lebensmittel brauchen, bringen wir ihnen welche. Das war einfach das Ethos meiner Gemeinde. Mir war gar nicht bewusst, dass ich es ernst genommen habe, aber das habe ich.

Doch als ich älter wurde, achtete ich bewusster darauf, was ich für mich selbst tat. Diese Intention brachte mich zum Thema Selbstfürsorge. Meine Inspiration war Audre Lordes Verständnis von Selbstfürsorge, in dem sie zum Ausdruck bringt, dass Selbstfürsorge Selbsterhaltung ist und dass Selbsterhaltung ein Akt politischer Kriegsführung ist. Das ist einer meiner Lieblingsgedanken, denn er hat mir geholfen zu verstehen, dass ich durch meine Selbsterhaltung tatsächlich Systeme störe, die mich loswerden wollen.

Ich wollte mehr als nur überleben – ich wollte innerhalb dieser Missbrauchssysteme aufblühen. Dies hat die Arbeit am Thema Resilienz auf eine andere Ebene gehoben. Ich habe überlebt, weil mir beigebracht wurde, wie ich überleben kann, und dieses Überleben ist zum großen Teil darauf zurückzuführen, dass ich in der Lage war, im Zuge dieses Überlebens ein Gefühl von Verbundenheit und Stabilität zu entwickeln. So wurde Selbstfürsorge in Form von Selbsterhaltung für mich tatsächlich ein bisschen konkreter. Ich denke da an James Baldwin, wenn er schreibt, dass du den Krieg nicht überlebst, wenn du dich nicht ausruhst. Deshalb wurde Ruhe tatsächlich zu einem Bestandteil meiner Selbstfürsorge und meiner Resilienz.

**SB:** Wortwörtlich Zeit für dich zum Schlafen oder Meditieren?

**LRO:** Ja, genau. Und das dreijährige Retreat war in diesem Punkt der Gipfel für mich. Das war tatsächlich die tiefe Erdung, die ich gebraucht habe, um eine lebenslange Treue zum Ausruhen zu entwickeln. Es bestand aus Stille und Übungen und Loslassen von Dingen, die ungesund und toxisch waren. Mein Lehrer sagte, wenn wir das Retreat überleben können, dann können wir alles überleben.

**SB:** So in etwa, es kann dich umbringen oder es macht dich stärker.

**LRO:** Genau so hat er es gesagt. Immer wenn ich etwas echt Schwieriges durchmachen muss, sage ich mir: »Aber ich habe das überlebt.

Ich habe diesen Zusammenbruch überlebt. Ich habe diese Illusion in meinem Kopf überlebt. Dann kann ich das hier auch überleben.«

**SB:** Und gibt es da irgendwelche Werkzeuge? Wie hat dies die Werkzeuge oder Methoden geprägt, die du nun bei Schül*erinnen oder in der Öffentlichkeit oder in deiner Arbeit benutzt?

**LRO:** Ich habe gelernt, mich selbst nicht so ernst zu nehmen, weil ich die illusionäre Natur des Selbst erkannt habe. Wenn mich ein Mensch beschimpft, dann denke ich ganz locker: »Ach, die Person weiß doch gar nicht, wer ich bin.« Und solche Menschen wissen nicht, wer ich bin, weil sie nicht wissen, welche sie sind. Sie begreifen ihre eigene angeborene Weisheit nicht. Sie verstehen ihre Buddhanatur nicht oder wie immer wir es nennen wollen, jedenfalls verstehen sie nicht, dass sie ein Ausdruck von Güte und Tugend sind, und dass dies einfach durch Unwissenheit vernebelt wurde.

Wenn du also versuchst, diese Art von Gewalt an mir auszulassen, dann reagierst du in dem Moment eigentlich nur auf dein eigenes Leiden. Es hat also nichts mit mir zu tun. Ich mag etwas ausgelöst haben, eindeutig, denn wir sind alle miteinander verbunden und voneinander abhängig. Selbstverständlich passiert so etwas. Wenn wir aber tatsächlich einen Bezug zu unserer eigenen Natur entwickeln und darin ruhen könnten, dann könnten wir die Art und Weise durchbrechen, wie wir versuchen, andere Menschen ebenso zu verletzen, wie wir verletzt sind. Über so etwas spreche ich mit meinen Schül*erinnen sehr häufig. Nämlich über das Gefühl zu wissen, welche wir sind, also etwa in der Kirche aufgewachsen und in dem Glauben erzogen worden zu sein, wir seien Kinder Gottes.

Wenn du das erkennst, wenn du das tatsächlich sicher wüsstest, dann würdest du im Leben ganz andere Erfahrungen machen. Das gilt auch für buddhistische Gemeinschaften. Ich denke, wenn wir einfach glauben oder ein wenig Vertrauen haben, dass wir mehr sind als das Leiden, dann könnten wir uns viel offener und verwundbarer zeigen.

Ich lehre die Menschen auch, Abstand zu nehmen. Ich glaube, wir sind viel zu sehr mit Dingen beschäftigt, die nicht sinnvoll sind. Du musst dich echt ausruhen und Pause machen. Das ist ein starker Eckpfeiler meiner Praxis. Einfach Pausen machen, von E-Mails und Social Media Abstand nehmen und einfach allein sein, still sein, alle Ablenkungen um mich herum ausschalten, damit ich wirklich Zeit habe, mich zu erholen. Einfach nur ausruhen und wirklich loslassen, entspannen. Tue unbedingt etwas, das die Freude einlädt. Freude ist ein wichtiges Werkzeug für Erholung und Resilienz, also dass wir uns immer wieder auf die Dinge zurückziehen, die uns ein gutes Gefühl geben. Und das ist bei jedem Menschen etwas anderes.

**SB:** Und ich habe das Gefühl, dass du Humor als Werkzeug einsetzt.

**LRO:** Für mich ist Humor ein Ausdruck dessen, was meinem Empfinden nach im Moment geschieht. Es ist also nicht der Versuch, mich zu verstecken, oder etwas vorzuführen oder dafür zu sorgen, dass die Leute sich wohlfühlen. Es geht eher darum, dass ich sage: »Ah, das erlebe ich gerade, und ich spreche es aus. Darüber denke ich gerade nach, deshalb teile ich es mit«, und das ist entwaffnend. Und unmittelbar darunter wird etwas übermittelt. Gute Comedians können zum Beispiel die besten Gesellschaftskritik*erinnen sein. Ich glaube, dasselbe lässt sich auch über das Lehren des Dharma sagen. Ich glaube, dass Humor dazu beiträgt, die Freude einzuladen, und er hilft, die Menschen zu befreien, sie selbst zu sein.

**SB:** Findest du, dass die Bezeichnung *Lama* bei deiner Arbeit vielleicht zugleich hilfreich und hinderlich ist?

**LRO:** Ich glaube, zu Anfang war sie hinderlich. Ich glaube, als ich frisch aus dem Retreat kam und das Glück hatte, in einem Dharma-Zentrum zu lehren, habe ich definitiv eine Identitätskrise durchgemacht. Dabei hatte ich einfach das Gefühl, dass ich zwar diesen Titel hatte, die Leute aber versuchten, ihre eigene Bedeutung darauf zu projizieren. Deshalb war ich sehr dankbar, dass ich Unterstützung von anderen, erfahrenen Lamas bekam, die das schon einmal durchgemacht hatten. Die Frage war: »Wer möchte ich sein?« Also habe ich diesen Prozess durchgemacht und als ich am anderen Ende wieder herauskam, hatte ich eine klarere Vorstellung davon, wie ich mich der Welt zeigen will. Seither ist es kein Problem mehr.

**SB:** Ich frage das auch aus dem Grund, weil ich glaube, dass es für westliche Menschen ziemlich kompliziert ist, Lama zu sein, oder? Und dann stelle ich mir gerade vor, dass es für eine Person of Color eine noch größere Herausforderung ist, wegen der Wahrnehmungen und der Projektionen der Leute. Und doch ist es so wichtig, dass wir mehr westliche Lamas haben und Frauen, People of Color und Menschen, die sich auf alle möglichen Arten identifizieren. Die Frage ist also: Wie erreichen wir, dass es für alle Menschen möglich und authentisch ist?

**LRO:** Das ist der Knackpunkt, die Authentizität. Ich musste erst herausfinden, was das heißt. Ich musste herausfinden, was der Titel für mich bedeutet, nicht was mir meine Übertragungslinie dazu sagt. Ich musste eine Grenze ziehen und sagen: »Das bin ich.« Ich habe einen Artikel für *Buddhadharma* geschrieben mit dem Titel »Kennst du dein wahres Gesicht?« Das war sehr wichtig für mich. Ich dachte, es wären einige einfache Ausführungen über Intersektionalität, aber für viele Menschen war der Artikel sehr radikal und eine große Herausforderung, weil ich so viele Identitäten ausfüllen und immer noch Lama sein konnte.

Ich glaube, viele westliche Menschen und insbesondere viele Lamas arbeiten an der Frage, wie sie das, was wir sind, und auch diese Tradition am besten und authentischsten repräsentieren können. Ich glaube, ich kann Dharma nur dann wirklich weitergeben, wenn ich mir selbst gegenüber sowie gegenüber meiner Kultur, meiner Rassifizierung, meiner gesellschaftlichen Klassenzuschreibung und meiner Sexualität in allen Bereichen völlig authentisch bin. Wenn Dharma authentisch sein soll, muss es durch diese Identitäten kommen. Als frischgebackener Lehrer habe ich versucht, das, was ich bin, durch mein Verständnis von einem Lama zu ersetzen, und das hat einfach nicht funktioniert. Ich glaube, wenn westliche Lamas das tun, geraten sie in große Schwierigkeiten. Ich glaube, dies erzeugt einen richtig starken Schatteneffekt.

**SB:** Es ist witzig, während wir reden, muss ich an meinen Lama denken. Zur Puja hat er eine Robe getragen, aber sonst trug er meistens Jeans, ein hübsches Hemd und einen Cowboyhut. Er war einfach sehr authentisch.

**LRO:** Nach meinem ersten dreijährigen Retreat wollte ich ein zweites machen, aber mein Lehrer sagte mir, für mich wäre es besser, wenn ich einfach in die Welt hinausginge und die Dinge selbst herausfände. Mein Lehrer gab mir sehr viel Handlungsfreiheit. Daraus hat sich das Selbstvertrauen entwickelt, dass ich diese Position so verkörpere, wie ich es meinem Empfinden nach im Moment am gewaltfreiesten tun kann.

**SB:** Das sagt sehr viel über dich aus, denn diese Welt ist so ausgeflippt. Wenn du in diesen Turbulenzen zur Ruhe kommen und das Dharma weitergeben und dich gewaltfrei fühlen kannst, dann sagt das sehr viel aus über das Retreat, das du hattest und über deinen eigenen Charakter und deine Erziehung, echt, wow, …

**LRO:** Je heftiger die Welt wird, desto glücklicher werde ich. Es ist eine seltsame Sache, aber ich glaube, für mich ist es irgendwie so: »Aha, das soll ich also jetzt tun. Jetzt ist der richtige Zeitpunkt.« Und ich glaube, fortgeschrittene Praktizierende sind jetzt dazu aufgerufen, Raum zu geben. Alles ist eine Illusion. Und zugleich ist es auch real. Wenn wir also diese beiden Extreme überbrücken können, dann entsteht daraus meiner Meinung nach so eine tiefgründige und zupackende Art, in der Welt zu sein, mit der ich mich kümmern kann, mit der ich mich engagieren und für Menschen kämpfen kann und mir doch zugleich bewusst bin, dass auch dies vergeht und dass ich sterben werde wie jedes andere Wesen auch, und dass es dann eine andere Realität geben wird, mit der ich mich auseinandersetzen muss, und das immer und immer wieder, bis ich es kapiere und dann den ganzen Zyklus transzendiere.

## Liebe und Resilienz: Eine Dharma-Predigt

Ich habe Angst. Nicht nur das, ich schäme mich dafür, dass ich Angst habe. Ich muss alle Arten, auf die mir gesagt wird, dass ich mich nicht verwundbar und offen zeigen darf, hinterfragen, und ich muss alle Arten hinterfragen, auf die mir gesagt wird, dass es nicht in Ordnung ist, öffentlich zu trauern. Ich wehre mich dagegen, dass mir gesagt wird, ich solle einfach darüber hinwegkommen und weitermachen. Ich kann nicht darüber hinwegkommen; ich kann nicht weitermachen. Am besten kann ich mich um mich kümmern, wenn ich mir eingestehe, dass mein Herz gebrochen ist und dass ich nicht vielen Menschen traue. Ich bin misstrauisch gegenüber jeder Person, die mir auf dem Gehweg oder in der U-Bahn begegnet, besonders wenn sie nicht of Color ist.

Ich weiß nicht, ob mich dies zu einem schlechten Buddhisten macht, aber ich glaube, es macht mich ehrlicher. Aber ich weiß auch, dass ich nicht für immer Angst haben möchte. Ich bin nicht glücklich darüber, dass ich misstrauisch bin. Ich möchte aus einer Haltung der Liebe heraus handeln. Aber wie RuPaul schon sagte: »Mein Ziel ist es, immer aus einer Haltung der Liebe heraus zu handeln … aber für manche Leute musst du den Scheiß etwas herunterbrechen.« Manchmal muss ich den Scheiß etwas herunterbrechen. Ich habe damit zu kämpfen, dass ich ihn zu sehr herunterbrechen will. Und manchmal breche *ich* unter dem Scheiß zusammen.

In letzter Zeit durfte ich es nicht zu kompliziert machen und musste von den Anfängen der Lehren des Buddha her arbeiten. Die Vier Edlen Wahrheiten sind die ersten Lehren, die der Buddha nach seiner Erleuchtung erteilt hat. Er war in einer Situation, in der er sie zunächst nicht herunterbrechen wollte. Er sagte: »Hört zu, das versteht sowieso kein Mensch, deshalb muss ich jetzt einfach meiner Wege ziehen und das Nirwana erreichen, und dann – Peace.« In der Mythologie haben ihn Geister und Gottheiten überzeugt. Diese Wesen kamen zu ihm und flehten ihn an: »Du kannst etwas tun. Du kannst einen kleinen Teil davon etwas vereinfachen.« Das tat er, und die Vier Edlen Wahrheiten waren die ersten Lehren, die er erteilte. Revolutionäre Lehren. Die erste edle Wahrheit lautet, dass es im Leben Leiden gibt. Nicht, dass das Leben Leiden ist, sondern, dass es in unserem Dasein, im Leben Leiden gibt.

Im Pali, einer der alten südostasiatischen Sprachen, in denen wir den frühen Buddhismus studieren, lautet das Wort für Leiden *dukkha.* Dukkha bedeutet, nicht in Ordnung, nicht richtig sein. Noch genauer bedeutet es das Gefühl, dass die Dinge nicht zusammenpassen, aber wir zwingen sie dazu und machen uns dann vor, dass das in Ordnung ist, bis sie auseinanderfallen. Das ist ungefähr so, wie wenn du den Deckel für eine Frischhaltedose suchst und etwas findest, was so ungefähr passt, und das dann mit Gewalt draufknallst. Du denkst, okay, funktioniert, alles super. Dann fällt er ab. Die zweite edle Wahrheit lautete: Gut, es gibt also Leiden. Was ist die Wurzel des Leidens? Er sagte, die Wurzel sei Verlangen, Anhaftungen. Wir erschaffen etwas, das wir eigentlich nicht erleben müssten, aber wir haben uns von unserem wahren Selbst entfernt. Die dritte edle Wahrheit lautete, dass es tatsächlich einen Ausweg aus dieser Situation gibt. Die vierte edle Wahrheit war im Wesentlichen die Einführung des Dharma-Pfads: Der Edle Achtfache Pfad. Der Pfad der rechten Erkenntnis, des rechten Denkens, der rechten Rede, des rechten Handelns, des rechten Strebens, des rechten Lebensunterhalts, der rechten Sammlung und der rechten Achtsamkeit. Diese acht Handlungsweisen, um die wir uns bemühen können, helfen tatsächlich unsere Fixierungen aufzulösen, unsere Wünsche und unsere Anhaftungen aufzulösen, und bringen uns in ein Gleichgewicht, das schließlich das Gefühl des Ichs auflöst, von dem wir glauben, dass es existiert.

Im Rahmen dieser vierten edlen Wahrheit habe ich versucht, mein Leben zu gestalten. Was ist das richtige Handeln? Woran habe ich geglaubt, woran ich eigentlich nicht glauben sollte? Worauf vertraue ich, was mich in Wirklichkeit immer wieder verletzt hat? Was versuche ich zu verstehen, was nicht zu verstehen ist? Was versuche ich zu denken, was mir in Wirklichkeit nichts nützt? Im Grunde, wie lasse ich die Person los, die ich bisher war? Denn die Situation hat sich gewandelt, und die Person oder der Rod, der ich einmal war, ist nicht mehr in der Lage, die kommende oder die fortgeführte Tätigkeit auszufüllen. Das eine, worauf ich immer wieder zurückkomme, wenn ich praktiziere und über Befreiung nachdenke, ist Liebe. Ich komme immer wieder auf die Liebe zurück. Und ich spreche über die Liebe mit dem Verständnis und dem Eingeständnis, dass ich jemand war, der ganz klassisch gedacht hat, er könne der Liebe nicht trauen und nicht an sie glauben.

Bei meiner Arbeit mit der Liebe und meinem Mich-Einlassen auf die Liebe ging es tatsächlich darum, in den Raum zu kommen, in dem ich den ganzen Fehlern, die ich immer wieder gemacht habe, Raum geben konnte. Der Summe all der Gewalt, die mir angetan wurde. Und auch der Summe der Gewalt, die ich anderen angetan hatte. Ich musste mich noch einmal mit allen Aspekten beschäftigen, unter denen ich das Gefühl hatte, dass ich grundlegend nicht gut genug war, um Liebe zu empfangen. Ich musste erkennen, dass die Welt versuchte, mich zu lieben, dass meine Familie versuchte, mich zu lieben, dass Freun*dinnen versuchten, mich zu lieben, dass fremde Personen auf der Straße versuchten, mich zu lieben, aber ich schloss das grundsätzlich aus und sabotierte jedes Erhalten von Liebe. Ich habe weder geglaubt, dass ich gut genug bin, um Liebe zu bekommen, noch habe ich ihr getraut.

Dann haben Lehrpersonen nach und nach Räume geschaffen, in denen ich mich tatsächlich öffnen und verwundbar sein und den Schmerz wahrnehmen und zulassen konnte, dass er da war. Da hat für mich das Lieben begonnen. Sobald ich anfing, die Teile von mir zu lieben, die ich als nicht liebenswert empfand, begann ich, andere Menschen zu lieben. Ich entwickelte ein feines Gespür dafür, wie die Welt mich liebte. Es spielte keine Rolle, wie leid mir die Welt tat; all die Räume um mich herum, sie waren Samenkörner, sie waren Lichtpunkte, sie waren Kanäle der Liebe. Ich wurde süchtig danach. Wenn du überhaupt nach irgendetwas süchtig werden willst, dann werde süchtig nach Liebe. Das ist eine Angewohnheit, die dich sogar befreien wird.

So habe ich nicht erlebt, wie bedauernswert ich war, sondern vielmehr, dass ich das Potenzial hatte, etwas anderes zu sein. Mich anders zu identifizieren. Die Dinge loszulassen, mich selbst um Vergebung zu bitten, andere Menschen um Vergebung zu bitten. Dieses Raumgeben und Lieben hat mir tatsächlich geholfen, in die Mitgefühlsarbeit einzusteigen, was für mich etwas anderes ist als Lieben. Mitgefühl ist der Wunsch, dass andere Wesen frei von Leiden sind. Alle diese Praktiken machen uns sensibel, zutiefst sensibel, nicht nur für unsere eigenen Erfahrungen, sondern auch für die anderer Menschen um uns. Ich bewege mich durch die Welt und denke nicht nur: »Ah, ich habe ein gebrochenes Herz.« Ich bewege mich durch die Welt und denke dabei auch: »Allen anderen Menschen geht es genauso.« Die Strategie, die uns nach vorne bringt, heißt nicht, uns zu bewaffnen – sie heißt Waffen abbauen. Jetzt müssen wir einen anderen Kampf führen. Ich glaube, sehr viele Menschen sind allein und isoliert, und ich möchte erleben, dass es mehr heilsame Gemeinschaften gibt. Manche von uns haben mit Gefühlen nichts am Hut, darüber müssen wir uns im Klaren sein. Manche von uns erzeugen Spaltung, und wie können wir das in unserer Erfahrung überhaupt heilen? Manchmal liegt es einfach an unserem Misstrauen – an unserer fehlenden Bereitschaft, verwundbar zu sein. Wir kommen aus einer Vergangenheit, in der wir in Gruppen verletzt wurden, und wir wollen uns dem nicht mehr aussetzen. Wie können wir dieses Trauma bewältigen und es aufarbeiten?

Wenn ich an die Ahn*innen denke, dann denke ich an die Menschen, die aus Liebe zugelassen haben, dass sie vernichtet werden, und wie sie dadurch Veränderungen herbeigeführt haben, damit ich jetzt auftauchen konnte. Wir müssen Menschen werden, die bereit sind zuzulassen, dass wir in Liebe sterben. Ich glaube, was sterben muss, ist etwas, was wir überhaupt nicht brauchen. Wir glauben, wir brauchen es. Mir geht es ganz genau wie dir. Ich will das auch nicht tun; ich habe mich auf einen Urlaub im nächsten Jahr gefreut. Ich will nicht organisieren und Aufstand machen. Aber weißt du was? Wir sind für diese Zeiten gemacht. Ich glaube wirklich, dass wir absichtlich genau in diesen Moment, in diese Zeit hineingeboren worden sind, weil wir dafür bereit waren. Wir müssen nur auf uns selbst vertrauen; wir müssen der Liebe vertrauen, wir müssen den Ahn*innen vertrauen. Solange wir auch nur einen Fuß draußen lassen, wird sich das Leiden immer weiter verschlimmern.

Das musst du loslassen. Es macht mir auch eine Höllenangst. Die Menschen sind auf dich angewiesen. Natürlich denke ich: »Es ist einfach nicht fair, dass wir People of Color das schon wieder tun müssen. Ich bin es leid – warum müssen immer wir es sein? Warum müssen immer wir die Leute zur Rede stellen? Weil wir es können. Wir sind in diese einzigartige Lage versetzt worden, dass wir verstehen, was Leiden heißt, und wir sind mit der Stärke verbunden, die Liebe ist, welche aus einer Abstammungslinie von Menschen kommt, die immer und immer wieder überlebt haben und tatsächlich aufgeblüht sind.

Jetzt ist die Zeit gekommen, wirklich eine Bewegung aufzubauen. Wir sprechen über Einheit und verschiedene ethnische Gruppen und unser unterschiedliches Identitätsverständnis. Jetzt ist der richtige Zeitpunkt dafür. Und es ist an der Zeit, nicht nur über Schwarze Liebe zu sprechen, sondern sie auch zu leben.

Als ich aufgewachsen bin, haben wir in der Kirche immer gesagt: »Der Sturm kommt in der Nacht, aber die Freude kommt am Morgen.« Nach Psalm 30,5. So haben meine Ahn*innen überlebt. Es gibt da so ein T-Shirt, das ich immer wieder einmal sehe: »Ich bin der kühnste Traum meiner Ahn*innen.« Das sind wir wirklich. Ganz gleich, welche und was unsere Ahn*innen sind, wir haben überlebt, und wir tragen in uns ihre Abstammungslinie, ihr Blut, ihren Segen, ihren Geist. Wenn wir das nicht würdigen, dann ist es, als würden wir es ihnen ins Gesicht schleudern und als wären wir nicht dankbar. Meine Ahn*innen sind buchstäblich gestorben, damit ich dieses Leben haben kann. Wenn ich diese Freiheit nicht bewahre, wofür war das dann gut? Wir haben unseren Ahn*innen gegenüber die Verantwortung, weiter für die Befreiung zu arbeiten.

Eigentlich möchte ich zu Target gehen und etwas kaufen, aber ich muss zu der Demo. Eigentlich möchte ich im Bett bleiben, aber ich muss etwas organisieren. Doch ich habe das Gefühl, dass ich genau dazu geboren bin. Und wenn ich dann sterbe, kann ich an mein Leben zurückdenken und sagen: »Das habe ich getan, um zu helfen.«

# 15

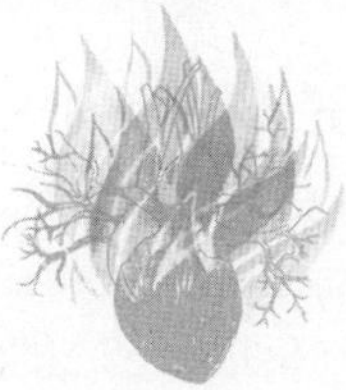

# SELBSTFÜRSORGE

Bist du dir sicher, Liebes, dass du gesund werden möchtest? … Nur damit du dir sicher bist, Liebes, und bereit, geheilt zu werden, denn Gesundheit ist keine Kleinigkeit. Eine große Last, wenn du gesund bist.
*Toni Cade Bambara*
Aus: The Salt Eaters, The Women's Press, 1998.

So wie wir ausgießen, müssen wir trinken.
*Ma Jaya Sati Bhagavati*

In Amerika war ich nur im Kampf frei, hatte nie die Freiheit, mich auszuruhen – und ein Mensch, der keine Möglichkeit zum Ausruhen findet, kann den Kampf nicht lange überleben.
*James Baldwin*
Aus einem unvollendeten Manuskript gelesen in I Am Not Your Negro, 2016.

Selbstfürsorge ist für mich Neuland. Ich bin ich einer Kultur aufgewachsen, die sich einerseits bemüht hat, mich durch systematische Gewalt zu vernichten, mir zugleich aber sagte, Selbstfürsorge sei nur wichtig als Ausdruck von Selbstgefälligkeit. Selbstgefälligkeit bedeutet, sich zu isolieren und die eigenen Bedürfnisse über die anderer Menschen zu stellen. Es ist ein Akt der Kompromittierung dessen, was andere Menschen brauchen. Authentische Selbstfürsorge kann in der Praxis so aussehen, als wären wir selbstgefällig, aber hinter authentischer Selbstfürsorge steht die Absicht, das zu tun, was wir tun müssen, um für uns zu sorgen. Authentische Selbstfürsorge bedeutet, dass wir uns fragen, was wir brauchen, um uns für das Wohl anderer einsetzen zu können, insbesondere der Communities, mit denen wir uns identifizieren.

Mutter Audres Lehre, dass authentische Selbstfürsorge Selbsterhaltung ist, ist so unbequem wahr, weil Gewaltsysteme zum Ziel haben, uns zu vernichten. Wenn wir Selbsterhaltung praktizieren, stören wir die Arbeit dieser Systeme, was ein Ausdruck von Kriegsführung ist. Der folgende Abschnitt ist eine informelle Erkundung, wie ich durch Selbstfürsorge zum Zweck der Selbsterhaltung Krieg gegen systematische Gewalt geführt habe und weiterhin führe.

## Rituale

> Die LGBTQ+-Community ist von vielen modernen Ritualen ausgeschlossen worden. Als Teenager wurden uns Kennenlern-Rituale verwehrt. Wir sind nicht zum Abschlussball gegangen. Und so haben wir aus der Not heraus unsere eigenen Rituale entwickelt.
> *RuPaul*

Der erste Punkt der Selbstfürsorge ist für mich die Entwicklung von Ritualen. Da ich mein Leben als Wanderprediger zubringe, habe ich herausgefunden, was ich brauche, damit das Reisen erholsam wird. Ich weiß, was ich brauche, damit ich so gesund bin, dass ich weiterhin von Ort zu Ort ziehen kann.

Ich sage oft, dass die Gewalt, die wir erleben, stark ritualisiert ist. Wenn das der Fall ist, dann muss unsere Selbstfürsorge sogar noch ritualisierter und methodischer sein, um dieser Gewalt zu begegnen.

## Ausruhen

> Es gibt Rast für die Erschöpften.
> *»Rest for the Weary« in der Version des Ensembles Sweet Honey in the Rock*

Die Praxis, die mich wiederherstellen kann, ist die Ruhe. Ich weiß, wie ich mich ausruhen kann. Wenn ich in einem Flughafen auf einer

Bank sitze und auf ein Flugzeug warte, kann ich mich ausruhen, selbst wenn es nur 30 Minuten sind. Ich kann in jedem öffentlichen Verkehrsmittel ausruhen.

Mit ausruhen meine ich nicht schlafen. Schlafen und Ruhen sind nicht dasselbe. Ruhen bedeutet ein Gefühl des Loslassens, des Seinlassens, Dinge abzuschütteln und einfach den Geist auszuruhen, einfach bei den Dingen zu sein, wenn sie auftauchen. Das ist mein Verständnis von Ruhe.

Ich kann Stunden um Stunden schlafen. Das bedeutet aber nicht, dass ich bei dieser Form des Ruhens, in diesem Schlaf, irgendetwas loslasse. Loslassen kommt direkt aus der Meditationspraxis.

Etwas, das wie Selbstgefälligkeit wirkt, wird in Wirklichkeit zu etwas, bei dem es um Selbsterhaltung geht, weil es mir die Möglichkeit und die Freiheit gibt, mich wieder neu an die Arbeit zu machen, zu der ich berufen bin.

## Liebe

Mit deinem Gewahrsein
alle Richtungen absuchend,
findest du keinen Menschen, der dir lieber ist
als du selbst.
Genauso sind auch anderen Menschen
sich selbst am liebsten.
Deshalb solltest du mit der Liebe zu dir selbst
keinen anderen Menschen verletzen.
*Der Buddha Mallikaa Sutta*

Als Jugendlicher und mit Anfang zwanzig habe ich eigentlich nie über Liebe nachgedacht; ich hielt sie für sinnlos. Alles, was ich über die Liebe wusste, stammte aus Romantikkomödien oder R&B- und Pop-Liebesliedern.

Das alles erschien mir als eine Unmenge Leid. (Tut es immer noch!) Für mich lautete die Botschaft in diesen Liedern: Wenn du gehst, sterbe ich. Warum sich dann verlieben? Das hat für mich nie einen Sinn ergeben. Ich hatte das Gefühl, dass Liebe nichts anderes ist als Leiden, ein Gefühl, das ich vielleicht immer noch nicht ganz verarbeitet habe. Ich hatte eigentlich noch nie eine ernsthafte Beziehung, und ich bin 40.

Darüber würde ich auch nie sprechen. Jungfrau (40), männlich, sucht ... nein, das bin ich nicht keineswegs. Was Sex anbelangt, sagen wir einfach mal: Um den Block bin ich so oft gefahren, dass er nach mir benannt wurde. Ich hatte viele Beziehungen, aber noch nie eine, auf die ich mich langfristig einlassen konnte.

Ich habe gelernt, Liebe als den Wunsch zu verstehen, andere Menschen mögen glücklich und frei sein, und das möchte ich in meine romantische Liebe einbringen.

Lieben als Selbstfürsorge ist unerlässlich. Die Fürsorge, die ich mir selbst entgegenbringe, ist dieselbe, die ich auch anderen Personen in meinem Umfeld zukommen lassen möchte. Die Liebe ermöglicht mir ein schönes, aber schwieriges Annehmenkönnen der Dinge so, wie sie sind, einschließlich meiner selbst, einschließlich anderer Menschen um mich herum.

Liebe bringt mich dazu, Dinge zu tun, die die Gewalt in der Welt verringern. Wenn ich die Befreiung einer authentischen Verbindung zu anderen Menschen erleben will, muss ich immer wieder darauf zurückkommen, geliebt zu werden und zu lieben.

# Mitgefühl

> Du glaubst, dein Schmerz und dein gebrochenes Herz seien beispiellos in der Geschichte der Welt, aber dann liest du. Es waren Bücher, die mich gelehrt haben, dass das, was mich am meisten quälte, genau das war, was mich mit allen Menschen verband, die am Leben waren, die je gelebt hatten.
> *James Baldwin*
> Aus: The Doom and Glory of Knowing Who You Are, Life Magazine, 24. Mai 1963.

Mitgefühl ist wichtig als Teil meiner Selbstfürsorge für mich und andere Menschen. In erster Linie geht es dabei darum, mich auf mein Unbehagen einzulassen und mir zu wünschen, dass ich frei werde von diesem Unbehagen.

Dann richte ich meine Aufmerksamkeit nach außen in die Welt und wünsche mir die gleiche Befreiung für andere Menschen und andere Wesen. So bleibe ich weichherzig, und ein weiches Herz ist ein Herz, das offen und beweglich bleibt und sich nicht so leicht verschließt.

Das weiche Herz blüht auf in dem Raum, den wir schaffen, und dieser Raum hilft uns, auch die Verwundung auszuhalten, die wir von anderen erfahren.

## Stille

> Höre! Verschließe deinen Mund und sei still wie eine Auster, denn deine Zunge ist der Feind deiner Seele, mein Freund. Wenn die Lippen schweigen, hat das Herz hundert Zungen.
> *Rumi*

Stille ist für mich ganz entscheidend. Ich muss in der Stille aufwachen. Ich mag es nicht, wenn ich schon gleich beim Aufstehen reden muss. Deshalb ist es wunderbar, nicht in einer festen Beziehung zu leben!

Ich bin ein Kind der Stille. In meinem Kopf und in meinem Herzen ist schon genug los. Ich brauche den Raum, den die Stille mir bietet, um bei all diesem Material zu sein, um herauszufinden, wie ich es in Weisheit umwandeln und diese Weisheit schließlich an andere Menschen weitergeben kann.

Von dort kommt all mein Lehren. Es kommt aus der Stille, die ich erlebe; und wenn ich keine Stille hätte, gäbe es kein Dharma für mich.

Stille ist auch die Art und Weise, wie ich herausfinde, wie ich in der Welt sein kann. Die Stille sorgt für mich, und ich kann mich in der Welt bewegen, ohne darauf angewiesen zu sein, dass sich alle und alles um mich kümmern.

## Quellen der Zuflucht

> Die Sehnsucht nach Zuhause lebt in uns allen. Der sichere Ort, an den wir kommen können, wie wir sind, und nicht in Frage gestellt werden.
>
> *Maya Angelou*
>
> Aus: All God's Children Need Travelling Shoes, Random House, 1986.

Ich brauche Orte, an die ich kommen kann, um mich geliebt zu fühlen und gehalten zu werden. Deshalb sind die Erde und unser Kreis des Heimkehrens kraftvolle Dinge, zu denen wir Zuflucht nehmen können.

Wenn überhaupt, dann können wir uns nur gegenüber sehr wenigen Menschen verwundbar zeigen. Ich spreche von Personen, die du einfach anrufen kannst und denen du sagen kannst: »Oh mein Gott, du glaubst nicht, was mir gerade passiert ist.« Und sie sagen: »Ja, ich verstehe.« Da kommt nicht etwa: »Ach, du bist schrecklich!«

Wenn wir Verwundbarkeit praktizieren, nehmen wir zunächst Zuflucht zu uns selbst und erhalten dann Zuflucht, indem wir wohlwollend wahrgenommen und gehalten werden. Es ist schwer, Zuwendung zu erfahren, wenn wir unsere Verwundbarkeit keinem Menschen anvertrauen können

# Geliebte Gemeinschaft

> Geliebte Gemeinschaft wird nicht dadurch geschaffen, dass Unterschiede ausgemerzt, sondern dass sie bejaht werden, dadurch, dass wir uns alle die Identität und das kulturelle Erbe zu eigen machen, die uns und unser Leben in der Welt prägen.
> *bell hooks*
> Aus: Killing Rage: Ending Racism, 1995.

Geliebte Gemeinschaft ist eine Gemeinschaft, in der wir verschieden sein können. Aber wir können auch daran arbeiten zu verstehen, wie bestimmte Unterschiede innerhalb der Gemeinschaft verschiedene Arten von Macht mit sich bringen. Wir wollen miteinander Macht haben, nicht Macht über einander oder Macht unter einander, sondern Macht miteinander.

Mein persönliches Ethos lautet, dass ich versuche zu verstehen, was es heißt, mit mir selbst Macht zu haben, mit anderen Menschen Macht zu haben. Noch einmal, wenn ich Macht mit habe, dann kommt es nicht zu Dominanz, es gibt keinen Machtkampf.

# Die Kraft des Nein

Wenn ich nicht tanzen kann, will ich bei eurer Revolution nicht mitmachen.
*Emma Goldman*

»Nein« ist ein vollständiger Satz. Tatsächlich sage ich nicht »nein«, sondern »nö«.

Ich sage: »Nö, und ich will nicht darüber reden.« Denn das ist ja ein vollständiger Satz, stimmt's?

Wenn ich nicht ich selbst sein kann, dann ladet mich bitte nicht zu eurer Party, zu eurer Revolution ein.

Nein ist der Ursprung aller Grenzen. Ohne Nein gibt es keinen Schutz für unsere Energie. Nein zu sagen, fällt uns schwer, weil uns so viel an den Bedürfnissen anderer liegt und es uns wichtig ist, sie nicht zu enttäuschen.

Durch Nein habe ich auch gelernt, nicht mehr an Orte zu kommen, die mich nicht lieben. Wenn ich nicht geliebt werde oder nicht zum Lieben ermutigt werde, dann ist das nicht meine Community, und ich muss Abstand nehmen, indem ich nein sage.

## Sprechen

> Wenn du deinen Schmerz verschweigst, werden sie dich umbringen und sagen, du hättest es genossen.
> *Zora Neale Hurston*
> Aus: Their Eyes Were Watching God, 1937.

Ich habe Erfahrung mit dem Schweigen, weil ich nie das Gefühl hatte, dass ich gehört, bestätigt oder wahrgenommen wurde. Es hat mich viel Arbeit gekostet, überhaupt bemerkt zu werden.

Vor allen Dingen möchte ich gehört werden, und ich möchte verstanden werden. Ich brauche keine Zustimmung. Darum geht es nicht. Ich möchte einfach gehört werden. Ich möchte, dass verstanden wird, dass ich eine Meinung habe, dass ich von etwas überzeugt bin, dass ich möchte, dass dieses und jenes geschieht.

Indem ich spreche, gestalte ich meine Realität und werde, was ich sein muss, um in der Lage zu sein, die tiefste Form der Befreiung zu erfahren.

## Weinen

> Weine. Trockne deine Tränen. Dann mach weiter. Wenn nötig, wiederhole das Ganze.
> *Lama Rod*

Manche von uns sind in Situationen aufgewachsen, in denen wir keine Gefühle zeigen durften, insbesondere nicht Traurigkeit und Tränen. Diese Konditionierung musste ich umkehren.

Ich musste lernen zu weinen, auch öffentlich zu weinen. Diese Energie durchzulassen, um zu trauern und die Tränen kommen zu lassen und einfach zu denken: »Ja, es ist in Ordnung zu weinen.«

Weinen ist befreiend. Es ist reinigend. Es hilft uns, neu anzufangen. Und es macht uns zutiefst verwundbar.

## Rituale des Widerstands, der Resilienz und der Nachhaltigkeit

Stehe früh am Morgen auf. Höre in der Stille des Morgens, was du sonst nicht hören kannst.

Wenn du nicht sprechen kannst oder möchtest, verweile in der Stille. Denke an die Menschen, die dich immer geliebt haben. Reflektiere über ihre Liebe. Stelle dir vor, dass deine Stille von ihrer Liebe durchdrungen ist.

Denke an die Menschen, die für dich gesorgt oder sich für dein Glück eingesetzt haben. Lasse Dankbarkeit für sie aufkommen.

Denke an die Menschen, die vor dir kamen und dazu beigetragen haben, dass du jetzt am Leben sein kannst. Bitte sie, bei dir zu sein. Nenne sie Ahn*innen. Glaube daran, dass du nie allein bist.

Weine. Trockne deine Tränen. Dann mach weiter. Wenn nötig, wiederhole das Ganze.

Wenn du müde bist, ruhe dich aus. Wenn du Hunger hast, iss. Wenn du Durst hast, trink. Wenn möglich, tu dies und denke dabei, dass du nicht nur für dich ruhst, isst und trinkst, sondern auch für andere Menschen, die dies nicht können.

Wenn du Liebe machen möchtest, dann gib dich Liebhab*erinnen hin, die auch mit deinem Schmerz Liebe machen können.

Schaffe energetische Grenzen, indem du dir eine Wand aus Licht um dich herum vorstellst, die verhindert, dass die Dunkelheit der Negativität dich berührt.

Meide Menschen, die nicht an der Nachhaltigkeit arbeiten möchten.

Meide Menschen, die dich absichtlich davon abhalten, Nachhaltigkeit zu üben.

Wenn du selbst die Person bist, die dich davon abhält, nachhaltig zu leben, dann suche dir einzelne Menschen und Gemeinschaften, die dich Nachhaltigkeit lehren können.

Schwimme in natürlichen Gewässern wie Seen oder Teichen. Lasse deinen Geist vom Wasser reinigen.

Taufe dich im Namen dessen, was dir hilft zu überleben und stelle dir vor, dass du neu geboren wirst.

Werde immer wieder neu geboren.

Lege dich auf die Erde. Lasse dich von der Erde halten. Und während sie dich hält, lasse dich von ihr lieben. Übergib der Erde, was du nicht halten kannst.

Trage Weiß und stelle dir vor, dass dein Körper alte oder toxische Energie loslässt, die er nicht gebrauchen oder umwandeln kann.

Faste und bitte um Führung.

Lies heilige Schriften und Werke.

Setz dich zu den Ältesten. Bitte sie, dir Geschichten zu erzählen.

Verbringe Zeit mit Menschen, die keine Erwartungen an dich haben.

Koche eine Mahlzeit. Bevor du sie isst, stelle eine kleine Portion für die Geister der Verstorbenen zur Seite.

Meditiere im Mondlicht. Stelle dir vor, dass das Licht dich reinigt.

Schreibe alles, womit du zu kämpfen hast, auf ein Blatt Papier. Verbrenne es im Freien. Stelle dir vor, dass du die Hindernisse verbrennst, mit denen du immer wieder zu kämpfen hast.

Räuchere mit Salbei und Lavendel und reinige damit deinen Körper und deinen persönlichen Raum.

Halte dich in Räumen auf, die dich lieben.

Entzünde Räucherwerk.

Bete.

*Nimm Abstand.*

# ÜBER DEN AUTOR

Lama Rod Owens ist Autor, Aktivist und autorisierter Lama (buddhistischer Lehrer) der Kagyü-Schule des tibetischen Buddhismus. Er gilt als einer der führenden buddhistischen Lehrpersonen seiner Generation. Er hat einen Master of Divinity in Buddhismus-Wissenschaften an der Harvard Divinity School und ist Co-Autor von *Radikal Lieben: Buddhismus, Antirassismus und Befreiung.* Lama Rod Owens ist Mitbegründer von Bhumisparsha, einer buddhistischen tantrischen Praxis- und Studiengemeinschaft. Er hat in mehreren Publikationen veröffentlicht, darunter *Buddhadharma*, *Lion's Roar*, *Tricycle* und das *Harvard Divinity Bulletin.* In über sieben Ländern hat Lama Rod Vorträge, Retreats und Workshops gehalten.

## w_orten & meer –
## Verlag für verbindendes diskriminierungskritisches Handeln

w_orten & meer ist ein non-profit Verlag ~ Bücher und Publikationen sind für uns eine wertschätzende Gestaltung von Welt. Wir verlegen Bücher, die zu intersektionaler Gewalt empowernde Perspektiven eröffnen und neue Ausdrucksweisen anbieten.

Der Verlag arbeitet sozial und ökologisch nachhaltig: bei der Herstellung und dem Transport der Bücher, beim Einrichten und Unterhalten des Büros und auf der Ebene der Bezahlung von Menschen, die an den verschiedenen Produktionsschritten für ein Buch beteiligt sind.

Weitere Informationen zu unserer Arbeitsweise sowie unser Gesamtprogramm finden sich auf unserer Webseite:

www.wortenundmeer.net